Ebrima Dukureh 1eD

Lengua Castellana 1

ESO

DOSIER

Programa
María de Zayas

BARCANOVA
INNOVA

» ÍNDICE

	CLUB DE LECTURA	TOMA LA PALABRA	DILO POR ESCRITO	LENGUA Y SOCIEDAD
U1 6	*Cuestión de nombres* 6	¿Nos conocemos? (presentación oral) 11	¿Cómo te ves en el futuro? (texto predictivo) 12	Elementos de la comunicación 14
U2 30	*Cama Leona* 30	Inventos que cambiaron el mundo (exposición oral) 35	Mi palabra favorita (texto argumentativo) 36	El texto: propiedades y tipología 38
U3 54	*La jaula de oro* 54	Buenas noticias (informativo) 59	Yo te lo cuento (texto narrativo breve) 60	La noticia: partes de una noticia 62
PROYECTO PRIMER TRIMESTRE				
U4 82	*El vidrio que se desvaneció* 82	Parece mentira (narración oral) 87	Soy autor de cómics 88	El cómic 90
U5 106	*Yo y el ladrón* 106	Te pido un favor... (diálogo y argumentación) 111	Una invitación inquietante (texto explicativo breve) 112	El texto dialogado: la conversación 114
U6 130	*Una tertulia inesperada* 130	Yo puedo ver... (descripción oral) 135	Mi mascota y yo (texto descriptivo) 136	El resumen 138
PROYECTO SEGUNDO TRIMESTRE				
U7 158	*El Príncipe de la Niebla* 158	Mis cinco razones para aprender idiomas (argumentación oral) 163	Retrato de mi mejor amigo o amiga (texto descriptivo) 164	Las lenguas del mundo; lenguas románicas; el castellano 166
U8 182	«El mar. La mar»; «Si mi voz muriera en tierra»; «Elegía» 182	Recito un poema 187	Compongo un poema 188	El esquema 190
U9 204	*La ramita de hierbabuena* 204	Se me traba la lengua (los trabalenguas) 209	Me voy de viaje (correo electrónico) 210	La entrevista 212
PROYECTO TERCER TRIMESTRE				

LITERATURA	GRAMÁTICA	LÉXICO	ORTOGRAFÍA	PONTE A PRUEBA
La literatura y el lenguaje literario. Los recursos expresivos 16	Lenguaje y lengua. Lengua oral y lengua escrita. 20	El diccionario. Clases de diccionarios 24	Signos de puntuación: el punto; signos de interrogación y exclamación 26	«La fauna que vemos, el dolor que no vemos» 28
Los géneros literarios: poesía, teatro y narrativa 40	El sustantivo: clases; género y número; la concordancia 44	Cómo usar el diccionario 48	Signos de puntuación: coma; punto y coma 50	«Más alimento, menos desperdicio» 52
La narración: estructura; el punto de vista del narrador 64	Los determinantes 68	La polisemia y la monosemia 72	Uso de la *b* 74	«Regreso a la Luna» 76
Gestos para salvar el planeta 78				
Elementos de la narración 92	El adjetivo: género y número; grado; clases 96	La sinonimia 100	Uso de la *v* 102	«Objetivos de Desarrollo Sostenible» 104
El diálogo en la narración: estilo directo e indirecto 116	Los pronombres 120	La antonimia 124	Uso de la *h* 126	*Papá, ¿qué es el racismo?* 128
La descripción objetiva y subjetiva 140	El verbo. La conjugación verbal 144	La hiponimia y la hiperonimia 148	La *g* y la *j* 150	«El lince ibérico: el felino más amenazado del planeta» 152
El baúl de la lectura 154				
La descripción de espacios y de personas 168	El adverbio. Locuciones adverbiales 172	La estructura de las palabras. Clases de morfemas 176	La *ll* y la *y*. La *c* y la *z* 178	«Bulos y cadenas virales en la red» 180
La poesía: la medida de los versos; la rima; tipos de estrofas 192	La preposición. La conjunción. La interjección 196	La derivación: prefijos y sufijos 198	La *r* y la *rr*. La *s* y la *x* 200	«¿Por qué tienen los huracanes nombre de persona?» 202
El género teatral: elementos de la obra dramática 214	Sintagmas y oraciones. Sujeto y predicado 218	La composición: palabras simples y compuestas 222	La sílaba: diptongos y hiatos. La acentuación 224	«Consejos para un trayecto más seguro» 226
Títeres, marionetas, teatro de sombras... Crea tu obra 228				

APÉNDICE 233 — Verbos 234 — Referencias bibliográficas 238

» PRESENTACIÓN Y ESTRUCTURA

Este proyecto consta de 9 unidades, cada una de las cuales se estructura en los siguientes apartados: **Club de lectura**; **Toma la palabra**; **Dilo por escrito**; **Lengua y sociedad**; **Literatura**; **Gramática**; **Léxico**; **Ortografía**. En general, se presenta la teoría en la página izquierda y las actividades correspondientes, que pueden resolverse en el mismo dosier, a su derecha.

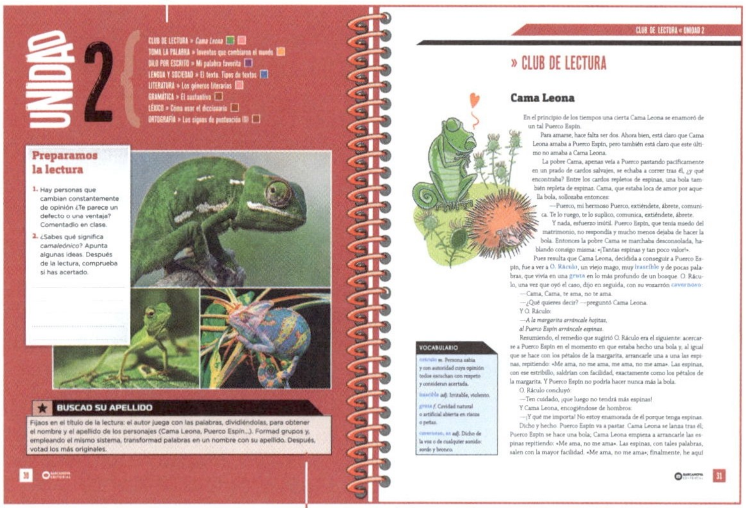

Cada unidad empieza con un índice de contenidos donde también se especifican las **dimensiones de la lengua** según el siguiente código de colores:

- Comunicación oral
- Comprensión lectora
- Expresión escrita
- Literaria
- Actitudinal y plurilingüe

El color ■ señala el bloque de **Conocimiento de la lengua**: gramática, léxico y ortografía.

Se plantean unas preguntas previas, **Preparamos la lectura**, así como un **juego** de lengua para trabajar en grupo la comunicación oral.

Para dar presencia a la gamificación, se incluyen actividades lúdicas: **Ludolengua**.

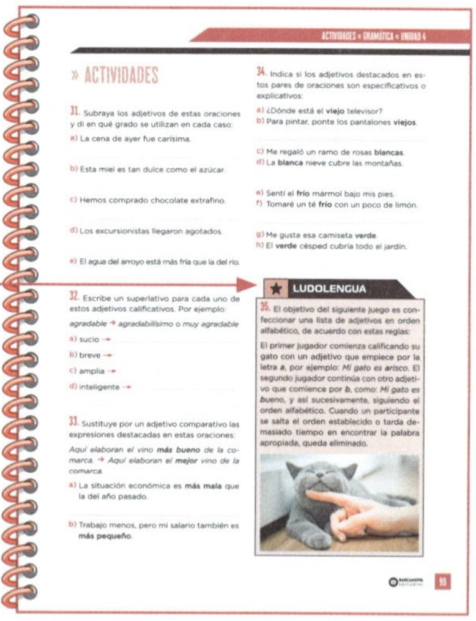

Con el icono 🖥 se indica que para resolver la actividad es necesario el uso del ordenador o acceder al espacio personal de la web *www.barcanova.cat*.

Este símbolo ✔ indica que es una actividad para evaluar por competencias y dimensiones.

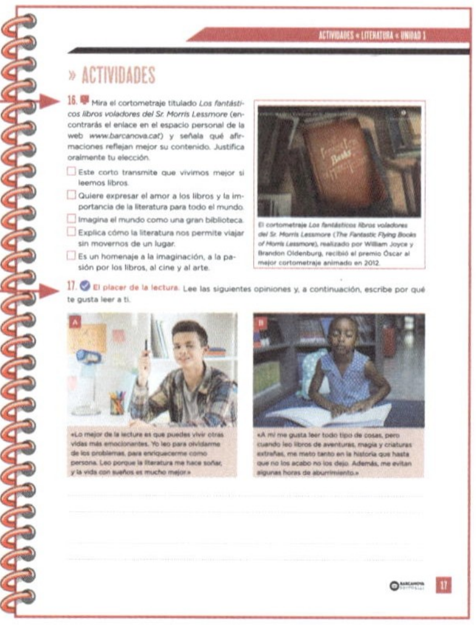

Con la finalidad de trabajar las dimensiones comunicación oral y expresión escrita se han creado dos apartados específicos en cada unidad: **Toma la palabra** y **Dilo por escrito** respectivamente.

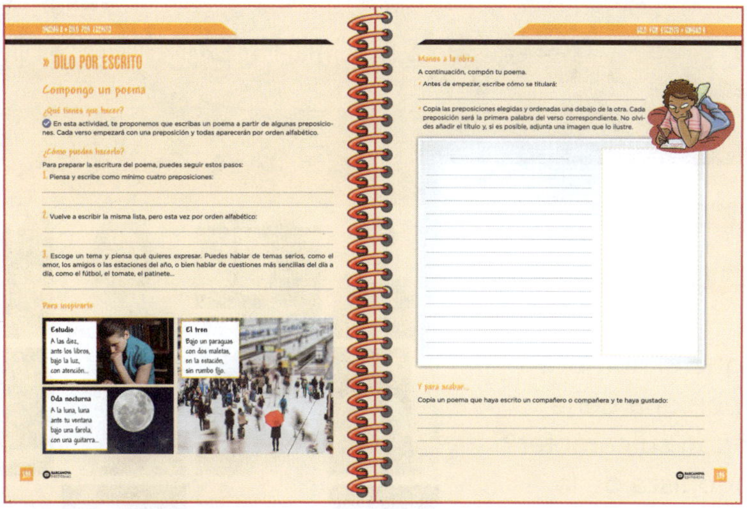

En **Ponte a prueba** se propone una evaluación final de la unidad para conocer si se han asimilado de forma adecuada los contenidos.

El símbolo señala que la actividad está relacionada con uno de los 17 Objetivos de Desarrollo Sostenible establecidos por Naciones Unidas.

Al final de cada trimestre, se propone un **Proyecto** para trabajar en grupo. Se puede realizar en varias sesiones seguidas, o bien ir preparándolos a lo largo del curso.

UNIDAD 1

CLUB DE LECTURA » *Cuestión de nombres*
TOMA LA PALABRA » ¿Nos conocemos?
DILO POR ESCRITO » ¿Cómo te ves en el futuro?
LENGUA Y SOCIEDAD » La comunicación
LITERATURA » La literatura y el lenguaje literario
GRAMÁTICA » La lengua y su organización
LÉXICO » El diccionario
ORTOGRAFÍA » Los signos de puntuación (I)

Preparamos la lectura

1. ¿Crees que el nombre de una persona tiene que ver con su carácter?
2. El protagonista de la lectura se llama Genaro, ¿cómo te imaginas que es? Apunta algunas ideas:

EL JUEGO DE LOS NOMBRES PROPIOS

Dividid la clase en cuatro grupos y elegid un número del 1 al 4 (no se pueden repetir). En cinco minutos debéis buscar:

Grupo 1: Nombres propios masculinos que empiecen por la letra *g*.
Grupo 2: Nombres propios femeninos que comiencen con la letra *j*.
Grupo 3: Nombres propios femeninos que empiecen por la letra *g*.
Grupo 4: Nombres propios masculinos que comiencen con la letra *j*.
Gana el equipo que consiga apuntar más nombres correctos. Cuidado, los fallos restan puntos.

» CLUB DE LECTURA

Cuestión de nombres

Me llamo Genaro. Genaro con ge. Con ge de guitarra, de granja y de gruta; de garra, ganso y golosina. Con ge de geranio, de gusto, de gesto... ¡De gorila! No hay nada malo en llamarse Genaro: aunque suene a «señor mayor» como dice doña Bibiana, mi vecina. Tampoco tiene importancia si resulta un poco extraño o está algo pasadillo de moda. Es un nombre más, incluso un nombre estupendo... Si no fuese, claro, porque me apellido Conjota Mayúscula. Genaro Conjota Mayúscula. Como lo lees: ge-conjota-mayúscula.

Y encima, la única ge de la familia Conjota: el garbanzo negro (con ge de Genaro, por supuesto). Porque tú mira: tengo un hermano mayor que se llama Juan. Juan con jota, como debe ser (con jota de jarra, de jarabe y de juguete). Luego están las gemelas Jena y Joya, mis hermanas pequeñas: otras dos jotas (de jirafa, de jersey, de jeroglífico).

Mi madre se llama Juliana (con mayúscula, claro). ¿Y mi padre? Pues Jaime. Jaime Conjota, casi nada, otra jota te doy y van dos... Las mismas que llevan jilguero, jardín y **jalea**. Y junio, y después julio. Y jolines. Y jobar. Y joroba. Y jopé qué hartura de familia, oye... ¡Qué manía de jotas mayúsculas!

Está bien. Lo admito. A lo mejor me estoy pasando un poquito. Después de todo, no soy la excepción. En casa de los Conjota Mayúscula también hay un par de Con-bes: mis dos mascotas, para ser exactos.

Primero mi gato, que, como es un poco tontorrón, se llama Bobo —aunque mi madre se empeña en decir que le pusimos así por un personaje de Shakespeare (o sea, Shespir), su escritor preferido: un inglés antiguo y muy serio que conoce todo el mundo porque han hecho varias *pelis* de sus libros—. Y luego está mi tortuga, a la que llamamos Bibi por la vecina de enfrente, doña Bibiana —la que se mete con mi nombre, sí, esa—, que se pasa la vida **acodada** en la ventana para no perderse detalle de nada; siempre a verlas venir.

[...] Seguro que ya te has dado cuenta. Pues es cierto. Me gusta jugar con las palabras. Otros prefieren darle patadas al balón o coleccionar cromos y yo me entretengo buscando «términos equisignificativos», que quiere decir «del mismo significado»; o sea equivalentes, parecidos.

VOCABULARIO

jalea *f.* Conserva de fruta de aspecto gelatinoso y transparente.

acodado, da *adj.* Apoyado en los codos.

Me chifla. Sobre todo palabras que empiecen por ge, o como dice mi madre, «genónimos» (sinónimos con ge, ¿comprendes?), ¡ya puedes imaginarte por qué! Tengo una libreta llena. Y también hojeo diccionarios que, oye, son utilísimos cuando te surge la duda entre poner una ge o una jota. Aunque lo que más me mola es leer. Así que leo y leo y leo. Y releo (con erre de radio, rueda y reloj).

No creas, sé lo que parezco: tengo once años, ya no soy un bebé. Parezco un **redicho**, ¿no? Un cursi, vamos; un pringado, un plasta. Desde luego eso es lo que dice siempre mi hermano mayor, aunque sospecho que se burla de mí porque se cree muy inteligente y no soporta la competencia.

Claro que Juan no es el único, mi padre también me acusa de listillo —o sea cargante, pedante—. Siempre está con el «te las van a dar todas en el mismo carrillo». Porque a mi padre, ya ves tú, Shakespeare le trae al fresco. Lo que le **priva** es el refranero.

Ah, y también su héroe, el escudero Sancho Panza, a quien siempre llama «mi maestro» aunque el tal Panza ni le dio nunca clases ni existe siquiera. Mi madre me explicó que es un personaje «muy importante» de *El Quijote*, que es el título de una novela de Cervantes; otro escritor muy antiguo, muy serio y muy conocido, pero este español.

Así que, ¿qué?, ¿tú también crees que soy un bicho raro? Porque en realidad soy de lo más normalito, que te conste. Verás: me gustan los puzles y los juegos de ordenador, el ajedrez, los cómics, los crucigramas y los pasatiempos. También los documentales de fauna salvaje. Y las *pelis* con personajes de plastilina.

No me caen bien los caracoles, las babosas, ni sus primas las lombrices. El tenis y el baloncesto me aburren un poco y no me gustan ni el tomate frito ni las anchoas, ni tampoco la nata que no es nata sino espuma dulce.

Bueno, y lo típico. Aún no sé qué quiero ser «de mayor». No lo he decidido todavía, aunque creo que solo «mayor». A juzgar por los adultos que conozco yo diría que es tarea más que suficiente para toda la vida, ¿no crees?

MAR GUERRA: *Genaro y el misterio de la mochila verde*.

VOCABULARIO

redicho, cha *adj.* Se refiere a una persona que resulta pedante, sabihonda o incluso algo ridícula por su manera de hablar.

privar *v.* Gustar extraordinariamente.

» ACTIVIDADES

Comprensión de la lectura

1. Indica los enunciados que representan mejor la opinión de Genaro sobre su nombre:

- [ ] Cree que su nombre es una broma.
- [x] Dice que es un nombre un poco extraño y que está algo pasadillo de moda.
- [x] Lo que le molesta es la combinación de ese nombre con su apellido.
- [ ] Considera que es más raro su apellido que su nombre de pila.
- [x] Le disgusta que su vecina diga que suena a «señor mayor».

2. ¿Qué animales son las mascotas del protagonista de la lectura?

- [ ] Un gato que se llama Bibi y una tortuga que se llama Bobo.
- [ ] Un perro que se llama Bobo y una tortuga que se llama Bibi.
- [x] Un gato que se llama Bobo y una tortuga que se llama Bibi.

3. Además de las tortugas y el gato, ¿qué otros animales aparecen citados en la lectura? Anótalos y subraya los que sean mamíferos.

caracoles babosas
~~[illegible]~~ jirafa gorila
lombrizes jilgeros

4. ¿A qué se refiere Genaro cuando dice que colecciona «términos equisignificativos»?

Palabras que tienen la mistma Palabra o Parecido

5. ¿Qué opinan sobre el carácter de Genaro su padre y su hermano mayor?

es un listilla
Posta

6. El escritor preferido de la madre de Genaro es: Shakespeare

7. A Genaro le gustan los puzles y Los Juego ~~Shakespeare~~ s en ordenador.

Genaro no soporta los caracoles babosos.

Expresión personal

8. Relaciona cada expresión destacada con su significado:

a) «Y encima la única ge de la familia Conjota: el **garbanzo negro**.»

b) «Mi vecina se pasa la vida acodada en la ventana para no perderse detalle de nada; **siempre a verlas venir**.»

c) «Mi padre siempre está con el **te las van a dar todas en el mismo carrillo**.»

d) «Shakespeare **le trae al fresco**.»

[C] Se usa para expresar que alguien es tan ingenuo que los demás se van a aprovechar de él.

[A] Persona que destaca entre los de su clase por tener una conducta inapropiada.

[B] Estar, como espectador, a la espera de que suceda algo.

[d] Se usa para indicar que algo le es completamente indiferente a alguien.

9. La mitad de las siguientes palabras se escribe con *g* y la otra mitad con *j*. Complétalas:

a) conser___e
b) corre___ir
c) esco___er
d) ve___ez
e) pá___ina
f) ___irasol
g) exa___erar
h) gara___e
i) deter___ente
j) e___ercicio
k) exi___ir
l) re___illa
m) ele___ir
n) equipa___e
ñ) extran___ero
o) via___e
p) pasa___ero
q) ___arantía

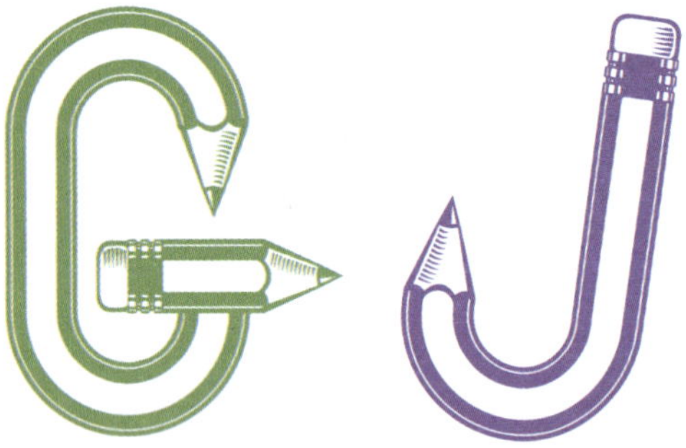

10. Copia y completa la siguiente escalera de palabras con los «genónimos» (sinónimos) de las que se indican a continuación:

1. personas
2. ademán
3. magnífico
4. amable
5. administrador
6. trámite
7. espléndida
8. policía en Francia

1.	G	E	N	T	E			
2.	G	E						
3.	G	E						
4.	G	E						
5.	G	E						
6.	G	E						
7.	G	E						
8.	G	E						

11. Busca información sobre el escritor William Shakespeare y completa:

Fecha y lugar de nacimiento: ______________________

Fecha y lugar de defunción: ______________________

Título de una de sus comedias: ______________________

Título de una de sus tragedias: ______________________

LUDOLENGUA

12. Fíjate en el siguiente ejemplo: **REGONA** (canal de riego) → **GENARO** (nombre propio). Ahora escribe el nombre de persona escondido en cada caso:

anida → *Diana*	anidar ______
armonía ______	asar ______
bailes ______	calar ______
camino ______	claros ______
colinas ______	confiscar ______
estera ______	estreno ______
frenando ______	imantar ______
inscrita ______	lago ______
montes ______	muelan ______
norma ______	poder ______
quieren ______	racional ______
reine ______	riesgo ______
rocas ______	salario ______
sien ______	tablero ______
trama ______	trecho ______
valora ______	ventilen ______

» TOMA LA PALABRA

¿Nos conocemos?

Te proponemos una actividad de exposición oral para explicar distintos aspectos de tu vida con la ayuda de algunos dibujos.

Procedimiento

1. Divide una hoja en cuatro partes, por ejemplo, mediante una X (fíjate en las imágenes). Escribe tu nombre y plasma aquellos datos que te gustaría compartir con los demás mediante palabras, cifras, dibujos, con alguna fotografía...

2. ¿Y qué datos puedes aportar? Por ejemplo, tu edad, cómo son tu familia y amigos, tu comida preferida, los deportes que practicas, tus aficiones, los idiomas o países que conoces...

3. Prepara tu exposición: puedes tomar algunas notas, pero recuerda que la actividad es oral y no podrás leerlas. Trata de memorizar el orden de lo que quieres decir y ensáyalo varias veces. Puedes usar palabras y expresiones similares a las del recuadro.

4. Por turnos, mostrad vuestra hoja a la clase mientras realizáis la presentación oral. Cuando acabéis, vuestros compañeros y compañeras podrán haceros dos o tres preguntas. Si lo consideráis oportuno, grabaos en vídeo para revisar vuestra intervención.

5. Para acabar, podéis hacer un mural con todas las presentaciones.

RECUERDA

Qué decir, en qué orden y cómo decirlo...

Introducción: *en primer lugar, para empezar...*
Desarrollo: *por un lado, por otro, además, también, en cambio, pero, sin embargo...*
Conclusión: *para terminar, en resumen, en conclusión...*

» DILO POR ESCRITO

¿Cómo te ves en el futuro?

¿Qué quieres ser de mayor? Escribe el nombre de alguna profesión u oficio que te gustaría ejercer en el futuro.

¿Qué tienes que hacer?

Primero, leerás el texto propuesto y, luego, continuarás la historia. Tienes que escribir cómo te ves en el futuro usando, al menos, 100 palabras, de manera que el resultado sea un texto coherente.

Primero, lee este texto

Todo empezó el día que la señorita Sonia preguntó una cosa. [...] La señorita Sonia se levantó de su mesa, que es la del profesor porque es la más grande, y dio un par de palmadas que llenaron el aire de tiza. También tosió un poco. Nazia dice que es por la tiza, que le deja la garganta como si te comieras un polvorón y se te quedara la saliva seca, y a veces, si no bebes agua, te vomitas encima.

QUÉ QUIERO SER DE MAYOR

[...] Empezamos por la primera fila y seguimos hasta la última, que es donde me siento yo. La *seño* apuntó en total:
Tres futbolistas del Barcelona, dos del Madrid, uno del Mánchester y un Iniesta.
Seis Rafa Nadal.
Dos modelos muy altas.
Una princesa (Nazia).
Un médico rico.
Tres Beyoncés.
Un Batman.
Un piloto de nave espacial de videojuegos.
Dos presidentes del mundo.
Una famosa de las que salen en la tele por la noche.
Una veterinaria de perros grandes.
Una ganadora de *La voz Kids*.

Cuando me tocó a mí...

ALEJANDRO PALOMAS: *Un hijo*.

Antes de escribir...

Piensa en lo que quieres decir y en el orden en el que vas a hacerlo (qué te gustaría ser y por qué, si conoces a alguien que te haya motivado a experimentar este deseo, cómo y dónde te ves trabajando en el futuro...). Apunta brevemente alguna de estas ideas aquí.

Manos a la obra

Escribe tu texto. Recuerda dividirlo en párrafos mediante puntos y aparte. No olvides revisar y corregir el texto antes de darlo como definitivo.

» LENGUA Y SOCIEDAD

1. La comunicación

La **comunicación** humana es la transmisión intencionada de mensajes entre las personas. El sonido de una ambulancia, los colores de un semáforo, los gestos... son formas de comunicación; sin embargo, el medio principal que utilizamos para comunicarnos es la **lengua oral**.

La **lengua** es un código compuesto de signos lingüísticos que, combinados entre sí, nos permiten componer infinitos mensajes.

¿SABÍAS QUE...?

Las señales de tráfico son el código de signos más conocido del mundo. Constituyen un sistema de comunicación no verbal (que no se basa en las palabras) y que se percibe por la vista.

1.1. Elementos de la comunicación

En un acto de comunicación intervienen los siguientes elementos: un emisor, un receptor, un mensaje, un canal, un código y una situación. Veamos un ejemplo de acto de comunicación:

- **Emisor:** quien emite la información. *La persona que habla.*
- **Receptor:** quien recibe la información, el destinatario. *El grupo de personas que la escuchan.*
- **Mensaje:** la información que se transmite. *«Hemos iniciado una campaña para reducir el consumo de plástico.»*
- **Código:** el sistema de signos con el que se ha construido el mensaje. *La lengua castellana.*
- **Canal:** el medio físico a través del cual se transmite el mensaje. *El aire por el que ha circulado la voz.*
- **Situación:** el lugar donde se desarrolla el acto comunicativo y el conjunto de circunstancias que lo rodean. *El aula, la relación entre los estudiantes, etc.*

» ACTIVIDADES

13. Relaciona cada imagen con la información correspondiente:

☐ Canal natural (tacto)
Mensaje: saludo
Código no verbal (gesto)

☐ Canal artificial (papel)
Mensaje: texto literario
Código verbal (lengua escrita)

☐ Canal artificial (señal eléctrica)
Mensaje: prohibición
Código no verbal (color)

14. Fíjate en la fotografía e identifica los elementos de la comunicación que intervienen. Para ello completa la tabla.

Emisor	
Receptor	
Mensaje	
Código	
Canal	
Situación	

15. ✓ Imagina distintos emisores y receptores para cada uno de los mensajes siguientes. Fíjate en el ejemplo.

Mensaje	Emisor	Receptor
—Sus síntomas responden a un cuadro gripal.	*Una doctora o un doctor.*	*Su paciente.*
—Ponte la bufanda, que hace frío.		
—Son 23 euros, por favor.		
—Y, ahora, la información del tráfico.		

» LITERATURA

1. La literatura y el lenguaje literario

La palabra *literatura* proviene del término latino *litterae*, que significa 'letras'. Aunque se asocia con la escritura, lo cierto es que las primeras manifestaciones literarias fueron orales: canciones, poemas, narraciones, etc. Posteriormente, se recogieron por escrito y también se crearon obras nuevas, ya firmadas por sus autores.

También llamamos *literatura* al conjunto de obras literarias que se han escrito en una determinada lengua, época, género, etc. Ello nos permite hablar de *literatura castellana*, *literatura medieval*, *literatura dramática*...

El lenguaje poético usa la lengua de una forma especial. Pero la literatura no solo está en los libros. Fíjate por ejemplo en este grafiti que forma parte de Acción Poética, un movimiento artístico iniciado en México hace 20 años con el fin de «llenar» las calles de poesía. **Anímate a buscar en internet algún movimiento similar.**

1.1. ¿Cómo reconocer un texto literario?

La literatura utiliza las palabras de una manera algo distinta a como las usamos a diario para comunicarnos. El escritor o la escritora pretende que nos llame la atención lo que dice y cómo lo dice. Y, para conseguirlo, se vale de distintas estrategias:

- La selección del **léxico** apropiado.
- La alteración del **ritmo** habitual del lenguaje (por ejemplo, mediante el verso y la rima en la poesía, u ordenando de una manera determinada las palabras en la prosa).
- La utilización de los **recursos expresivos** (como la comparación o la metáfora...) para embellecer la expresión.

Fíjate en el siguiente texto literario:

Tingo había reservado en Granada habitación en el hotel Los Tilos, situado en la misma plaza de Bib-Rambla. En la recepción nos entregaron la llave de una habitación doble, subimos hasta el último piso y al entrar en nuestro cuarto quedé deslumbrada por la vista que ofrecía el balcón. Los tejados de la plaza recogían la luz amarilla de las farolas que acababan de encenderse y, a lo lejos, **bajo los últimos resplandores añiles del día, se recortaban las siluetas de las montañas**. Tras los edificios del otro lado de la plaza se veía la torre cuadrada de la catedral y, entre esta y las montañas azules, se alzaba la colina verde de la Alhambra, **en la que resplandecía su delicado palacio como un diamante de sangre**.

JOSÉ MANUEL FAJARDO: *Mi nombre es Jamaica*.

» ACTIVIDADES

16. Mira el cortometraje titulado *Los fantásticos libros voladores del Sr. Morris Lessmore* (encontrarás el enlace en el espacio personal de la web *www.barcanova.cat*) y señala qué afirmaciones reflejan mejor su contenido. Justifica oralmente tu elección.

- [ ] Este corto transmite que vivimos mejor si leemos libros.
- [x] Quiere expresar el amor a los libros y la importancia de la literatura para todo el mundo.
- [ ] Imagina el mundo como una gran biblioteca.
- [ ] Explica cómo la literatura nos permite viajar sin movernos de un lugar.
- [ ] Es un homenaje a la imaginación, a la pasión por los libros, al cine y al arte.

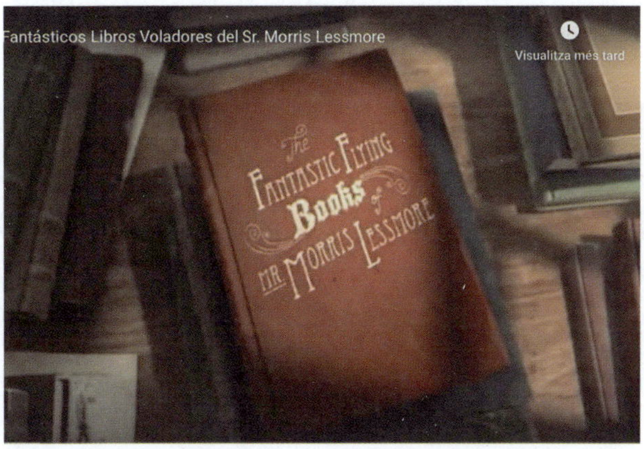

El cortometraje *Los fantásticos libros voladores del Sr. Morris Lessmore* (*The Fantastic Flying Books of Morris Lessmore*), realizado por William Joyce y Brandon Oldenburg, recibió el premio Óscar al mejor cortometraje animado en 2012.

17. **El placer de la lectura.** Lee las siguientes opiniones y, a continuación, escribe por qué te gusta leer a ti.

«Lo mejor de la lectura es que puedes vivir otras vidas más emocionantes. Yo leo para olvidarme de los problemas, para enriquecerme como persona. Leo porque la literatura me hace soñar, y la vida con sueños es mucho mejor.»

«A mí me gusta leer todo tipo de cosas, pero cuando leo libros de aventuras, magia y criaturas extrañas, me meto tanto en la historia que hasta que no los acabo no los dejo. Además, me evitan algunas horas de aburrimiento.»

1.2. Los recursos expresivos

Los **recursos expresivos** o **literarios** son procedimientos lingüísticos que se emplean para embellecer los textos y darles mayor expresividad. Estos son los más frecuentes:

RECURSOS FÓNICOS (combinación de sonidos)

ALITERACIÓN

Repetición de uno o más sonidos con el fin de producir un determinado efecto o sensación.

Bruja piruja,
bruja y recruja,
cruja y recruja
tu voz de aguja.

ANTONIO MURCIANO

ONOMATOPEYA

Imitación de sonidos reales mediante los procedimientos fonéticos de la lengua.

¡Cu, cu, cantaba la rana;
cu, cu, debajo del agua!

CANCIONERO POPULAR

RECURSOS SEMÁNTICOS (juegan con el significado de las palabras)

COMPARACIÓN

Se relacionan dos elementos (A y B) entre los que el autor o la autora encuentra alguna semejanza. Estos dos elementos aparecen siempre relacionados entre sí con un nexo comparativo (*como, igual que, parecido a*).

¡Ay que esto era
un tímido pez!
Rojo, muy rojo,
como un cascabel.

GLORIA FUERTES

METÁFORA

Se identifica un elemento real (A) con un elemento figurado (B), mediante alguna semejanza, pero desaparece el nexo comparativo. A veces encontramos los dos elementos (*A* es *B*) y otras veces solo aparece B.

¡Oh guitarra!
Corazón malherido
por cinco espadas.
B

FEDERICO GARCÍA LORCA

PERSONIFICACIÓN

Atribución de cualidades humanas a los animales o los seres inanimados.

El grillo canta oculto.
Y la arboleda dice
una frase, una sola. Y vuelve
a quedarse callada.

MANUEL MACHADO

RECURSOS SINTÁCTICOS (están relacionados con la estructura de las oraciones)

ANÁFORA

Repetición de una o más palabras al comienzo de varios versos.

Hasta el invierno,
hasta febrero,
hasta el otoño
callo y espero.

ANTONIO GARCÍA TEIJEIRO

PARALELISMO

Repetición de oraciones que tienen una estructura muy parecida.

El que cuente dos y dos
con cuatro se encontrará.
El que cuente seis y seis
una docena tendrá.

CONCHA LAGOS

HIPÉRBATON

Alteración del orden considerado lógico en una oración.

Volverán del amor en tus oídos
las palabras ardientes a sonar.

GUSTAVO ADOLFO BÉCQUER

» ACTIVIDADES

18. Lee estos dos textos. A continuación señala a qué texto se refiere cada una de las afirmaciones marcando la casilla correspondiente.

A

Orillas del Duero

¡Primavera soriana, primavera
humilde, como el sueño de un bendito,
de un pobre caminante que durmiera
de cansancio en un **páramo** infinito!

¡Campillo amarillento,
como **tosco sayal** de campesina,
paradera de **velludo** polvoriento
donde pace la **escuálida merina**!

ANTONIO MACHADO (fragmento).

B

El tren Campos de Castilla nos lleva a Soria

El Tren Campos de Castilla ha comenzado su quinta temporada ofreciendo una escapada turística durante diversos fines de semana desde mayo hasta noviembre. Este tren, que nació para conmemorar el centenario de la obra homónima del poeta Antonio Machado, se ha convertido en una de las mejores alternativas para descubrir las riquezas de la provincia de Soria.

Otros encantos que guarda la ciudad son, sin duda, su gastronomía, así como también su belleza artística.

Revistaviajero.es (texto adaptado).

VOCABULARIO

páramo *m.* Terreno seco, sin cultivar, desabrigado.

tosco, ca *adj.* Dicho de una cosa poco trabajada, hecha con materiales de poca calidad.

sayal *m.* Tela de lana muy basta. Prenda de vestir que se elabora con esta tela.

paradera *f.* Clase de red.

velludo *m.* Felpa.

escuálido, da *adj.* Flaco.

merino, na *f.* Dicho de un carnero u oveja de lana muy fina, corta y rizada.

	A	B
El autor transmite una información objetiva.		
El autor expresa sus sentimientos.		
Está escrito en prosa.		
Es un texto en verso y con rima.		
Es un artículo periodístico.		
Es un texto literario.		
Está escrito con la intención de informar.		
Está escrito con la intención de que al lector le guste por su belleza.		

19. Relaciona cada fragmento literario con el recurso expresivo utilizado:

A

Sola en la soledad del solitario Sur del Océano...

PABLO NERUDA

B

El tren camina y camina
y la máquina resuella,
y tose con tos ferina.
¡Vamos en una centella!

ANTONIO MACHADO

C

La guitarra es un pozo
con viento en vez de agua...

GERARDO DIEGO

- A aliteración
- b personificación
- c metáfora

» GRAMÁTICA

1. ¿Qué es el lenguaje?

El **lenguaje** es la capacidad que tenemos las personas para representar la realidad y comunicarnos. El lenguaje puede ser verbal o no verbal:

- **Lenguaje verbal.** La comunicación se establece mediante palabras. El lenguaje verbal puede ser oral o escrito.

- **Lenguaje no verbal.** La comunicación se produce mediante gestos, imágenes o sonidos no verbales.

2. ¿Qué es la lengua?

La **lengua** es cada una de las manifestaciones del lenguaje que adopta una comunidad para comunicarse. Son lenguas el castellano, el catalán, el inglés, el francés...

Asimismo, la lengua es un **código** formado por un conjunto de **signos** que los hablantes conocen y que emplean para comunicarse: las **palabras**.

Las palabras no se pronuncian o se escriben de forma aislada, sino que se relacionan mediante reglas que las unen para formar mensajes completos:

- El **léxico** es el conjunto de las palabras de una lengua.
- La **gramática** son las reglas que determinan cómo han de combinarse estas palabras.

La competencia lingüística se refiere al conocimiento que cada hablante tiene de su lengua. Este conocimiento, que es intuitivo, se desarrolla y mejora con el aprendizaje.

» ACTIVIDADES

20. Completa las siguientes definiciones con las palabras del recuadro:

~~código~~ • ~~combinarse~~ • ~~comunicarnos~~ • ~~gramática~~ • lengua • le~~nguaje~~ • ~~léxico~~ • ~~signos~~

a) El lenguaje es la capacidad que tenemos las personas para representar la realidad y comunicarnos ✓

b) La lengua es un codigo formado por signos que los hablantes conocen. ✓

c) El conjunto de las palabras que pertenecen a una lengua se denomina lèxico. ✓

d) La gramática determina cómo han de combinarse las palabras.

21. Escribe el nombre de cinco lenguas del mundo que no se hayan mencionado en la unidad:

Japones China arabe
soninke mandinca espanyol
catalan ✓

22. ¿En qué lenguas tienes competencia lingüística? Explica en qué contextos o situaciones las usas y en qué grado las conoces.

23. Desde el punto de vista del lenguaje, ¿qué diferencias observas entre estos mensajes?

a)

b)

24. Las palabras no pueden combinarse de cualquier modo. Ordena los siguientes enunciados para que puedan ser comprendidos.

Consejos y mensajes para cuidar el medio ambiente en casa

1 aparatos dejar enchufados evita los
2 que lo todo recicla puedas
3 tus lleva al propias supermercado bolsas
4 en público transporte muévete
5 puedan que productos usa reutilizarse
6 los correctamente grifos cierra

1 evitar dejar enchufados los aparatos
2 recicla todo lo que puedas
3 lleva tus propias bolsas al supermercado
4 muevete en transporte publico
5 usa productos que puedan reutilizarse
6 cierra los grifos correctamente

2.1. Diferencias entre la lengua oral y la lengua escrita

Cuando nos comunicamos con otras personas para darles algún tipo de información, podemos hacerlo **oralmente** o **por escrito**. Un debate sería un ejemplo de comunicación oral, y el prospecto de un medicamento sería un ejemplo de comunicación escrita.

DIFERENCIAS ENTRE LA LENGUA ORAL Y LA LENGUA ESCRITA

LENGUA ORAL	LENGUA ESCRITA
Utiliza **sonidos**.	Utiliza **letras**.
Se aprende de forma **natural**.	Requiere un **aprendizaje**.
El **lenguaje verbal** (las palabras) se combina con el **lenguaje no verbal** (gestos, miradas, etc.).	El lenguaje no verbal es menos importante.
Es **inmediata**.	Solo puede ser inmediata en la comunicación electrónica (mensajes, chats...). En otros casos, el mensaje es **diferido**, es decir, se recibe después.
Hay **interacción**. El emisor y el receptor pueden intercambiar sus papeles.	**No hay interacción** directa (excepto en algunos tipos de comunicación electrónica).
Es **efímera**. Tal como se crea, desaparece.	**Perdura** en el tiempo. Se puede releer, corregir, ampliar...
Es más **espontánea** e **informal** y evoluciona rápidamente.	En general, es más **elaborada**, normativa y conservadora.

2.2. La comunicación en la era digital

Las nuevas tecnologías han modificado la manera de comunicarnos. Ahora puedes mantener una conversación directa, con imagen y sonido, mediante la cámara de un teléfono móvil o de un ordenador. También puedes enviar wasaps, tuitear...

La comunicación electrónica escrita comparte algunos rasgos propios de la lengua oral, como son la **inmediatez** y, a veces, la **improvisación**.

?

Los **emojis** se han incorporado a la lengua escrita. **¿Consideras que son útiles?** ¿Por qué?

» ACTIVIDADES

25. Subraya los enunciados verdaderos:

a) La lengua oral se aprende de forma natural.
b) En la lengua oral combinamos las palabras con gestos o miradas.
c) La expresión escrita se improvisa la mayoría de la veces.
d) Los gestos ayudan a la comprensión del mensaje escrito.
e) La lengua oral no es espontánea.
f) En general, la lengua escrita es más elaborada, normativa y conservadora.
g) En la lengua oral, el que habla y el que escucha pueden intercambiar sus papeles.

★ LUDOLENGUA

26. ¿Quieres saber qué significa la palabra *regatón*? Lo conseguirás si descifras las definiciones usando la siguiente clave:

1 = a	4 = o	<> = c
2 = e	5 = u	+ = d
3 = i	* = b	& = p

regatón N4 2s 5n t3&4 +2 m5s3<>1. S2 tr1t1 +2l n4m*r2 qu2 s2 l2 +1 1l r2m1ch2 (n4rm1lm2nt2 +2 g4m1) qu2 s2 <>4l4<>1 2n 2l 2xtr2m4 3nf2r34r +2 1lg5n4s *1st4n2s 4 2n l1s &1t1s +2 1lg5n1s s3ll1s.

regatón No es un tipo de musica. Se trata de a nombre que se ae da al remache (normalmente de goma) que se coloca en el extremo inferior de algunos bastones o en las patas de algunas sillas

27. Te damos algunas palabras curiosas, elige una, busca su significado y defínela utilizando una clave inventada por ti. Pídele a tu compañero o compañera que la descifre:

damajuana • vituperio
tragaldabas • chiquichaque

Chiquichaque ruido que se hace con las quijadas cuando se masca fuertemente

28. Lee el significado de las siguientes expresiones que contienen la palabra *lengua* y completa las oraciones:

morderse la lengua	Abstenerse de decir lo que uno desearía.
~~**irse de la lengua**~~	~~Decir lo que debería callarse.~~
~~**tirar de la lengua**~~	~~Provocar a alguien para que diga lo que tiene que callar.~~
hablar con lengua de trapo	Modo de hablar confuso y vacilante.

a) Ella sabía que su hermano lo había roto y tuvo que ~~morderse la lengua~~ morderse la lengua para no delatarle.

b) No me tiras de la lengua, no pienso decirte qué te regalaré.

c) Todavía habla con hablar con lengua de trapo, es muy pequeño, y dice muy pocas palabras. Apenas se le entiende.

d) ¡Nos han descubierto! Creo que alguien se ha ido de la lengua.

» LÉXICO

1. El diccionario

Para conocer el significado de una palabra, o también otros aspectos como su categoría gramatical, su origen, su traducción a otro idioma etc., utilizamos el diccionario.

Entre los diccionarios de la lengua castellana más importantes destaca el *Diccionario de la lengua española* de la Real Academia Española (DRAE), que regula el uso correcto de la lengua. Lo puedes consultar en línea en *www.rae.es*.

El alfabeto castellano se compone de 27 letras. Se excluyen la *ch* y la *ll* porque se consideran **dígrafos** (conjuntos de letras).

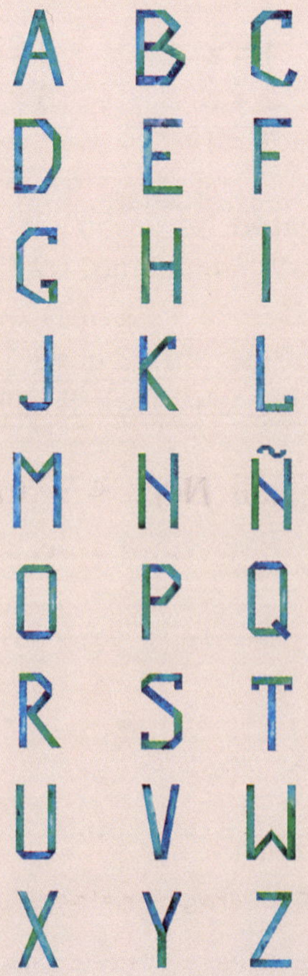

1.1. Clases de diccionarios

- **Diccionarios de lengua.** Informan de todo lo relacionado con una palabra: su significado o significados, su categoría gramatical, las frases hechas que contienen dicha palabra... Los diccionarios de **sinónimos** o **antónimos**, o los **bilingües** (que utilizas para traducir una palabra a otro idioma) también se incluyen en este grupo.
- **Diccionarios específicos o científico-técnicos.** Recogen el significado de los términos propios de actividades profesionales, ciencias o técnicas diversas. Los hay de arte, de música, de literatura, de geografía, de filosofía...
- **Diccionarios enciclopédicos.** Abarcan todas las ramas del saber, incluyen nombres propios y ofrecen todo tipo de informaciones culturales y científicas. Uno de las más conocidos es la Wikipedia (una obra colectiva en línea elaborada por voluntarios, muy práctica y completa, aunque su grado de fiabilidad no es absoluto).

» ACTIVIDADES

29. Indica a qué tipo de diccionario de lengua corresponden las siguientes entradas:

A

amistad
1. *f.* Afecto personal, puro y desinteresado, compartido con otra persona, que nace y se fortalece con el trato.
2. *f.* Merced, favor.
3. *f.* Afinidad, conexión entre cosas.
4. *f. ant.* Pacto amistoso entre dos o más personas.

B

amistad
nombre femenino
1. friendship
nombre femenino plural
2. friends

C

amistad
compañerismo, confraternidad, hermandad, camaradería, lealtad, simpatía, cariño, apego, aprecio, amor, devoción, inclinación, parcialidad.
Antónimos: *enemistad, rivalidad, antagonismo.*

- Diccionario de la lengua: A
- Diccionario de sinónimos y antónimos: C
- Diccionario bilingüe: B

30. Indica en qué entrada tendrías que buscar las siguientes palabras en negrita:

Después **estuvimos** dando una vuelta por el pueblo. Las casas y las tiendas eran en su mayoría viejas y **destartaladas**, y nunca **habían** sido pintadas. Estaban construidas sobre estacas, a tres o cuatro pies del suelo para evitar que se **inundasen** con las crecidas del río. Todas las tiendas se **encontraban** en una calle y se cubrían con blancos **toldos** caseros, a cuyos **postes** la gente amarraba sus caballos. Debajo había cajas vacías de mercancías, sobre las que descansaban los holgazanes [...] **pendientes** de lo que pasaba. Todas las calles eran de barro y los cerdos iban y **venían** por todos sitios.

MARK TWAIN:
Aventuras de Huckleberry Finn.

estuvimos: estar
destartaladas: desordenados
habían: haber
inundasen: inundar
encontraban: encontrar
toldos: varios
postes: Poste
pendientes: Pendiente
venían: Ven

★ LUDOLENGUA

31. Por parejas y con la ayuda de un diccionario, buscad palabras que cumplan las siguientes condiciones:

- Con dos vocales y una consonante: ______
- Con tres consonantes y una vocal: ______
- Con dos vocales y dos consonantes: ______
- Con tres vocales y tres consonantes: ______
- Con tres vocales iguales: ______

» ORTOGRAFÍA

1. Los signos de puntuación (I)

La puntuación sirve para delimitar los distintos bloques de información de un texto y ayudar al lector en su interpretación. También ayudan a hacer las pausas para respirar y a entonar adecuadamente.

USAMOS PUNTO (.)
• **Punto y seguido.** Separa oraciones independientes en un mismo párrafo. • **Punto y aparte.** Indica el final de un párrafo. En el siguiente párrafo, se pasa a hablar de otro asunto. • **Punto final.** Marca el final del texto.
Recuerda que después de punto siempre se escribe mayúscula.

USAMOS DOS PUNTOS (:)	EJEMPLOS
Delante de una **enumeración**.	*Me compré: un chándal, una camiseta y una mochila.*
En las cartas o correos, **detrás del saludo**.	*Apreciados vecinos:* *El motivo de esta carta es...*
Para **citar palabras textuales**.	*El niño se excusó: «He llegado tarde porque tenía una cita médica».*

USAMOS PUNTOS SUSPENSIVOS (...)	EJEMPLOS
Al final de una **enumeración incompleta**.	*Ofrecían menús sencillos: gazpacho, sopa, fruta, helados...*
Al término de una oración cuyo final se **sobreentiende** o se desea dejar inacabado deliberadamente.	*Como dice el refrán: «A palabras necias...».*
Para expresar **enfado**, **temor**, **duda**, **sorpresa**, etc.	*Pero... ¿quieres levantarte de una vez? ¡Es tardísimo!*

LOS SIGNOS DE INTERROGACIÓN (¿?)	LOS SIGNOS DE EXCLAMACIÓN (¡!)
Indican que se está formulando una pregunta. Por ejemplo: *En el caso de que Sara se haya marchado, ¿qué hacemos?*	Señalan que se está expresando una emoción: alegría, sorpresa, enfado, etc. Por ejemplo: *¡Es extraordinario! Nunca antes había visto un pez igual.*
• Después de los signos de interrogación y exclamación no se escribe punto. • Si tras estos signos sigue una oración distinta, esta comienza con mayúscula.	

» ACTIVIDADES

32. Lee atentamente el texto y realiza las actividades que se indican a continuación:

> Una sombra gigantesca aparecía por encima del infeliz buceador. Era un tiburón de enorme tamaño que avanzaba diagonalmente, con el ojo lleno de fuego y las mandíbulas abiertas.
>
> El voraz animal, de un vigoroso aletazo, se lanzó hacia él, que se arrojó de lado para evitar la mordedura del tiburón, lo cual consiguió, pero no el golpazo de su cola, porque esta cola, golpeándole en el pecho, lo tumbó en el suelo.
>
> JULIO VERNE: *Veinte mil leguas de viaje submarino* (texto adaptado).

a) ¿Cuántos párrafos tiene el texto anterior?

2 Parrafos

b) Localiza en el texto un punto y seguido y un punto y aparte; explica para qué sirve cada uno de ellos.

un Punto i seguido
es Para respirar
i el Punto a Parte
es Para conviarte

33. Con un bolígrafo rojo, coloca el punto y seguido y escribe la mayúscula correspondiente en cada uno de los enunciados:

a) El río Amazonas mide más de 6.000 km de longitud la mayoría de sus afluentes nacen en la cordillera de los Andes.

b) El campo de juego suele ser de hierba no puede medir más de 119 m de largo por 91 m de ancho.

c) Era una mañana de junio un cielo azul sin nubes anunciaba un día caluroso.

34. ¿En cuál de las dos posiciones deberán colocarse los dos puntos (:)? Escríbelos.

a) Los niños recitaban ___ las estaciones del año ___ primavera, verano, otoño e invierno.

b) La jugadora declaró ___ «Agradezco el premio, pero ___ el mérito es del equipo».

c) Apreciado amigo ___ Te escribo esta carta porque lo que voy a contarte ___ no se resume en un mensaje de correo electrónico.

d) Ligero, natural y azucarado ___ eso es lo que se leía ___ en el envase del yogur.

35. Puntúa correctamente el texto. Faltan un punto y seguido, un punto final, dos puntos, unos signos de interrogación y unos signos de exclamación.

> A menudo mi madre me amenazaba con descuartizarme en ocho pedazos si derramaba el cubo de agua o si fingía no oír su llamada para que volviera a casa al atardecer, cuando las cigarras cantaban con más intensidad Yo oía cómo su voz, áspera y cortante, hacía eco a través del valle solitario «Dónde estará ese bribón Le haré trizas en cuanto regrese»
>
> LIARN HEARN: *Leyendas de los Otori. El suelo del ruiseñor* (texto adaptado).

DICTADO

Premisa: Copia el texto en una hoja aparte y escribe de un color diferente todos los signos de puntuación.

> Un consejo: no juguéis a detectives. O lo sois o no lo sois, pero no juguéis a serlo, porque después pasa lo que pasa y cuando os queráis echar atrás descubriréis que es demasiado tarde. Miradme a mí: empecé realizando pequeñas investigaciones para conseguir algo de pasta y ahora me veo envuelto en un asunto excesivo y peligroso...
>
> ANDREU MARTÍN, JAUME RIBERA: *Todos los detectives se llaman Flanagan.*

» PONTE A PRUEBA

Lee y comprueba si lo has comprendido

La fauna que vemos, el dolor que no vemos

Meena tiene cuatro años y dos meses, todavía un bebé tratándose de un elefante. Su *mahout* —o cuidador— me dijo hace unas horas que lleva la cadena de púas porque suele dar coces. Él es el responsable de Meena en este lugar —llamado Maetaman Elephant Adventure y situado en el norte de Tailandia— desde que la pequeña elefanta tenía 11 meses. Según él, le pone el aro de púas metálicas en la pata solo de día y se lo quita por la noche. Pero ahora es de noche...

Pregunto a un empleado de Maetaman que me acompaña en esta visita nocturna por qué sigue con la cadena en la pata. Me responde que no lo sabe.

Maetaman es uno de los muchos centros de atracciones con animales que hay en esta zona abarrotada de turistas. Estos bajan en masa de los autobuses y se montan en la trompa de los elefantes, que, aguijoneados por el cuidador con una larga barra con un gancho metálico bien afilado en la punta, los levantan en el aire mientras las cámaras inmortalizan el momento. Los visitantes acercan plátanos a la trompa de los animales. Contemplan cómo los cuidadores aguijonean a sus elefantes —uno de los animales más inteligentes del planeta— para que lancen dardos o pateen balones gigantes de fútbol mientras unos altavoces vomitan música a todo volumen.

Meena es uno de los 10 elefantes que actúan. Concretamente hace de pintora. Dos veces al día, ante masas de turistas parlanchines, su cuidador le pone una brocha en la punta de la trompa y le pincha con un clavo de acero en la cara para dirigir sus pinceladas mientras ella embadurna un papel con colores primarios. Suele guiarla para que pinte un elefante salvaje en la sabana. Luego los turistas compran sus cuadros.

La vida de Meena está destinada a seguir el mismo camino que muchos de los aproximadamente 3.800 elefantes cautivos de Tailandia y de otros miles más que están repartidos por todo el sudeste asiático. Actuará en espectáculos hasta que cumpla más o menos 10 años. A partir de ahí pasará a ser un elefante de monta. Le atarán al lomo un banco en el que se sentarán los turistas y les dará varios paseos al día. Cuando envejezca o enferme y ya no pueda cargar con ellos, tal vez a los 55 años, quizás a los 75, Meena morirá. Si tiene suerte vivirá unos pocos años jubilada. Pasará la mayor parte de su vida encadenada dentro de un minúsculo cubículo.

Natasha Daly:
«El lado oscuro del turismo de fauna salvaje»,
en *National Geographic*, junio 2019 (texto adaptado).

1. ¿Cuántos párrafos tiene el texto?

- [ ] Tres párrafos.
- [ ] Cuatro párrafos.
- [ ] Cinco párrafos.

2. Meena vive en el centro de atracciones desde que tenía...

- [ ] cuatro años y dos meses.
- [ ] 11 meses.
- [ ] 55 años.

3. Allí los elefantes...

- [ ] son protegidos del peligro de extinción.
- [ ] actúan para los turistas.
- [ ] viven en libertad.

4. Meena es adiestrada para...

- [ ] lanzar dardos a una diana.
- [ ] bailar al son de la música.
- [ ] pintar cuadros para los turistas.

5. Cuando Meena ya no pueda actuar...

- [ ] paseará turistas en su lomo.
- [ ] descansará unos años jubilada.
- [ ] la trasladarán al zoológico.

6. En este texto, la intención del narrador es...

- [ ] explicar cómo son los elefantes.
- [ ] promover el turismo a países exóticos.
- [ ] denunciar el uso de animales como entretenimiento para turistas.

7. Escribe una oración en la que aparezcan las palabras *turistas*, *espectáculo* y *cautivo*:

____

____

____

____

____

8. En este texto, *aguijonear* significa...

- [ ] hacer agujeros.
- [ ] tocar suavemente a alguien.
- [ ] pinchar con un palo con la punta afilada.

9. Tailandia es un país que se encuentra en...

- [ ] África.
- [ ] América.
- [ ] Asia.

10. Si tuvieras que informarte sobre elefantes u otra clase de animales salvajes, ¿en qué clase de diccionario lo harías?

- [ ] En un diccionario de sinónimos.
- [ ] En el DRAE.
- [ ] En un diccionario enciclopédico.

Mira

Entra en el espacio personal de la web *www.barcanova.cat* y encontrarás el enlace a un breve reportaje sobre un centro de recuperación de elefantes.

Comparte

Diálogo en clase. Sugerencias para iniciarlo: ¿Has asistido alguna vez a algún espectáculo con animales? ¿Dónde y cuándo? ¿Qué opinas de este tipo de actividades? ¿Conoces la labor que se lleva a cabo en los zoológicos?

UNIDAD 2

CLUB DE LECTURA » *Cama Leona*
TOMA LA PALABRA » Inventos que cambiaron el mundo
DILO POR ESCRITO » Mi palabra favorita
LENGUA Y SOCIEDAD » El texto. Tipos de textos
LITERATURA » Los géneros literarios
GRAMÁTICA » El sustantivo
LÉXICO » Cómo usar el diccionario
ORTOGRAFÍA » Los signos de puntuación (II)

Preparamos la lectura

1. Hay personas que cambian constantemente de opinión ¿Te parece un defecto o una ventaja? Comentadlo en clase.

2. ¿Sabes qué significa *camaleónico*? Apunta algunas ideas. Después de la lectura, comprueba si has acertado.

BUSCAD SU APELLIDO

Fijaos en el título de la lectura: el autor juega con las palabras, dividiéndolas, para obtener el nombre y el apellido de los personajes (Cama Leona, Puerco Espín...). Formad grupos y, empleando el mismo sistema, transformad palabras en un nombre con su apellido. Después, votad los más originales.

» CLUB DE LECTURA

Cama Leona

En el principio de los tiempos una cierta Cama Leona se enamoró de un tal Puerco Espín.

Para amarse, hace falta ser dos. Ahora bien, está claro que Cama Leona amaba a Puerco Espín, pero también está claro que este último no amaba a Cama Leona.

La pobre Cama, apenas veía a Puerco pastando pacíficamente en un prado de cardos salvajes, se echaba a correr tras él, ¿y qué encontraba? Entre los cardos repletos de espinas, una bola también repleta de espinas. Cama, que estaba loca de amor por aquella bola, sollozaba entonces:

—Puerco, mi hermoso Puerco, extiéndete, ábrete, comunica. Te lo ruego, te lo suplico, comunica, extiéndete, ábrete.

Y nada, esfuerzo inútil. Puerco Espín, que tenía miedo del matrimonio, no respondía y mucho menos dejaba de hacer la bola. Entonces la pobre Cama se marchaba desconsolada, hablando consigo misma: «¡Tantas espinas y tan poco valor!».

Pues resulta que Cama Leona, decidida a conseguir a Puerco Espín, fue a ver a **O. Ráculo**, un viejo mago, muy **irascible** y de pocas palabras, que vivía en una **gruta** en lo más profundo de un bosque. O. Ráculo, una vez que oyó el caso, dijo en seguida, con su vozarrón **cavernoso**:

—Cama, Cama, te ama, no te ama.

—¿Qué quieres decir? —preguntó Cama Leona.

Y O. Ráculo:

—A la margarita arráncale hojitas,
al Puerco Espín arráncale espinas.

Resumiendo, el remedio que sugirió O. Ráculo era el siguiente: acercarse a Puerco Espín en el momento en que estaba hecho una bola y, al igual que se hace con los pétalos de la margarita, arrancarle una a una las espinas, repitiendo: «Me ama, no me ama, me ama, no me ama». Las espinas, con ese estribillo, saldrían con facilidad, exactamente como los pétalos de la margarita. Y Puerco Espín no podría hacer nunca más la bola.

O. Ráculo concluyó:

—Ten cuidado, ¡que luego no tendrá más espinas!

Y Cama Leona, encogiéndose de hombros:

—¡Y qué me importa! No estoy enamorada de él porque tenga espinas.

Dicho y hecho. Puerco Espín va a pastar. Cama Leona se lanza tras él; Puerco Espín se hace una bola; Cama Leona empieza a arrancarle las espinas repitiendo: «Me ama, no me ama». Las espinas, con tales palabras, salen con la mayor facilidad. «Me ama, no me ama»; finalmente, he aquí

VOCABULARIO

oráculo *m.* Persona sabia y con autoridad cuya opinión todos escuchan con respeto y consideran acertada.

irascible *adj.* Irritable, violento.

gruta *f.* Cavidad natural o artificial abierta en riscos o peñas.

cavernoso, sa *adj.* Dicho de la voz o de cualquier sonido: sordo y bronco.

a Puerco Espín completamente desprovisto de **aguijones**; desnudo como un gusano, a pesar de ser un gusano en forma de bola. Entonces, al ver aquella bola suave, de color rosa caramelo, Cama Leona gritó:

—¡No es él, ya no es él! ¡Tenía que habérmelo dicho, O. Ráculo! ¡Yo le amaba porque tenía espinas, ahora no es él y yo ya no le amo!

O. Ráculo dijo severamente:

—Debajo de las espinas estaba el gusano. ¿No lo sabías? Ahora ama a tu gusano y déjame en paz.

Y Cama Leona:

—¡Ay de mí! He sabido demasiado tarde que en realidad le amaba porque tenía espinas.

Entonces O. Ráculo preguntó:

—De una vez por todas, ¿te casas con tu Puerco sin espinas, sí o no?

—Decididamente, no.

Enfadadísimo, O. Ráculo gritó:

—Y yo te voy a castigar. De ahora en adelante, dondequiera que te poses tomarás el color del objeto en que te hayas posado, para que todo el mundo sepa que eres una **veleta** y que cambias de idea rápidamente y no eres capaz de amar a nadie, porque, uno tras otro, puedes amar a todos. Diciendo así, tomó carrerilla y le dio a Cama Leona una patada en el trasero que la mandó por los aires. Ahora bien, acababa de llover, y había salido un magnífico arco iris que iba de un extremo a otro del horizonte, y Cama Leona, que había saltado muy arriba, muy arriba, hasta el arco iris, se volvió sucesivamente, como había dicho O. Ráculo, roja, verde, azul, amarilla, azul marino, lila, blanca, marrón y así sin parar. Luego cayó en un ramo de mimosas y se volvió verde con lunarcitos amarillos; de la mimosa rebotó a un rosal y se hizo de rojo fuego; del rosal aterrizó de panza sobre un **parterre** y se puso violeta con hermosas manchitas doradas.

Desde entonces, Puerco Espín ha pasado a ser un Puerco pero sin espinas, es decir, un vulgar cerdito. Pero sus hermanos puercoespines tienen pinchos y se hacen una bola.

En cuanto al camaleón, mi enhorabuena a quien lo encuentre, ya que toma el color del objeto sobre el cual está posado y, por decirlo de alguna manera, se vuelve invisible. Por ejemplo, podría haberse posado sobre tus cabellos y haber tomado su color y tú no darte cuenta porque no lo ves. A propósito, ¿de qué color son tus cabellos? ¿Son rubios?, ¿negros?, ¿castaños?, ¿rojizos?

ALBERTO MORAVIA: «De cómo Cama Leona se volvió verde, lila, azul...», en *Historias de la prehistoria*.

VOCABULARIO

aguijón *m.* Órgano punzante que tienen en el abdomen algunos insectos. Aquí tiene un sentido figurado.

veleta *m. y f.* Persona inconstante y mudable.

parterre *m.* Parte de un jardín con césped y flores.

» ACTIVIDADES

Comprensión de la lectura

1. Al comienzo del relato, ¿qué le ocurre a Cama Leona?

el cama lleona esta enamorada de cama

2. ¿Qué hacía la pobre Cama cada vez que veía a Puerco Espín? Marca la opción correcta.

- [ ] Se quedaba paralizada.
- [x] Echaba a correr tras él.
- [ ] Se acercaba a él tímidamente por detrás de los cardos.

3. ¿Qué hacía Puerco cuando Cama Leona se le acercaba? Elige la respuesta correcta.

- [ ] Erizaba las púas al sentirse amenazado.
- [ ] Se escondía entre los cardos porque era muy tímido.
- [ ] Salía corriendo porque no la amaba.
- [x] No le respondía y se hacía una bola porque tenía miedo del matrimonio.

4. Los sentimientos de Cama cambian fácilmente. ¿Qué es lo que dice cuando ve que Puerco ya no tiene espinas?

que no quiere

5. ¿Cómo castiga O. Ráculo el comportamiento de Cama?

de ahora en adelante, dondequieras que te poses tomara el color del objeto en que te hayas posado.

6. ¿Podrías deducir ahora el significado de la palabra *camaleónico*? Explícalo con algún ejemplo concreto.

el significado de camaleonico es si cambias de forma social

Expresión personal

7. ¿Qué conclusiones se pueden extraer de esta narración? Lee las ideas que te sugerimos y subraya con cuáles estás más de acuerdo:

a) Las decisiones importantes deben tomarse a partir de la reflexión.

b) No podemos actuar guiándonos solo por un capricho.

c) Hay que aceptar a las personas como son.

d) Apreciar a los demás por su aspecto externo es una actitud frívola y superficial.

8. Numera los siguientes fragmentos según el orden en que aparecen en la lectura:

- [4] «Me ama, no me ama, me ama, no me ama».
- [3] Acercarse a Puerco Espín en el momento en que estaba hecho una bola.
- [1] «A la margarita arráncale hojitas, al Puerco Espín arráncale espinas».
- [7] Había salido un magnífico arco iris que iba de un extremo a otro del horizonte.
- [5] Las espinas, con ese estribillo, saldrían con facilidad.
- [2] Resumiendo, el remedio que sugirió O. Ráculo era el siguiente:
- [6] Y Puerco Espín no podría hacer nunca más la bola.

9. Relaciona las expresiones de la primera lista con su significado:

a) Estar al rojo vivo.
b) Poner verde.
c) Ver las cosas de color de rosa.
d) Quedarse en blanco.
e) Ponerse colorado.
f) Pasarlas moradas.

☐ Avergonzarse.
☐ Quedarse sin saber qué decir.
☐ Considerar algo de forma optimista.
☐ Insultar o desacreditar a alguien.
☐ Estar en estado de gran excitación.
☐ Pasar grandes apuros.

10. Puerco se convierte en un gusano de color «rosa caramelo». Añade a cada nombre de color otra palabra que lo matice.

a) **azul:** cielo, turquesa, ____________
b) **rojo:** fuego, vivo, ____________
c) **amarillo:** limón, oro, ____________
d) **verde:** oliva, esmeralda, ____________

LUDOLENGUA

11. Con las letras de las palabras *camaleón* y *puerco espín* se pueden formar otros nombres de animales como *león*. Combina estas letras sin repetirlas y forma todos los nombres de animales que puedas. Te damos otro ejemplo:

*cama**león** + **puerco** espín* → ***macaco***

12. ¿Cómo es, en realidad, un camaleón? Si quieres saber más sobre este animal, puedes ver el vídeo que encontrarás en el espacio personal de la web *www.barcanova.cat*. A continuación, completa la siguiente ficha.

Característica 1:
Característica 2:
Característica 3:
¿Por qué está en peligro de extinción?

» TOMA LA PALABRA

Inventos que cambiaron el mundo

Vas a realizar una exposición oral de unos 5 o 10 minutos sobre un invento que consideres especialmente útil para las personas.

Procedimiento

1. Escoge un invento (en la página se proponen algunos) y busca información al respecto: ¿quién y cuándo lo inventó?, ¿qué aspectos eran imposibles o muy diferentes antes de su existencia?, etc.

2. Con los datos obtenidos, prepara tu exposición. Ten presente qué quieres decir y en qué orden vas a hacerlo. Al finalizar, propón una recomendación o un consejo.

3. Memoriza los datos y ensaya varias veces. Puedes usar palabras y expresiones similares a las del recuadro.

Toma algunas notas

RECUERDA

Qué decir, en qué orden y cómo decirlo...

Voy a hablaros de...
Mi tema es...
He escogido este objeto porque...
En mi opinión...
Lo más importante sería...
Antes de...
Las ventajas fueron...

Introducción: *en primer lugar, para empezar...*
Desarrollo: *por un lado, por otro, además, también, en cambio, pero, sin embargo...*
Conclusión: *para terminar, en resumen, en conclusión...*

» DILO POR ESCRITO

Mi palabra favorita

Qué tienes que hacer

Vais a elaborar entre toda la clase un diccionario formado únicamente por las palabras que cada uno de vosotros escoja.

Para inspirarte...

A veces me pongo a buscar palabras para explicar mejor las cosas que siento. Me he dado cuenta de que casi nunca usamos la palabra correcta. Siempre hay una mejor, más adecuada. Lo malo es que para mí, en la mayoría de las ocasiones, esa palabra es una total desconocida.

Zozobra. Esa es la palabra que encontré para definir mi estado de ánimo en ese momento. Zozobra. Me gusta y me aterra al mismo tiempo. Suena a tormenta, a tempestad. La zozobra es lo contrario del sosiego. Sosiego. También me gusta esa palabra. Son incompatibles. La una excluye a la otra. Las zetas de zozobra son como rayos y la última sílaba es el estallido del trueno.

ALFREDO GÓMEZ CERDÁ: *Ninfa rota*.

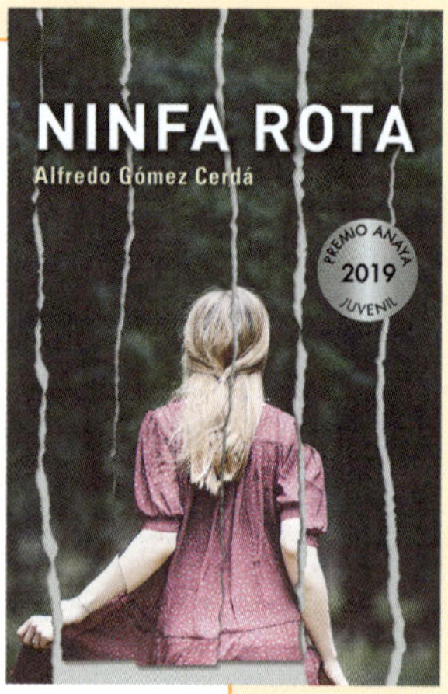

Cómo puedes hacerlo

- Escoge una palabra en castellano que te guste (por lo que te recuerda, por lo que significa, por cómo suena, por su rareza...) y escríbela:

___

- Búscala en el diccionario y copia su significado. Si tiene muchas acepciones, escribe la que prefieras.

___

___

___

- Traduce tu palabra a otras lenguas; puedes añadir esta información a tu escrito.

___

___

- Ahora ya puedes redactar un texto de unas 50 palabras de extensión explicando los motivos por los que la escogiste. Recuerda que el título será la palabra elegida; puedes hacerlo con una caligrafía especial.

Manos a la obra

Escribe tu texto. No olvides revisarlo y corregirlo antes de darlo como definitivo. Si quieres, busca una imagen que represente lo que has escrito e incorpórala.

He elegido esta palabra porque Ami me gusta Por que tengo curiosidad i e buscado la Palabra en el dicionario i la he escrito hi ha Ora me gusta mucho mas la Palabra Por que se Su Significado e i le doi las gracias a la mar Por hacer que busque la Palabra en el diccionario i me ha gustado buscarla i el Significado la Palabra que jo he buscado en el diccionario eletimat que Piensas que tu idea es mas imPortante

» LENGUA Y SOCIEDAD

1. El texto

Un texto es una **unidad lingüística**, oral o escrita, que tiene un sentido total independientemente de su extensión.

Un texto puede estar constituido por una sola palabra (si encierra un mensaje completo: *¡Cuidado!*), por una oración (*Ana cruzó la calle con sumo cuidado.*), pero también por un párrafo, un cuento, un poema...

1.1. Propiedades de los textos

Los textos no son simples sucesiones de oraciones, sino que deben ajustarse a una serie de condiciones, llamadas **propiedades textuales**. Estas son:

ADECUACIÓN	Un texto debe adaptarse a la situación comunicativa, es decir, tiene que tener en cuenta a quién va dirigido y con qué intención se produce.
COHERENCIA	Un texto tiene que dar una información ordenada con un sentido global. Un texto es coherente si tiene un tema definido y si la información se presenta siguiendo un orden lógico, es decir, está estructurada.
COHESIÓN	Las partes de un texto se relacionan entre sí: oraciones con oraciones, párrafos con párrafos, etc. Una forma de conseguirlo es mediante los **conectores**, que son palabras o grupos de palabras que establecen una relación entre las distintas partes del texto y ayudan a organizarlo. Son conectores las expresiones siguientes: *en primer lugar*, *por otra parte*, *en consecuencia*, *entonces*, *mientras*, *a lo lejos*...

1.2. Tipos de textos

NARRATIVOS	Cuentan hechos que ocurren en un lugar y en un espacio determinados.
DESCRIPTIVOS	Explican cómo es algo o alguien seleccionando detalles característicos.
DIALOGADOS	Dos o más interlocutores intercambian información.
EXPOSITIVOS	Proporcionan información sobre un tema para darlo a conocer a otras personas.
ARGUMENTATIVOS	Expresan opiniones y tratan de convencer mediante argumentos.
INSTRUCTIVOS	Orientan y aconsejan al receptor sobre cómo hacer algo.
PREDICTIVOS	Hacen predicciones sobre hechos futuros.

» ACTIVIDADES

13. ¿Crees que el fragmento siguiente cumple las tres propiedades textuales? ¿Por qué?

Los osos son animales de gran tamaño. Los osos comen frutos e insectos y también carne. Los osos pesan 500 kg. Hay osos en los Pirineos. Estuve de vacaciones en los Pirineos el verano pasado. El próximo verano iremos a la playa.

no cumple las tres propiedades teltuale

14. Escribe un texto breve y adecuado para cada una de las siguientes situaciones:

a) Te vas de vacaciones y le pides a un amigo que cuide de tu gato.

b) Ahora se lo pides a tu vecino (un señor mayor, muy amable y muy serio).

15. Marca de qué tipo es el siguiente texto:

El tiempo en Tarragona

Hoy ha amanecido a las 6:20 y anochecerá a las 21:20. Las temperaturas oscilarán entre los 19 y los 25 °C, el cielo estará parcialmente nuboso, y el viento será moderado, con una velocidad de 24 km/h y dirección oeste. Las precipitaciones se producirán intermitentemente durante toda la jornada.

☐ narrativo ☐ instructivo ☒ predictivo

16. ¿Te gusta el guacamole? El que preparan en este corto animado es muy original. Encontrarás el enlace en el espacio personal de la web *www.barcanova.cat*.

a) Numera los siguientes enunciados según el orden en que aparecen en el vídeo:

	Añade el zumo de medio limón.
	Coge una cebolla, córtala por la mitad y luego en dados pequeños, y agrégala.
	Afila un cuchillo grande.
	Añade sal y pimienta al gusto y remuévelo todo hasta conseguir la salsa.
	Corta el aguacate en dos mitades.
	Retira el hueso y vacía la pulpa. Ponla en el bol en donde harás la salsa.
	Coge un tomate y córtalo en dados pequeños. Ponlos en el bol también.
	Agrega ahora un pimiento sin pepitas y cortado en trocitos.
	Sírvelo acompañado de tortitas de maíz.

b) Escribe un título para este vídeo.

c) Si reflejáramos con palabras las imágenes que acabas de ver, ¿de qué tipo de texto se trataría? Señálalo.

☐ narrativo ☐ instructivo
☐ predictivo ☐ expositivo

» LITERATURA

1. Los géneros literarios

Las obras literarias pueden clasificarse en tres géneros literarios principales: la lírica, la dramática y la épica, que se corresponden, respectivamente, con la poesía, el teatro y la narrativa.

1.1. La lírica o poesía

La **lírica** comprende los textos en los que el autor o la autora expresa su **mundo interior**, es decir, sus emociones y sentimientos. En los textos líricos siempre aparece un **«yo poético»**, que es el que siente y expresa dichos sentimientos. Además, el poeta puede referirse también a las emociones de otras personas.

TIPOS DE LÍRICA	
LÍRICA CULTA	Es la compuesta por autores cultos y transmitida, normalmente, de forma escrita.
LÍRICA POPULAR	Suele ser anónima y de transmisión oral. No obstante, muchos autores cultos, en ocasiones, han compuesto obras imitando esta poesía oral de versos cortos y recursos expresivos sencillos.

La palabra *lírica* deriva de *lira*, un instrumento musical que se usaba en la antigua Grecia para acompañar las palabras de los poetas. Generalmente, las obras líricas están compuestas en verso, por lo que identificamos la lírica con la poesía.

1.2. La dramática o teatro

Las **obras dramáticas** se escriben para ser representadas por unos actores ante un público. El autor se expresa a través del **diálogo** de sus personajes y de las **acotaciones** (indicaciones sobre los movimientos y gestos de los personajes, el vestuario, el decorado, etc.), que incluye en el texto de la obra.

TIPOS DE DRAMÁTICA	
TRAGEDIA	Presenta terribles conflictos entre personajes que se ven arrastrados por grandes pasiones hacia un final desgraciado.
COMEDIA	Plantea de forma humorística situaciones cotidianas que suelen acabar felizmente.
DRAMA	Presenta un conflicto doloroso o intenso situado en el mundo real.

?

En este friso de la Grecia clásica, las figuras representadas sostienen unas máscaras de expresiones muy marcadas. ¿Qué género crees que representan? **Busca información sobre las máscaras del teatro griego.**

» ACTIVIDADES

17. Lee el siguiente texto y responde a las preguntas que encontrarás a continuación:

Tertulias carcelarias

OTTO. ¡Eh!, mira, Bruno, crece la familia.

HANSI. (*Apocado.*) Buenos días. Yo soy nuevo aquí. Tengo que compartir su celda tres días.

OTTO. ¿Oyes tú, Bruno? Es un tipo educado.

BRUNO. (*Comedido.*) ¿Ha dicho algo de compartir?

OTTO. Sí. Quiere compartir la celda con nosotros...

HANSI. (*Carraspea.*) Permítanme que rectifique, señores. Yo no he dicho que quiero, sino que tengo.

OTTO. Y puntilloso el tío, ¿eh, Bruno?... Y me ha llamado señor.

BRUNO. ¿A mí también?

OTTO. A ti también.

BRUNO. Entonces nosotros debemos corresponder con educación. Di al tipo que se siente para que le podamos husmear mejor...

HANSI. Señores, con su permiso, me presento, Hans Georg Schutze... (*Con afectada modestia.*) Los amigos me llaman Hansi.

OTTO. (*Seco.*) ¡Siéntate!

HANSI. ¿Cómo?

OTTO. ¡¡Que te sientes!!

WOLFGANG ECKE: «Tertulias carcelarias», en *Historias policíacas divertidas*.

a) ¿A qué género principal pertenece?

drama cárcel ✓

b) ¿Quiénes son los personajes?

otto bruno hansi ✓

c) ¿Qué indican las acotaciones?

Para indicar que tienen que hacer los protagonista ✓

18. Lee el siguiente texto y responde a las preguntas que encontrarás a continuación:

Si me quieres, quiéreme entera,
no por zonas de luz o sombra...
Si me quieres, quiéreme negra
y blanca. Y gris, y verde, y rubia,
y morena...
Quiéreme día,
quiéreme noche...
¡Y madrugada en la ventana abierta!
Si me quieres, no me recortes:
¡quiéreme toda... o no me quieras!

DULCE MARÍA LOYNAZ

a) ¿A qué género principal pertenece?

b) ¿Hay un «yo poético»?

c) ¿Qué sentimientos expresa?

1.3. La épica o narrativa

Las **obras narrativas** cuentan hechos que les ocurren a unos **personajes** (reales o imaginarios) en un tiempo y en un espacio determinados. En todas las narraciones hay siempre un **narrador**, que es la voz que cuenta los sucesos.

En la actualidad, las narraciones se escriben en **prosa** y se suele reservar el término ***épica*** para los textos narrativos más antiguos que, sin embargo, fueron escritos en verso.

A continuación, te explicamos los diferentes géneros narrativos y sus características:

GÉNEROS NARRATIVOS	CARACTERÍSTICAS
CUENTO	• Es un relato corto, de argumento sencillo, que suele narrar lo que acontece a unos pocos personajes en un breve período de tiempo. • Pueden clasificarse como fantásticos, infantiles, realistas, etc. Las **fábulas**, por ejemplo, son cuentos protagonizados por animales. Asimismo, existen **cuentos populares** anónimos que se han transmitido oralmente y forman parte de la tradición de los pueblos. Algunos han sido recogidos en colecciones por diversos autores (los hermanos Grimm, Charles Perrault, Hans Christian Andersen...). También hay **cuentos artísticos o literarios** creados por autores conocidos.
MITO	Es un relato que tiene como protagonistas a seres sobrenaturales o extraordinarios, tales como dioses o semidioses, héroes, monstruos o personajes fantásticos, a través de cuyas aventuras se explican las creencias de una comunidad. Así han llegado hasta nosotros los personajes de la mitología grecolatina como Hércules, el Minotauro, Medusa, etc.
LEYENDA	Es un relato que puede referirse a lugares, a personajes o a hechos históricos a los que se han añadido elementos sobrenaturales o misteriosos. Hay leyendas sobre héroes medievales como el Cid, y otras relacionadas con tradiciones locales, como la brecha de Roldán en Aragón o la leyenda de Sant Jordi en Cataluña. Las leyendas suelen ser anónimas; sin embargo, autores como Gustavo Adolfo Bécquer han escrito leyendas de manera personal.
NOVELA	Es un relato extenso que cuenta la vida de unos personajes, a veces numerosos, en un determinado período de tiempo. Es un género muy complejo, ya que existen numerosos tipos (policíaca, de ciencia ficción, de terror, histórica, realista, juvenil, etc.). Las novelas suelen dividirse en capítulos.

?

Si algún día paseas por Central Park, en Nueva York, puedes toparte con la estatua de un famoso cuentista danés: Hans Christian Andersen. **El animal que lo acompaña representa uno de sus cuentos más conocidos**, ¿sabrías decir cuál?

Copenhague rinde homenaje a Andersen con la estatua de uno de sus personajes más populares: la sirenita. Las sirenas tienen su origen, precisamente, en la mitología griega.

» ACTIVIDADES

19. Lee esta versión en verso del cuento *Hansel y Gretel* y redacta una versión breve en prosa. A continuación, responde a las preguntas que figuran más abajo.

Hansel y Gretel

Esta es la historia de un leñador y su MUJER
que no tenían nada para COMER.

Y para salir de aquel APURO
a los hijos abandonan en el bosque OSCURO.

Pero pronto volvieron a su DESTINO
siguiendo las piedras dejadas en el CAMINO.

Y aunque el padre tenía mucha COMPASIÓN,
la madrastra insistió en la malvada ACCIÓN.

Tras tres noches por el bosque VAGANDO
una casa de caramelo les estaba ESPERANDO.

Pero en esta casita VIVÍA
una bruja que a los niños COMÍA.

Y tras una puerta ENREJADA
encerró a Hansel la bruja MALVADA.

La bruja quería saber si estaba OBESO,
pero Hansel siempre le mostraba un HUESO.

Y cuando a Gretel le pide que mire la MASA
va y la empuja sobre la BRASA.

Y a su padre entregan los MILLONES
que la bruja tenía en todos los RINCONES.

JUAN JOSÉ LAGE:
Antología de cuentos y algunos poemas.

Una madre i un padre dejaron a bandonan a su hija aunque el padre no queria dejarlos la madre insistio dijo vueltas tras el bosque i al final encontraron una casa de caramelo i habia una bruja que comia niños.

a) Busca en internet información sobre otros aspectos relacionados con este cuento:

¿Quién lo escribió?	
¿Cuál es su título original?	
¿Cuándo fue publicado?	

b) ¿Qué diferencias hay entre el cuento tradicional y la versión de Juan José Lage?

» GRAMÁTICA

1. El sustantivo

El **sustantivo** o **nombre** es la palabra que sirve para nombrar personas, lugares, animales, cosas o realidades inmateriales. Son las «etiquetas» de la lengua: con ellos damos nombre a lo que vemos y lo que pensamos, lo que podemos tocar y lo que podemos sentir. Los términos *romanticismo*, *gato* o *alegría* son sustantivos.

1.1. Clases de sustantivos

Según su significado, los sustantivos admiten diversas clasificaciones. Fíjate en la siguiente tabla:

SUSTANTIVOS COMUNES	SUSTANTIVOS PROPIOS
Nombran a seres u objetos de una misma clase (*ciudad*, *río*, *niña*...); pueden llevar un artículo delante (*la ciudad*, *el río*, *una niña*...).	Nombran de manera individual a un solo ser u objeto distinguiéndolo de los de su clase (*Tarragona*, *Ebro*, *Carmen*...). Estos sustantivos se escriben con mayúscula inicial.
SUSTANTIVOS CONCRETOS	**SUSTANTIVOS ABSTRACTOS**
Se refieren a seres u objetos que se pueden percibir a través de los sentidos, es decir, que se pueden ver, tocar, oír... (*lápiz*, *coche*, *perro*, *pato*, *montaña*, *pared*, *techo*, *cucurucho*...).	Se refieren a ideas o sentimientos que nos representamos mentalmente porque no se pueden ver ni tocar. Por ejemplo: *amor*, *sensibilidad*, *pereza*, etc.
SUSTANTIVOS INDIVIDUALES	**SUSTANTIVOS COLECTIVOS**
Nombran en singular a un solo ser (*soldado*, *oveja*, *pino*...).	Nombran en singular a un conjunto de seres (*ejército*, *rebaño*, *pinar*...).

?

Si el nombre común es *oso*, **¿conoces cuál es el nombre propio** de este tan famoso?

¿SABÍAS QUE...?

- Los sustantivos propios que designan lugares geográficos se llaman **topónimos**: *Pirineos*, *Barcelona*...
- Los sustantivos propios que nombran a las personas se llaman **antropónimos**: *Alba*, *Raúl*, etc.
- Muchos sustantivos abstractos se forman con las terminaciones *-dad*, *-ancia*, *-anza*, *-encia*, *-ura*, *-era*, *-ada*, *-ida*, *-ción*, *-ez*, *-sión*, como *sociedad*, *abundancia*, *venganza*, etc.

?

Hormiga es un nombre individual. **¿Sabes qué clase de sustantivo es *hormiguero*?**

» ACTIVIDADES

FB

20. Lee este texto y subraya los sustantivos:

> Las montañas se extendían próximas a su pequeña aldea, permanentemente cubiertas de nieve. El verano duraba poco por estas altas y frías planicies, en las que el calor era desconocido. Las cosechas de cereales se helaban con frecuencia cuando el invierno se alargaba o anticipaba. La vida era dura allí. ¿Existiría otra tierra?
>
> CÉSAR PÉREZ DE TUDELA: *Cuentos del barón de Cotopaxi.*

a) ¿Cuántos sustantivos has encontrado?

13 sustantivos

21. Relaciona cada sustantivo común con el sustantivo propio correspondiente:

capital	Vesubio
continente	Nilo
mar	Mallorca
cordillera	Asia
país	Cantábrico
volcán	Himalaya
isla	Italia
río	Oslo

22. Completa la tabla con un nombre propio:

Nombre común	Nombre propio
músico	*Mozart*
atleta	ana
planeta	tierra
continente	america
pico	atce everes
escritora	laura galega

23. Completa el cuadro con los sustantivos individuales o colectivos que faltan:

abejas	enjambre
árboles	bosque
pájaros	bandada
elefantes	manada
ovejas	rebaño
peces	banco

24. Escribe una oración que contenga un sustantivo de la clase que se indica:

sustantivo concreto

sustantivo abstracto

sustantivo propio

1.2. El género de los sustantivos

La mayoría de los sustantivos tienen **un solo género**: o son masculinos o son femeninos. Los sustantivos masculinos llevan el **artículo masculino** (*el*, *los*) y los femeninos, el **artículo femenino** (*la*, *las*). Ejemplos: *el cielo, los relojes, la vida, las mesas*. Cuando el sustantivo se refiere a seres animados, el género tiene que ver con el sexo de estos.

Algunos sustantivos, al cambiar de género, experimentan variaciones. Fíjate en la siguiente tabla:

Cambian **-o** por **-a**	*chic**o**, chic**a**; gat**o**, gat**a**...*
Cambian **-e** por **-a**	*jef**e**, jef**a**; elefant**e**, elefant**a**...*
Añaden una **-a**	*escritor, escritor**a**; león, leon**a**...*
Cambian sus terminaciones	*act**or**, act**riz**; alcald**e**, alcald**esa**...*

En algunos casos, la lengua ha creado dos palabras completamente diferentes para designar el género: *hombre, mujer; caballo, yegua; toro, vaca...*

En otros casos, los sustantivos son **invariables** y la diferencia de género se establece mediante el artículo: *el pianista, la pianista; el cantante, la cantante; el gimnasta, la gimnasta...* En el caso de algunos animales, debemos utilizar las formas *macho* o *hembra* para distinguirlos: *el avestruz macho, el avestruz hembra; la víbora macho, la víbora hembra*.

Escribe en una hoja aparte diez sustantivos que puedas ver en esta imagen. **¿Cuáles tienen un solo género?**

1.3. El número de los sustantivos

Un sustantivo puede referirse a un solo ser u objeto; decimos entonces que está en número **singular**. Si se refiere a más de uno, lo indicamos mediante el **plural**. En general, para formar el plural, los sustantivos:

Añaden una **-s**	*cuadro, cuadro**s**; artista, artista**s**...*
Añaden **-es**	*ratón, raton**es**; bondad, bondad**es**...*

Algunos sustantivos acabados en **-s** tienen una sola forma, que sirve tanto para el singular como para el plural. En estos casos, el número se distingue por el artículo que los precede: *el atlas, los atlas; el análisis, los análisis; el cactus, los cactus*.

Hay nombres que, aunque se usan en plural, se refieren a un solo objeto: *tijeras, gafas, alicates, pinzas*.

El sustantivo **concuerda** con el adjetivo y con los determinantes en **género** y **número**. Esto significa que, obligatoriamente, el adjetivo y el determinante deben tener el mismo género y el mismo número que el sustantivo al que acompañan. Por ejemplo: *la actriz famosa, el actor famoso, las actrices famosas, los actores famosos*.

» ACTIVIDADES

25. Completa la tabla con el sustantivo femenino o masculino según corresponda. Recuerda que, en algún caso, deberás utilizar el artículo.

director	*directora*	alcaldesa	alcaldes
actor	actriz	bailarina	bailarinas
maestra	maestra	baronesa	baronesas
heroína	heroe	duquesa	duques
doctora	doctor	emperatriz	emperatidor
vendedor	vendedora	hermano	hermanas
rey	reina	príncipe	princesas
cliente	clienta	periodista	periodistas

26. Relaciona cada frase con su significado correspondiente:

a) La novia llevó un **velo** blanco.
b) Cuando encontró la **vela** vino por fin la luz.
c) Le han regalado un **ramo** de flores.
d) El gato se subió a la **rama** del árbol.

☐ Pieza de cera o parafina que se utiliza para alumbrar.

☐ Parte que nace de un tronco o tallo.

☐ Trozo de tul o gasa para cubrirse la cabeza.

☐ Manojo de flores.

★ LUDOLENGUA

27. El juego de los sustantivos. Haced una tabla como la que se indica. Vuestro profesor o vuestra profesora escogerá una letra y la dirá en voz alta. Cada uno de vosotros intentará rellenar todas las casillas con sustantivos que empiecen por la letra escogida. Quien complete todas las casillas primero dirá «¡ACABÉ!» y los demás no podrán escribir más.

Empieza por la letra...	Nombres de frutas	Nombres de animales	Nombres de objetos	Nombres de ciudades	Nombres de persona	Nombres abstractos

Cómo puntuar

- Por cada palabra correcta que nadie más haya escrito, se suman 2 puntos.
- Si la palabra coincide con la de algún participante, se suma 1 punto.
- Las casillas en blanco y las palabras incorrectas no cuentan.

» LÉXICO

1. Cómo usar el diccionario

Hagamos un poco de memoria:

- Las palabras definidas en el diccionario se llaman **entradas**.
- Cada uno de los significados que puede tomar una palabra se llama **acepción**. En el diccionario, las acepciones figuran numeradas.
- Aunque la mayoría de las palabras tienen formas diversas, en el diccionario, los adjetivos y los sustantivos solo aparecen en masculino singular, y los verbos, en infinitivo.
- Los diccionarios en línea permiten búsquedas «por aproximación» y pueden indicarnos la palabra que buscamos sin haberla escrito correctamente.
- El contexto y la situación comunicativa nos ayudan a saber qué acepción de una palabra es la más adecuada. Por ejemplo, si alguien dice: *Siéntate en este banco*, sabremos que se refiere a un asiento y no a una entidad bancaria.

La definición de una palabra suele iniciarse con un **término genérico**, es decir, una palabra de significado general que nos da una idea rápida de aquello que se está definiendo. A continuación, se exponen las características distintivas de lo que se define y, a veces, se explica su utilidad. La palabra definida no puede repetirse en la definición.

Abreviaturas más usuales en los diccionarios

a. C.	antes de Cristo
adj.	adjetivo
adv.	adverbio o adverbial
art.	artículo
coloq.	coloquial
d. C.	después de Cristo
f.	femenino
fam.	familiar
fig.	figurado
interj.	interjección
int.	intransitivo
lat.	latín
m.	masculino
n.	nombre
pl.	plural
pron.	pronombre
s.	sustantivo
sing.	singular
ú.	úsese
v.	verbo

etimología

entrada → **gato, ta.** Del lat. tardío *cattus*.

categoría gramatical (abreviaturas) → **1. m. y f.** Mamífero carnívoro de la familia de los félidos, digitígrado, doméstico, de unos 50 cm de largo desde la cabeza hasta el arranque de la cola, que por sí sola mide unos 20 cm, de cabeza redonda, lengua muy áspera, patas cortas y pelaje espeso, suave, de color blanco, gris, pardo, rojizo o negro, que se empleaba en algunos lugares para cazar ratones. U. en m. ref. a la especie.

[...]

acepción numerada → **5. m.** Máquina que sirve para levantar grades pesos a poca altura, y que funciona con un engranaje y un trinquete de seguridad, o con una tuerca y un husillo.

definición

» ACTIVIDADES

28. Ordena los siguientes grupos de palabras tal y como aparecerían en la página de un diccionario:

montaña • montañés, sa • montañismo
montañero, ra • montañoso, sa

1.	montaña ✓
2.	montañero ✓
3.	montañes ✓
4.	montañismo ✓
5.	mantañosa ✓

29. El contexto aclara el significado de la palabra *pieza* en cada una de las siguientes oraciones. Busca dicha palabra en el diccionario y copia la acepción correspondiente a cada frase.

a) El músico ha tocado una *pieza* muy breve con el piano.

b) Colocó el tablero de ajedrez y dispuso cada *pieza* en su casilla.

La ficha

c) Al motor le faltaba una *pieza*, por eso no funcionaba bien.

heramienta

d) No encuentra la *pieza* que le falta para acabar el puzle.

una parte del puzle

30. Lee las acepciones del verbo *dar* y relaciona cada una con las siguientes oraciones:

> **dar.** Del lat. *dare*.
> **1.** tr. **donar**.
> **2.** tr. **entregar**.
> **3.** tr. Conceder, otorgar.
> **4.** tr. Dicho de la tierra o de una planta: **producir** (‖ rendir fruto).
> **5.** tr. **producir** (‖ procurar, ocasionar).
> **6.** tr. Impartir una lección, pronunciar una conferencia o una charla.
> **7.** intr. Chocar, golpear contra algo.

- [6] Dio una conferencia en la sala de actos. ✓
- [3] El Ayuntamiento les ha dado permiso para vender pasteles en la puerta del colegio. ✓
- [7] A ver, ¿dónde te has dado? ✓
- [7] Ha dado dinero a Médicos Sin Fronteras. ✓
- [2] Le ha dado la carpeta al conserje. ✓
- [4] Esta higuera da higos dos veces al año. ✓
- [5] Este asunto le ha dado muchos problemas. ✓

31. Escoge el término genérico adecuado para encabezar las definiciones siguientes:

utensilio • prenda • aparato • período

a) **pantalón** Prenda de vestir que cubre por separado más o menos ambas piernas y llega por arriba hasta la cintura. ✓

b) **cuchara** ~~aparato~~ utensilio de metal, madera, etc., formado por una pieza ovalada cóncava y un mango, que sirve especialmente para llevarse a la boca líquidos. ✗

c) **ventilador** ~~utensilio~~ aparato compuesto generalmente de una rueda giratoria con aspas, que mueve el aire produciendo con ello sensación de frescor. ✗

d) **siglo** Periodo de cien años comprendido desde el año uno hasta el año cien de cada centuria, incluidos ambos.

» ORTOGRAFÍA

1. Los signos de puntuación (II)

Los signos de puntuación son necesarios para ordenar los textos y ayudar al lector a entender las ideas. Además, indican cuándo acaba una idea y cuándo empieza otra.

1.1. La coma (,)

PARA QUÉ SE UTILIZA	EJEMPLOS
Separa los elementos de una **enumeración**.	*Para el desayuno tenía que comprar leche, cereales, fruta y una barra de pan.*
Separa una **serie de oraciones** independientes, aunque vayan enlazadas por conjunciones.	*Ana hablaba sin parar, y nosotros nos limitábamos a escuchar.*
Delimita las **aclaraciones** que se **intercalan** en una oración.	*El público, harto de tanto esperar, empezó a protestar.*
Separa el nombre de la persona a la que nos dirigimos (**vocativo**) del resto de la oración.	*Por favor, Eduardo, acércame la sal.*
Separa **expresiones circunstanciales** (de lugar, de tiempo, de causa, etc.) situadas al principio de la oración.	*A pesar de la lesión, siguió practicando deporte.*
Sustituye un verbo que se sobrentiende.	*Yo saldré a las ocho; vosotros, un poco más tarde.*
Delimita expresiones como las siguientes: *es decir, o sea, por consiguiente, sin embargo, por lo tanto, en efecto, por ejemplo*, etc.	*He hablado con ella, sin embargo, no acabo de entender qué es lo que quiere.*

1.2. El punto y coma (;)

PARA QUÉ SE UTILIZA	EJEMPLOS
Separa dos oraciones que presentan una **relación de proximidad**.	*El domingo, por la mañana, estudiaremos en casa; por la tarde, iremos al cine.*
Separa los distintos elementos de una **enumeración**, cuando estos ya tienen comas.	*Llevaba consigo dinero, tarjetas de crédito y el pasaporte; una mochila de cuero que contenía libros y revistas; una maleta grande y una bolsa de deporte.*
Delante de las conjunciones *pero, sin embargo, no obstante, aunque*, etc., en oraciones largas.	*Como es muy aficionada a coleccionar sellos, visita algunas ferias; sin embargo, no puede comprar todo lo que le gustaría.*

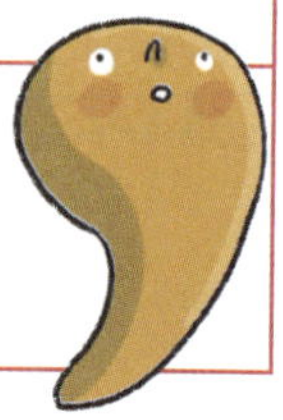

BARCANOVA EDITORIAL

» ACTIVIDADES

32. Fíjate en los siguientes pares de frases y explica en qué se diferencian:

a) Laura no está, despistada.
b) Laura no está despistada.

La laura esta condt nada coma

c) Pedro, no olvides cerrar la llave, está detrás de la maceta de la entrada.
d) Pedro, no olvides cerrar, la llave está detrás de la maceta de la entrada.

en la c) tiene coma en la llave Pero en el d) no tiene coma en llave la tiene en cerrar

33. Completa las siguientes frases con una enumeración y escribe coma donde convenga:

a) Mis mejores amigos se llaman humeni, mahatkadum i mohamd

b) Mis deportes favoritos son futbol, balonceta i natacion

c) Guardo en mi estuche L lapis, retuladors, bolis, tigera, lapis, decolori goma

34. Escribe las comas que faltan:

a) Créeme María no sabemos toda la verdad sobre este asunto.
b) Ya le dije doctor que seguiría sus consejos a rajatabla.

35. Reescribe las siguientes oraciones intercalando las aclaraciones del recuadro. No te olvides de las comas.

desperdigadas en pequeños grupos
ya lo sabes • llenas de manchas de humedad

a) Las paredes necesitaban una mano de pintura.

Las Paredes, necesitaban, una mano de Pintura.

b) Las ciclistas continuaban la ascensión a la cumbre.

Las ciclistas, continuaban la asensicen a la cumbre.

c) Su deporte preferido es el atletismo en todas sus variedades.

Su deporte, Preferido es el atletismo en todas sus variedades

DICTADO

Premisa: Cuando copies el texto, escribe de un color diferente los fragmentos que sean aclaraciones que se intercalan entre comas.

A veces, cuando nuestro barquito pasaba entre dos islotes, el canal era tan estrecho que casi podíamos tocar las rocas a un lado y a otro. Pasábamos junto a barcas y canoas de remo, llenas de niños rubios de tez tostada por el sol, y les decíamos adiós con la mano viendo mecerse violentamente sus pequeñas embarcaciones en la estela que dejaba nuestro barco, más grande.

ROALD DAHL: *Boy (relatos de la infancia).*

» PONTE A PRUEBA

Lee y comprueba si lo has comprendido

Más alimento, menos desperdicio

Se estima que un tercio de la producción mundial de alimentos se pierde o desperdicia cada año en el mundo. Este hecho representa una oportunidad desaprovechada no solo para alimentar a la población mundial en aumento, sino para combatir el hambre y mejorar el nivel de nutrición de poblaciones más desfavorecidas.

El desperdicio alimentario se puede definir de una forma sencilla: se trata de todos aquellos alimentos y bebidas que, pudiendo ser consumidos por el ser humano, terminan tirándose o destinándose a otros usos distintos.

Cuando la comida va a parar a la basura, también se malgastan los recursos invertidos en su producción, transformación y distribución, como agua, suelo, fertilizantes, energía y trabajo. Por eso, apúntate estos consejos para practicar una cocina de aprovechamiento y proteger el planeta.

Campaña 2014 contra el desperdicio de alimentos del Ministerio de Agricultura, Alimentación y Medio Ambiente.

1. ¿Cuántos alimentos se pierden o se desperdician cada año en el mundo?

- [x] La mitad de los que se producen.
- [ ] Una tercera parte.
- [ ] Una cuarta parte.

2. ¿Qué es el desperdicio alimentario? Copia la definición que encontrarás en el texto.

____

____

____

____

3. ¿Por qué no se deben desperdiciar los alimentos? Señala la respuesta correcta.

- [x] Porque los alimentos desechados servirían para combatir el hambre.
- [ ] Porque también se desperdician los recursos invertidos en su producción.
- [ ] Por las dos razones anteriores.

4. ¿Cuál es la intención del texto?

- [x] Aconsejarnos sobre cómo podemos evitar el desperdicio de alimentos.
- [ ] Mostrarnos cómo comer mejor.
- [ ] Convencernos de que aprovechar la comida es beneficioso para todos.

5. ¿Qué significa la frase *Planifica tu menú semanal y evita la improvisación*?

____

____

____

6. Según el texto, ¿por qué hay que llevar una lista cuando vamos a comprar?

- [ ] Para comprar más rápido.
- [ ] Para comprar solo lo que necesitamos.

7. ¿Se te ocurre alguna manera más de aprovechar las sobras?

____

____

____

8. Según el texto es recomendable:

- [ ] Servirte comida en abundancia.
- [x] Servirte la ración justa.

9. Ordena alfabéticamente las ocho palabras del primer consejo.

____

____

____

____

10. ¿Qué palabra sobra en cada caso?

a) desperdiciar, derrochar, aprovechar, malgastar, estropear, tirar

b) proteger, conservar, salvaguardar, mantener, destrozar, prevenir

Escribe

Redacta un consejo breve para añadir a los de la lectura

____

____

____

____

Crea

Haz un cartel inspirándote en lo que has leído. Destaca una frase y añade los dibujos que prefieras. Utiliza el ordenador.

UNIDAD 3

- CLUB DE LECTURA » *La jaula de oro*
- TOMA LA PALABRA » Buenas noticias
- DILO POR ESCRITO » Yo te lo cuento
- LENGUA Y SOCIEDAD » La noticia
- LITERATURA » La narración
- GRAMÁTICA » Los determinantes
- LÉXICO » La polisemia
- ORTOGRAFÍA » Uso de la *b*

Preparamos la lectura

1. El cuento que leerás a continuación trata sobre un pájaro que vive en una jaula de oro. ¿Qué crees que puede suceder en esta historia? Comentadlo en clase y anotad alguna idea. Después de la lectura, comprobad si estabais en lo cierto.

★ MÁS VALE PÁJARO EN MANO...

Leed esta lista de nombres de pájaros durante 1 minuto. Luego tapadla y escribid todos los que recordéis. Ganará quien recuerde más nombres y los escriba sin faltas de ortografía. Podéis añadir más nombres a la lista.

ruiseñor • jilguero • canario • mirlo • petirrojo • colibrí • gorrión • cuervo • grajo
alondra • oropéndola • golondrina • arrendajo • verderón • estornino • verdecillo
carbonero • herrerillo • tordo • cardenal • pardillo • urraca

» CLUB DE LECTURA

La jaula de oro

Érase una vez una princesa que paseaba por su jardín. De pronto, al pie de un árbol, vio un pájaro muy bello. Le gustó tanto que comenzó a llamar a una de sus doncellas.

—¡Es el pájaro más hermoso que he visto en mi vida! —le dijo, emocionada—. ¡Cómo me gustaría quedármelo, para poder mirarlo a todas horas y oír su canto durante todo el día!

Entonces, la doncella volvió corriendo al interior del palacio y avisó a todos los criados para que la ayudaran a cazar el pájaro. [...] Durante horas, corrieron de acá para allá, agitaron las manos, **se agazaparon** entre los rosales y **trinaron** como los pájaros, todo para cazar al bello animal que tenía entusiasmada a la princesa. Les costó grandes esfuerzos, pero al fin consiguieron atraparlo.

El pájaro acabó encerrado en una jaula de oro. La princesa mandó que le dieran de comer los alimentos más exquisitos: miel de romero y **trufas** de Oriente, leche de cabra y zumo de **granada**. Día y noche, dos sirvientes se ocupaban del bienestar del pájaro. Cada vez que la princesa salía a pasear por el jardín, un criado iba tras ella, con la jaula de oro en la mano, para que la princesa gozase en todo momento de la compañía y el canto de su bellísimo pájaro.

Sin embargo, a pesar de las muchas atenciones que recibía, el pájaro estaba triste. Detestaba vivir en una jaula, y extrañaba mucho los viejos tiempos, cuando podía volar a su aire y subir y bajar por el cielo, y gozar de la compañía de los otros pájaros y cantar al sol del mediodía, posado en la rama más alta del árbol más alto.

Un día, el pájaro oyó al príncipe cuando decía:

—Mañana mismo salgo de viaje. El palacio que tengo que visitar se encuentra en un oasis en mitad del desierto. Estaré de vuelta en el plazo de un mes.

Al oír aquello, el pájaro rompió a cantar. El príncipe se extrañó de que trinara con tanta fuerza, así que se acercó a la jaula y lo miró con mucha atención. De pronto, el pájaro empezó a decir:

—Príncipe, cuando vayáis a ese oasis, ¿podríais hacerme un favor?

El príncipe se quedó de lo más sorprendido, pues no sabía que el pájaro pudiera hablar. Cuando se le pasó el asombro, respondió:

—Con mucho gusto te haré el favor que me pidas. ¿Quieres que te traiga alguna comida especial?

—No, no quiero nada de comer. Pero si veis a otros pájaros como yo, ¿podríais decirles que estoy en una jaula, y que les envío muchos recuerdos? ¿Me haréis ese favor?

VOCABULARIO

agazaparse *v.* Esconderse, estar al acecho.

trinar *v.* Dicho de una persona o de un pájaro: cantar, hacer quiebros con la voz en la garganta.

trufa *f.* Variedad muy aromática de hongo que se encuentra enterrado bajo tierra y se usa como condimento.

granada *f.* Fruta muy apreciada que engloba multitud de granos de color encarnado muy jugosos.

—Por supuesto que sí —dijo el príncipe, y partió de viaje.

Regresó al cabo de un mes. Cuando el pájaro vio al príncipe, cantó para llamar su atención. [...]

—Príncipe, ¿visteis a alguien de mi familia en vuestro viaje?

—Sí. Vi un pájaro igual que tú.

—¿Y le disteis mis recuerdos, tal como os pedí?

—Sí. Le conté que estabas en el mejor palacio del reino, en una preciosa jaula de oro, y que le enviabas muchos recuerdos.

—¿Y qué contestó mi pariente?

—Ah, querido pájaro —contestó el príncipe—, lamento decirte que tu pariente no dijo ni pío. En cuanto le conté dónde vivías, resbaló de la rama en que estaba posado y cayó redondo al suelo. «¡El pobre ha muerto!», pensé. Pero, cuando me acerqué para enterrarlo, recobró la vida de pronto y se escapó volando. Así que no me dio ningún mensaje para ti...

El pájaro no dijo nada, ni mostró el menor sentimiento.

A la mañana siguiente, la doncella descorrió las cortinas del dormitorio de la princesa, abrió el balcón y luego volvió a dejar a su señora a solas. La princesa estiró los brazos, y lo primero que hizo, como todas las mañanas, fue darle los buenos días al pájaro. El animal siempre cantaba para responderle, pero aquel día quedó callado. La princesa, extrañada, saltó de la cama y corrió hacia la jaula. Cuando vio al pájaro, rompió a llorar.

—¡Mi pájaro está muerto! —gritó—. ¡Socorro, socorro!

La doncella entró en la habitación a todo correr, y un criado la siguió. La princesa se hallaba junto a la jaula de oro, llorando a lágrima viva.

—¡Levántate, pajarito mío! —decía mientras meneaba la jaula—. ¡Ponte a cantar, por favor!

La doncella se acercó, y vio que el pájaro se hallaba tumbado boca arriba en el suelo de la jaula. Estaba muerto, no había ninguna duda.

—¡Sacad al pájaro de la jaula! —ordenó la princesa—. ¡Sopladle en la cara, a ver si revive!

El criado abrió la puerta de la jaula y agarró al pájaro para tratar de reanimarlo. Luego lo acercó a la ventana a fin de que le diera el aire fresco y, justo cuando el pájaro notó la **brisa** en la cara, extendió las alas y voló hasta la rama del árbol más cercano. La princesa quedó desconcertada.

—¿De modo que todo era una trampa? –exclamó—. ¡Querías escaparte y nos has engañado...! Pero ¿por qué te quieres ir, si vives en una jaula preciosa donde no te falta ninguna comodidad? ¿Dónde has aprendido esa trampa tan maliciosa con que nos has engañado?

El pájaro soltó un largo trino de alegría y luego contestó:

—Princesa, la mejor jaula del mundo no vale tanto como la libertad de volar a donde me apetezca. Y, puesto que queréis saber cómo aprendí este engaño con el que he logrado la libertad, os lo diré ahora mismo: me lo enseñó un pariente lejano que vive en un oasis en medio del desierto...

PENINNAH SCHRAM: «La jaula de oro»,
en *El rey de los mendigos y otros cuentos hebreos* (texto adaptado).

VOCABULARIO

brisa *f.* Viento suave.

» ACTIVIDADES

Comprensión de la lectura

1. ¿Dónde encuentra la princesa al pájaro? ¿Por qué decide cazarlo?

Lo encontra en el Jardín. La cogio por que le gusta i es bonita

2. ¿Por qué el pájaro estaba descontento a pesar de estar tan bien cuidado?

- [ ] Porque odiaba a la princesa que había ordenado cazarlo.
- [x] Porque quería ser libre de volar adonde le apeteciera.

3. ¿Qué le cuenta el príncipe a su regreso?

Que el se encontro con un pagaros que era igual i le diga lo que el le diga i el no le contesto

4. Mientras escuchaba al príncipe, el pájaro, «no dijo nada, ni mostró el menor sentimiento». ¿Por qué crees que no reaccionó? Subraya la respuesta correcta.

a) Porque se quedó muy impresionado al ver que su pariente había sufrido un desmayo por su causa.

b) Porque se quedó pensando en seguir el ejemplo de su pariente.

c) Porque se quedó sorprendido de que su pariente resucitara.

d) Porque sentía envidia de su pariente.

5. ¿Por qué se puso a llorar la princesa?

- [x] Porque el pájaro se había muerto.
- [ ] Porque el pájaro se había escapado.
- [ ] Porque, cuando la princesa le dio los buenos días, el pájaro no contestó.

6. La princesa le reprocha al pájaro el engaño. Pero, ¿qué le contesta el pájaro? ¿Cuál es tu opinión sobre este asunto?

Que es mejor la llibertat ants de estar en la gaula i estabien

Expresión personal

7. ¿Cuál o cuáles de estas afirmaciones crees que expresan mejor el tema de este cuento?

- [ ] A veces hay que usar la astucia para conseguir un objetivo.
- [x] La libertad no se concede, hay que conseguirla por uno mismo.
- [ ] Es necesario engañar a los demás para conseguir la libertad.
- [x] Merece la pena renunciar a una vida cómoda a cambio de la libertad.
- [ ] La libertad no siempre se consigue y es mejor resignarse.

8. ¿Cómo calificarías las actitudes de la princesa y del pájaro del cuento? Escoge las opciones con las que estés de acuerdo y comparte tu opinión con un compañero.

- [ ] La princesa puede hacer lo que quiera con todos los objetos y seres que hay a su alrededor y no tiene por qué plantearse lo que puedan sentir los demás.
- [ ] La princesa es una caprichosa porque disfruta a su antojo de las cosas sin tener en cuenta el parecer de los demás.
- [x] El pájaro tendría que haberle explicado a la princesa cómo se sentía y haberle pedido que le dejara irse, y entonces ella le habría concedido la libertad.
- [x] El pájaro es poco agradecido con su dueña, porque la engaña con una trampa, a pesar de que ella lo ha tratado muy bien.

9. Colorea la casilla del sinónimo que te parezca más adecuado en cada caso:

a) *Los criados consiguieron cazar al bello animal que tenía* ***entusiasmada*** *a la princesa.*

histérica | apenada | ilusionada

b) *...**detestaba** vivir en una jaula.*

odiaba | prefería | maldecía

c) *...**posado** en la rama más alta del árbol más alto.*

tumbado | colgado | situado

10. Completa la tabla:

Los pájaros	*cantan, trinan o gorjean*
Las ranas	croa
Las gallinas	cacarean
Los caballos	relinchan
Los cerdos	gruñe
Los lobos	auchan
Los leones	rugen

★ LUDOLENGUA

11. Aunque no se menciona de qué tipo es el pájaro que aparece en la lectura, sabemos que era hermoso y cantaba muy bien. Elige un pájaro que te guste especialmente, procura llevarlo en secreto, busca información y prepara una foto y una breve explicación sobre él. Después, colocad todas las imágenes en un lugar visible. Describe brevemente al pájaro elegido, sin decir su nombre; el resto de la clase debe adivinarlo.

12. Explica qué significan las expresiones destacadas en negrita:

a) *Ah, querido pájaro —contestó el príncipe—, lamento decirte que tu pariente* ***no dijo ni pío.***

Porque no diga nada...

b) *La princesa se hallaba junto a la jaula de oro,* ***llorando a lágrima viva.***

[illegible]

BARCANOVA EDITORIAL

» TOMA LA PALABRA

Buenas noticias

✓ Vais a retransmitir en directo las noticias del día al resto de la clase. Pueden ser noticias tomadas del periódico o relacionadas con algo que haya sucedido en clase o en el centro. Vosotros seréis los presentadores del informativo.

Procedimiento

1. Por parejas o en grupos de tres, decidid qué papel desempeñará cada uno de vosotros. Por ejemplo: uno leerá noticias de carácter general, otro informará sobre noticias deportivas y el tercero dará la información del tiempo.

2. Comentad los diferentes periódicos en línea que podéis consultar y seleccionad las informaciones que os interesen más: con una o dos por persona (además de la información del tiempo) será suficiente.

3. Adaptad las noticias para ser locutadas. Cada una deberá durar entre 30 segundos y 1 minuto. Ensayad su lectura en voz alta.

4. Por turnos, retransmitiréis en directo vuestro telediario particular. Podéis tener delante algunos papeles, pero procurad no leerlos directamente. Además, si queréis, podéis vestiros para la ocasión y ayudaros con alguna fotografía o un mapa del tiempo.

5. A criterio de vuestro profesor o profesora, podéis grabar el informativo para proyectarlo luego en clase.

Capta la atención con una noticia curiosa. Fíjate en estos titulares:

Encuentran en Moscú un mensaje en una botella que una niña tiró al mar en España

«Le dijimos que nadaría entre sirenas y tiburones, y que aparezca a 2.000 km es mágico», dice su padre.

diariodeleon.es

Una mujer encuentra un caimán en el baño de su casa en Florida

Alexis Dunbar se llevó el susto de su vida al abrir la puerta del baño Al otro lado le esperaba un caimán de 2,13 metros de largo

elmundo.es

Se duermen en un patito hinchable en el mar y se despiertan en medio de la ría de Pontevedra

Rafael, un mariscador de Redondela, pasaba un día de playa con su novia. Mecidos por las olas, se quedaron dormidos. Su sorpresa fue que al despertar estaban al otro lado de la ría de Poio, en Pontevedra. Afortunadamente, hoy cuentan sonrientes la anécdota.

antena3.com

El gallo Maurice puede cantar (victoria) al alba

Un tribunal rechaza la demanda de unos vecinos que se quejaban de que el ave cantaba temprano. La sentencia se considera una victoria del mundo rural frente a la ciudad.

elpais.com

» DILO POR ESCRITO

Yo te lo cuento

¿Qué tienes que hacer?

¿Qué pasaría si el cuento *La jaula de oro* lo contase el pájaro que vive enjaulado o la princesa que lo cuida? ¿Cómo sería el cuento de *Caperucita Roja* si lo explicase la propia protagonista, el lobo o la abuelita? Vais a escribir una versión original, **en primera persona**, de un cuento tradicional.

¿Cómo puedes hacerlo?

1. Por grupos, escoged algún cuento que conozcáis bien: *Blancanieves*, *El flautista de Hamelín*, *Los tres cerditos*, *La Cenicienta*, etc., y repartíos los personajes principales. Cada miembro del grupo tendrá que escribir el cuento elegido, pero en primera persona (narrador interno) y desde la perspectiva de su personaje.
   - Título del cuento: ____________________
   - Mi personaje es: ____________________

2. Si deseáis modificar el argumento de la versión clásica del cuento, podéis hacerlo. Por ejemplo: el lobo es amable y bondadoso; Caperucita decide ir a la biblioteca de camino a casa de su abuela... Para ello, tendréis que poneros de acuerdo entre los miembros del grupo para que todas las versiones sean coherentes.
   - Mi propuesta es: ____________________

____

Para inspirarte...

El bosque es mi casa y, últimamente, son muchos los humanos que vienen sin avisar, dejan basura, cortan árboles, cazan y lo destruyen todo. Tengo que estar alerta para proteger mi hogar. Cuando entro en contacto con algún humano, intento desviarlo de su camino, con poco éxito la mayoría de las veces. Pero con la niña de la capucha roja fue diferente...

BARCANOVA EDITORIAL

Manos a la obra

Escribe tu texto. Recuerda usar la primera persona. No olvides revisar y corregir el texto antes de darlo como definitivo.

La caperutchita Roja

La caperutchita roja su madre le habia dicho que valla a elevar un pastel a su abuela i la caperutchita roja habia dicho que no sabia el camino.

Su madre le habia dicho que coja el telefono i que utitze el GPS i se habia encontrado con un lobo i el lobo la habia segido.

Asta la casa de su abuela i su abuela no estaba la caperutchita roja Habia cerrado la puerta i el lobo al final abia podido entrar en la casa i habia bienido unos casadores i mataron al lobo i llamaron a la abuela de la caperutchita roja ni habia bienido i le abia explicado lo que habia pasado.

Redacción: 3 Riqueza léxica: 3 Presentación: 4

Párrafos: 4 Final ortografía: 3

» LENGUA Y SOCIEDAD

1. La noticia

La **noticia** es un **texto periodístico** que relata de forma objetiva un acontecimiento de interés público. La noticia es la forma más directa de transmitir un hecho y trata sobre temas diversos (política, deporte, educación...).

En las noticias siempre se indica la **fuente** de la que procede la información: el periodista desde el lugar de los hechos, un testigo, una agencia de noticias...

1.1. Partes de la noticia

1 **Descubiertos dos planetas similares a la Tierra en una estrella cercana**

2 **La estrella de Teegarden es una enana roja cercana al Sol, alberga dos planetas de masas similares a la de la Tierra y que podrían tener agua líquida en su superficie. Los ha descubierto una investigación del consorcio internacional Carmenes liderada desde la Universidad de Gotinga.**

3 La estrella de Teegarden se encuentra a tan solo 12,5 años luz de la Tierra; si se ordenasen las estrellas de nuestro entorno en orden de proximidad, sería la número 24. Se trata de una enana roja ultrafría diez veces más pequeña que el Sol. Su luz es tan tenue que su existencia pasó desapercibida hasta hace 16 años, cuando la descubrió un equipo liderado por el astrofísico de la NASA Bonnard Teegarden, de quien heredó el nombre. Ahora, el instrumento Carmenes del Observatorio de Calar Alto, en Almería, especializado en la detección de exoplanetas en estrellas pequeñas de nuestro entorno más cercano, ha realizado más de 200 observaciones de la estrella de Teegarden. Los investigadores han detectado que la estrella oscila ligeramente a causa de la influencia gravitatoria de dos planetas que la orbitan y de masa similar a la Tierra.

lavanguardia.com (texto adaptado).

1. **Titular.** Refleja en pocas palabras el contenido de la noticia y tiene que ser atractivo para el lector. En algunos casos, va acompañado de un **subtítulo**.
2. **Entradilla.** Introduce los datos más importantes. Responde a las preguntas: ¿**Qué** ha ocurrido? ¿**Quién** ha intervenido? ¿**Dónde** ha ocurrido? ¿**Cuándo** ha tenido lugar? ¿**Por qué** ha sucedido?
3. En el **cuerpo** de la noticia se desarrolla la información con otros datos que la amplían y la complementan. La información se distribuye en párrafos independientes, ordenados de mayor a menor interés. Las noticias destacadas van acompañadas de una fotografía.

?

En la actualidad se difunden noticias falsas o *fake news* por todo el mundo a través de internet. **¿Con qué intención crees que se crean y difunden este tipo de noticias?**

» ACTIVIDADES

13. Lee la siguiente noticia y contesta las preguntas que figuran a continuación:

titular

Los furtivos de elefantes envenenan a más de 1.000 buitres en África en año y medio

entradilla

Los cazadores impiden así que las carroñeras señalen con su vuelo el lugar donde se halla el elefante y que los vigilantes les descubran

cuerpo

Las poblaciones de buitres, muy mermadas en África, están sufriendo graves pérdidas debido a que los cazadores furtivos de elefantes envenenan los cadáveres de los paquidermos, después de arrebatarles los colmillos, para que las carroñeras mueran y no les delaten con su característico vuelo en círculo. En los últimos 20 meses han caído de esta forma en el continente africano más de 1.036 ejemplares, informa el investigador del IREC-CSIC Antonio Margalida junto a otros dos científicos en un artículo breve publicado en la revista *Science*. Es un acto conocido como «envenenamiento centinela», que se ha detectado en Mozambique, Sudáfrica, Botsuana, Zambia, Namibia, Tanzania y Kenia. [...]

«Es una situación muy preocupante debido al mal estado en el que ya se encuentran los buitres en África», explica Margalida. En los últimos 30 años las poblaciones de ocho especies de estas aves carroñeras han disminuido un 62 %, y siete de ellas han bajado en un 80 % o más en tres generaciones.

Se trata de parar la sangría de una especie fundamental en la naturaleza. Los buitres eliminan cadáveres y otros desechos controlando así la aparición de enfermedades, reciclan nutrientes y constituyen un valor turístico importante. Luis Suárez, responsable de especies de WWF, remarca que los buitres «son víctimas colaterales por culpa de que sigue existiendo demanda de marfil».

ESTHER SÁNCHEZ: en *elpais.com*, 12 de septiembre de 2019 (texto adaptado).

a) Señala de qué partes consta la noticia que acabas de leer. Márcalas en el texto.

b) Redacta otro titular más corto.

1.000 buitres en Africa

c) Subraya las fuentes de información de esta noticia.

14. Mira el vídeo que encontrarás en el espacio personal de la web *www.barcanova.cat* sobre un robo. A continuación, marca los enunciados que sean ciertos.

- ☐ Los ladrones abrieron la puerta de las oficinas con una llave maestra.
- ☐ Los ladrones buscaban una caja fuerte.
- ☐ La caja pesaba 50 kilogramos.
- ☐ Los ladrones rompieron la ventana para llevarse la caja.
- ☐ El ascensor se bloqueó a causa del peso.
- ☐ Se llevaron la caja y rayaron el suelo.
- ☐ La caja contenía muy poco dinero.
- ☐ La caja solo contenía adornos de Navidad.

15. Ahora, escribe la noticia en tu ordenador como si fuera a publicarse en un diario digital. Una vez que hayas acabado, podrás compararla con la que encontrarás en el espacio personal de la web *www.barcanova.cat*.

» LITERATURA

1. La narración

La narración es el relato de unos hechos —reales o inventados— que les suceden a unos personajes en un espacio y en un tiempo determinados.

NARRACIÓN DE HECHOS REALES	NARRACIÓN DE FICCIÓN
En la **narración de hechos reales** el texto se ajusta a la verdad de lo ocurrido. Son ejemplos de narraciones reales los relatos orales de hechos cotidianos, las noticias periodísticas, etc.  	En la **narración de ficción**, todo o parte de lo que se relata es inventado: a veces, el relato y los personajes parecen ser reales, pero son ficticios; otras, se crea un mundo imaginario completamente alejado de la realidad. La narración literaria es fruto de la invención de un autor que, además de contar una historia, tiene la intención de crear una obra artística. Son narraciones literarias los cuentos, las leyendas, las novelas, etc. 

Cuando explicamos algo que nos ha sucedido, contamos un cuento, damos información sobre unos hechos... estamos narrando. Narrar es contar lo que nos sucede, lo que sabemos o lo que inventamos. La narrativa es un género literario que se caracteriza por la presencia de un narrador.

1.1. Estructura de la narración

En las narraciones podemos distinguir tres partes bien diferenciadas: **planteamiento**, **nudo** y **desenlace**.

PLANTEAMIENTO O INTRODUCCIÓN	NUDO O DESARROLLO	DESENLACE
Es la primera parte de todo relato y sirve para presentar a los personajes, el tiempo en que ocurre la acción, el espacio y, sobre todo, el tema principal de la historia. Para atrapar al lector y animarlo a continuar la lectura, suele plantearse un problema o una intriga que se resolverá a lo largo de la narración.	Es el núcleo de la acción, la historia propiamente dicha. Explica cómo evolucionan los acontecimientos, cómo suceden las cosas, qué les ocurre a los personajes, cómo se va resolviendo el problema o la intriga, etc. Es la parte más extensa.	Es el final, la conclusión de la historia. En esta parte se cierra el tema y se ofrecen las soluciones de los problemas que se habían presentado a lo largo del relato. En algunas obras, el final queda abierto para que sean los lectores quienes se planteen cómo podría acabar el relato.

Ebrima Dukureh

» ACTIVIDADES

16. Lee el siguiente texto y contesta las preguntas que tienes a continuación:

> Ayer, al salir de clase, nos fuimos un rato a jugar al baloncesto. Se le ocurrió a Javi, porque decía que después de tantas horas de estarse quieto necesitaba moverse. Yo prefiero el fútbol, pero nunca digo que no a echar unas canastas. Solemos ir a la pista de la Unión Deportiva, donde, como nos conocen, nos dejan el campo y la pelota.
>
> Amontonamos las mochilas en un rincón y ¡a jugar! Además, esta vez tuvimos suerte y, como se suprimió el primer entrenamiento, pudimos quedarnos más rato. En resumen, que cuando decidimos volver a casa, tenía cinco llamadas de mi padre en el móvil. Por mucho que corrí, no me he librado del castigo. Mi padre dice que, como no necesito el teléfono (porque no avisé de que iba a llegar tarde), pues que voy a prescindir de él unos días. O sea, que me lo ha quitado.

a) ¿Qué hechos se cuentan?

Jugar a baloncesto
i se fueron a jugar porque
i le quitan su movil

b) ¿A quiénes les ocurren esos sucesos?

A quien se le ocurre los
sucesos les a Javi

c) ¿Dónde y cuándo suceden?

Al salir de clase i a la
pista de parquet

d) ¿Quién los cuenta?

el amigo de Javi

e) ¿Por qué es un texto narrativo?

Por que cuenta el / la que pasa

17. Por parejas, mirad la secuencia de la película *Up*, dirigida por Pete Docter en el año 2009, y contestad oralmente las preguntas que figuran a continuación. Encontraréis el enlace en el espacio personal de la web *www.barcanova*.cat.

a) ¿En qué momento se inicia la acción?
b) ¿En qué trabajan Ellie y Carl?
c) ¿Por qué llora Ellie?
d) ¿Cómo termina la historia?

18. Lee el siguiente texto y señala el planteamiento, el desarrollo y el desenlace:

> **El espantapájaros**
>
> El espantapájaros era un hombre de palo, estaba hecho con tres palos. No llevaba zapatos, pero llevaba guantes, pantalones viejos y tirantes. Chaquetón descosido, sombrero raído (con una flor). Tenía una nariz larga, de madera y el pelo rubio de estropajo. Sabía silbar.
>
> —Ahí te quedas, espantapájaros.
>
> Le pusieron a espantar a los pájaros en el centro de una huerta.
>
> —Si a mí me gustan las aves, ¿por qué las voy a espantar?
>
> El espantapájaros silbaba y todas las aves venían a picar el maíz y a posarse en su nariz.
>
> Una mañana llegó el campesino para dar una vuelta por su huerta, y una nube de pájaros cantores salió a recibirle.
>
> El campesino, viendo lo que vió, dijo de mal humor:
>
> —¡Este espantapájaros es un espantajo! No vale para lo que ha sido creado. ¡Fuera!
>
> Lo arrancó del suelo como a un arbolito y lo lanzó lejos de la huerta.
>
> El espantapájaros se quedó solo en medio del campo.
>
> El espantapájaros se puso a cantar.
>
> Se puso a cantar porque no se quedó solo: tenía un nido de pájaros en el corazón.
>
> GLORIA FUERTES:
> *El domador mordió al león* (texto adaptado).

1.2. El narrador

Se trata de la persona que cuenta la historia a otra u otras personas que la leen o la escuchan. Así pues, la función principal del narrador es contar. Y para hacerlo, puede utilizar dos puntos de vista distintos:

EL NARRADOR INTERNO

El narrador es un personaje de la historia y cuenta unos hechos en los que participa, como protagonista o como testigo de ellos. Suele ser el personaje más importante de la historia, en ese caso lo llamamos *narrador protagonista*. Utiliza pronombres y formas verbales en **primera persona** y cuenta las acciones desde su punto de vista.

> **Yo** siempre había tenido la corazonada de que debajo del vendaje que recubre a toda momia, habría un corazón latiendo, por lo que guardaba un sinfín de preguntas para el día que tuviera la oportunidad de **echarme una a la cara**. Lo que nunca pude imaginar era que, llegado el momento, fuese ella la que me preguntara **a mí**...
>
> EMILIO CALDERÓN: *La momia que me amó*.

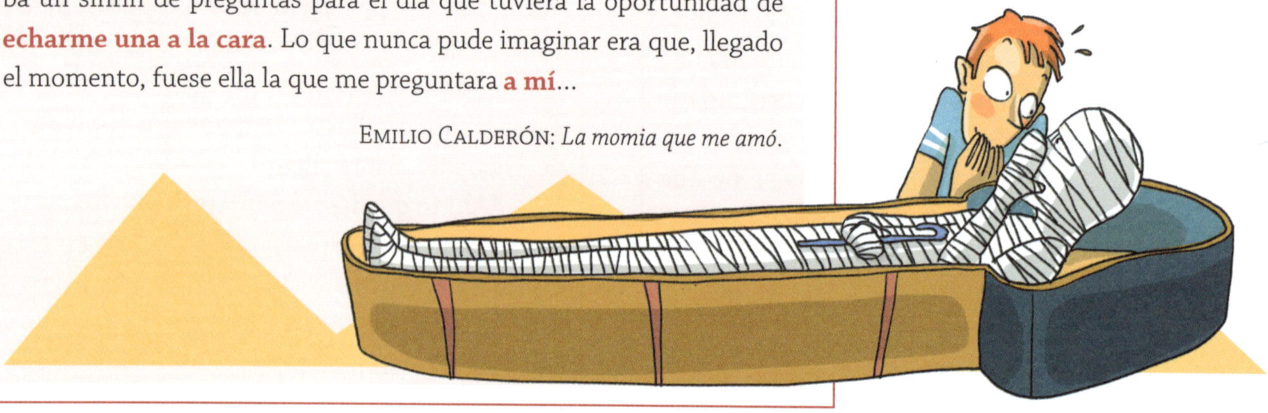

EL NARRADOR EXTERNO

El narrador cuenta una historia que conoce, pero de la que no forma parte. Está fuera del relato. Suele ser un *narrador omnisciente*, es decir, «que lo sabe todo» acerca de cómo piensan y actúan los personajes. La mayoría de las narraciones se cuentan así. Utiliza pronombres y formas verbales en **tercera persona**.

> **Anton se fue** a su habitación **y abrió** la ventana. Un viento frío entró e hizo bailar las cortinas, pero no ocurrió nada más. Ninguna figura con capa negra de vampiro aterrizó en el alféizar, ningún colmillo de vampiro brilló a la luz de la Luna y ninguna voz ronca le llamó «¡Hola, Anton!».
>
> ANGELA SOMMER-BODENBURG: *El pequeño vampiro baila que te mueres*.

¿SABÍAS QUE...?

Es muy importante elegir el punto de vista con el que se va a narrar una historia porque condicionará su forma y el resultado final será muy distinto en un caso o en otro. En la lectura que has leído al principio de la unidad, el punto de vista era externo; pues bien, imagina el resultado si el narrador fuera el pájaro, la princesa, un miembro de la corte...

19. Identifica desde qué punto de vista están narrados los siguientes textos. Fíjate principalmente en las formas verbales y en los pronombres para averiguarlo y justificar tu respuesta.

Resultó que volvía de la escuela pensando en mis preocupaciones (las notas), y como cuando uno va pensando en sus preocupaciones va mirando para abajo, eso lo saben hasta los chinos de Rusia, pues pasó que no vi la farola del Parque del Ahorcado, la única que hay y que ha habido y que habrá, y me la tragué en toda la cara con un impacto bastante grande, tanto que me caí para atrás. Menos mal que llevaba la mochila y no me di en la nuca contra una piedra, porque con la mala suerte que tengo hubiera sido de lo más normal.

A

ELVIRA LINDO: *Manolito tiene un secreto.*

Texto Primera Persona Pasado es un narrador interno

Afortunadamente para Alicia, el líquido mágico del botellín había surtido ya todo su efecto y dejó de crecer definitivamente. Aun así, estaba muy incómoda, y como no parecía que fuera a poder salir jamás de ese recinto, en el que se encontraba tan apretada, no es de extrañar que también se sintiera muy contrariada.

B

LEWIS CARROLL: *Alicia en el País de las Maravillas.*

3 Persona Pasado narrador externo

20. Te proponemos el desenlace de una narración. Escribe tú el planteamiento y el desarrollo.

Y entonces, cuando parecía que me iba a alcanzar, hice un último esfuerzo y corrí hasta la salida como pude. Casi sentía su aliento en mi nuca. No quería volver la cabeza, pero instintivamente lo hice. No pude verlo porque... me desperté.

» GRAMÁTICA

1. Los determinantes

Los **determinantes** son palabras que van delante del sustantivo concretándolo o delimitando su significado.

1.1. Los artículos

Los artículos van siempre delante del sustantivo. Se clasifican en **determinados** (presentan un sustantivo conocido por quien habla y por quien escucha) e **indeterminados** (presentan un sustantivo no conocido ni por quien habla ni por quien escucha). Los artículos tienen el mismo género y número que el sustantivo al que acompañan.

- Los sustantivos femeninos que empiezan por *a* o *ha* tónica se construyen con los artículos *el* o *un*: ***el** aula*, ***un** aula*. Este fenómeno solo se produce en singular; en plural, se utilizan las formas habituales: ***las** aulas*, ***unas** aulas*.
- Cuando el artículo *el* va detrás de las preposiciones *a* o *de*, se forman los **artículos contractos** *al* y *del*.

	ARTÍCULOS DETERMINADOS			ARTÍCULOS INDETERMINADOS	
	MASCULINO	FEMENINO	NEUTRO	MASCULINO	FEMENINO
SINGULAR	el	la	lo	uno	una
PLURAL	los	las	-	unos	unas

1.2. Los demostrativos

Los **demostrativos** señalan la proximidad o la lejanía de lo designado por el sustantivo respecto de quien habla.

	DEMOSTRATIVOS					
	CERCANÍA		DISTANCIA INTERMEDIA		LEJANÍA	
	MASCULINO	FEMENINO	MASCULINO	FEMENINO	MASCULINO	FEMENINO
SINGULAR	este	esta	ese	esa	aquel	aquella
PLURAL	estos	estas	esos	esas	aquellos	aquellas

- Si se omite el sustantivo, el demostrativo se considera **determinante**: *No quiero **este** libro, prefiero **aquel***. En este enunciado, tanto *este* como *aquel* son determinantes.
- Si los demostrativos van detrás del nombre, funcionan como **adjetivos**: *el chico **ese***.
- Las formas neutras ***esto***, ***eso***, ***aquello*** son **pronombres** y los estudiarás más adelante.

» ACTIVIDADES

21. Identifica los artículos determinados e indeterminados que hay en estos textos:

ANUNCIO

Regalo un cachorro de *husky* siberiano a una persona que sea responsable y amante de las mascotas. Tiene solo unos días, pero pronto estará listo para separarlo del resto de la camada. Adjunto una fotografía.

¿Has encontrado algún artículo contracto? Cópialo junto con el nombre al que acompaña.

del resto

22. Clasifica las siguientes palabras según el artículo determinado que le corresponda (*el*, *la*, *los* o *las*):

pantalones • helado • hache • escopeta
abeja • excusa • aula • anclas • tribus
habitación • tijeras • océano • aire
enemigos • hada • aguas • águila

el	
la	
los	
las	

23. Completa los espacios en blanco con un artículo determinado o indeterminado según convenga en cada caso:

Cada vez me imponen más respeto ______ espejos. Les paso ______ paño despacito, con ______ sensación de ______ fila de hormigas recorriéndome ______ espalda. Nada de movimientos bruscos, Juliette. Estoy convencida de que, si retirara ______ mano súbitamente, detrás del paño surgiría... No sé ______ mirada. ALGUIEN.

DAVID BLANCO LASERN:
Juliette y los cien mil fantasmas.

24. Vuelve a escribir las siguientes oraciones utilizando el artículo contracto siempre que sea necesario:

a) Tiraban piedrecillas a el agua de el lago.

del lago

b) Preguntaron a el guardia por el camino de vuelta a el hotel.

al guardia al hotel

c) Vimos las imágenes de el río desbordado en la pantalla de el televisor.

del río del televisor

25. Completa las siguientes oraciones con el demostrativo más adecuado en cada caso:

a) Coge ______ papel de ahí, por favor.

b) La abuela les contaba historias de ______ años difíciles de su niñez.

c) Si no te gusta ______ chaqueta, ponte ______ que tienes a tu lado.

1.3. Los posesivos

Los **posesivos** indican a quién pertenece el objeto señalado por el sustantivo. Cuando los posesivos van delante del sustantivo se usan las formas **átonas** (*mi*, *tu*, *su*, *mis*, *tus* y *sus*); detrás del sustantivo se usan las **tónicas** (*mía*, *tuya*, *suyos*...).

	POSESIVOS			
	UN SOLO POSEEDOR		VARIOS POSEEDORES	
	MASCULINO	FEMENINO	MASCULINO	FEMENINO
SINGULAR	mío (mi) tuyo (tu) suyo (su)	mía (mi) tuya (tu) suya (su)	nuestro vuestro suyo (su)	nuestra vuestra suya (su)
PLURAL	míos (mis) tuyos (tus) suyos (sus)	mías (mis) tuyas (tus) suyas (sus)	nuestros vuestros suyos (sus)	nuestras vuestras suyas (sus)

- Cuando los posesivos van detrás del sustantivo o en otras posiciones son adjetivos: *un amigo **mío***; *los zapatos son **tuyos***; *su maleta y la **mía***.
- Las formas *cuyo*, *cuya*, *cuyos*, *cuyas* son determinantes **relativo-posesivos**.

1.4. Los cuantificadores: indefinidos y numerales

Los **indefinidos** indican una cantidad imprecisa en relación con el sustantivo al que acompañan. Por ejemplo: *Estaremos fuera de la ciudad **bastantes** días*.

ALGUNOS DETERMINANTES INDEFINIDOS
algún, alguna, algunos, algunas; bastante, bastantes; demasiado, demasiada, demasiados, demasiadas; mucho, mucha, muchos, muchas; ningún, ninguna, ningunos, ningunas; otro, otra, otros, otras; poco, poca, pocos, pocas; todo, toda, todos, todas; varios, varias

Los **numerales** pueden ser **cardinales**, si indican una cantidad exacta (*uno*, *dos*, *tres*; *diecinueve*...) u **ordinales** si señalan el orden (*primero*, *a*; *segundo*, *a*; *décimo*, *a*; *undécimo*, *a*; *decimotercero*, *a*...).

Cuando **no** van delante del nombre, los **cuantificadores** pueden ser:

- **Pronombres** si sustituyen a un sustantivo: *escribe **algo***.
- **Adjetivos** si van detrás del nombre: *el número **dos***.
- **Adverbios** cuando complementan al verbo: *Llora **mucho***.

1.5. Los interrogativos y los exclamativos

Los determinantes **interrogativos** se utilizan para preguntar, y los **exclamativos**, para llamar la atención sobre el sustantivo al que preceden. Por ejemplo: *¿A **qué** hora vendréis? ¡**Qué** coche se ha comprado!*

BARCANOVA EDITORIAL

» ACTIVIDADES

26. Completa las siguientes oraciones con el posesivo adecuado según la información que se indica en cada caso:

a) Esta amiga ______ ya ha cumplido trece años.
[*un solo poseedor, 1ª persona, femenino, singular*]

b) Agradecemos ______ apoyo.
[*varios poseedores, 3ª persona, masculino, singular*]

c) Otros libros ______ no han tenido tanto éxito.
[*varios poseedores, 2ª persona, masculino, singular*]

d) Ese rotulador ______ funciona de maravilla.
[*un solo poseedor, 3ª persona, masculino, singular*]

27. Identifica y subraya los indefinidos de las siguientes oraciones. Rodea el nombre al que acompañan.

a) La noticia salió en varias cadenas de televisión.

b) Se han comprado otro piso más céntrico.

c) Cualquier vecino tiene derecho a conocer las cuentas de la comunidad.

d) Circulan demasiados coches por el centro de la ciudad.

e) Algunas hormigas construyen sus hormigueros en los troncos de los árboles.

28. Subraya los interrogativos y exclamativos junto con el nombre al que acompañan:

a) ¿Cuántos goles habéis marcado?

b) ¡Cuánto frío hemos pasado!

c) ¡Qué baile tan divertido!

29. Completa las siguientes oraciones con la información que figura en la placa de la portería. Escribe los ordinales con letras.

Restaurante Mirador .. 18.º	Despacho de abogados 10.º
Instituto francés 17.º	Disponible 9.º
Dra. Vidal. Clínica dental 16.º	Fincas Punsola 8.º
Disponible 15.º	Aseguradora Plaza ... 7.º
Colegio de arbitraje 14.º	Pinturas Acrilus 6.º
Disponible 13.º	Disponible 5.º
Editorial Barcanova .. 12.º	Centro de yoga 4.º
María Arlés. Alta Costura 11.º	Peluquería unisex 3.º
	Otorrinolaringología .. 2.º
	Recepción 1.º

a) Un vendedor de tejidos seguramente irá a la ______ planta.

b) Hay un restaurante con vistas panorámicas en la ______ planta.

c) Hay un despacho de abogados que ocupa la ______ planta.

d) En la ______ planta está el Colegio de arbitraje y en la ______ hay una compañía de seguros.

e) Mientras voy al dentista, que está en el piso ______, aprovecharé para apuntarme al Instituto francés, que está en la planta ______.

» LÉXICO

1. El significado de las palabras (I)

1.1. La polisemia

Si todas las palabras tuvieran solo un significado, el léxico que necesitaríamos conocer sería infinitamente mayor y esto dificultaría su aprendizaje, y, en consecuencia, nuestra comunicación.

Cuando una misma palabra tiene varios significados, decimos que es **polisémica**. Fíjate en los siguientes ejemplos:

radio m. Aparato electrónico de radiodifusión.

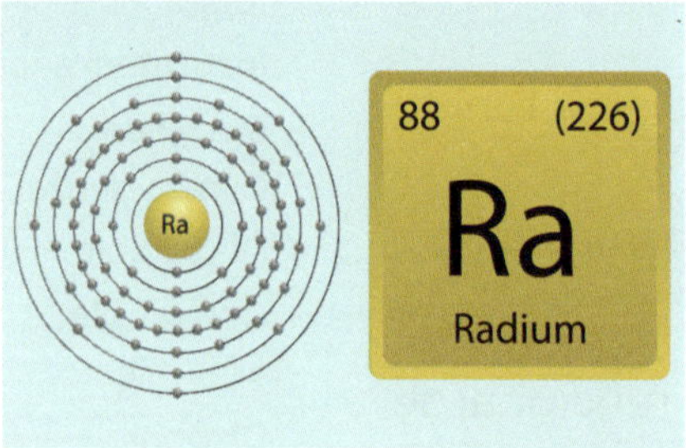

radio m. Elemento químico metálico, muy radiactivo.

radio m. Rayo de la rueda de una bicicleta.

El significado de una palabra polisémica depende del contexto en el que se está empleando, es decir, de las otras palabras que la acompañan. Por ejemplo:

*Atravesó un **puente** de madera sobre un acantilado y pudo disfrutar de unas vistas espectaculares.*

*Andrea ha aprendido por fin a hacer el **puente** después de mucho practicar.*

*Ha ido a la óptica a reclamar porque las gafas nuevas se le han roto por el **puente**.*

1.2. La monosemia

Cuando a una palabra le corresponde un solo significado, decimos que es **monosémica**. No hay muchas palabras monosémicas, un buen ejemplo sería la palabra *abrelatas* ('Instrumento que sirve para abrir latas de conserva').

» ACTIVIDADES

30. Escribe dos significados para cada una de estas palabras polisémicas. Fíjate en las imágenes.

carta

carta: 1 Para escribir un correo
2 cartas de juegos como el 1
3 cartas de futbol ✓

arco

1: arquitectonica
2: el arco para tirar flechas ✓

ratón

raton:
1 animal
2 herramienta ✓

31. Busca en un diccionario en línea las palabras destacadas en negrita y copia la acepción correcta en cada caso:

a) La capitana recogió la **copa** en nombre de todo el equipo.

un trofeo para el equipo ✓

b) Creo que tenemos que bajarnos en la próxima **estación**.

Parada de tren

c) Los motoristas están obligados a llevar **casco**.

Protector de cabeza

32. En las siguientes oraciones, sustituye la forma correspondiente del verbo *hacer* por otra cuyo significado sea más preciso:

a) (Hizo) ganó dinero cuando era joven y ahora vive de sus ahorros.

b) Con la lana que le sobró, (hizo) cosió una bufanda.

c) (Hacía) escribía poemas que regalaba a sus amigos.

d) Este cerezo (se ha hecho) a sucedido en pocos años.

e) El mes que viene (haré) cumpliré trece años.

» ORTOGRAFÍA

1. Uso de la *b*

La ***b*** y la ***v*** representan el mismo fonema; por eso, a la hora de escribirlas, se suelen generar dudas. Fíjate en las siguientes orientaciones para saber cuándo escribir ***b***.

SE ESCRIBE *B*	EJEMPLOS
Después de la consonante ***m***.	*cam**b**io, em**b**arcación, am**b**ulancia...*
Delante de las consonantes ***l*** y ***r***. También en todas las palabras en las que *b* va delante de cualquier **otra consonante**.	***bl**usa, ta**bl**a, o**bl**igar, **br**azo, co**br**e, **br**oma, su**br**aya...* *o**bs**esión, o**bj**eto, a**bd**omen...*
En las palabras que empiezan por ***al-*** y ***ar-***.	***alb**ergue, **árb**ol*
En las palabras que empiezan por ***bu-***, ***bus-***, ***bur-***.	***bu**fanda, **bus**car, **bur**buja*
En las terminaciones del **pretérito imperfecto de indicativo** de los verbos de la primera conjugación. También en el pretérito imperfecto de indicativo del verbo ***ir***.	*cant**aba**, cant**abas**, cant**aba**, cant**ábamos**, cant**abais**, cant**aban*** *i**b**a, i**b**as, i**b**a, í**b**amos, i**b**ais, i**b**an*
En los verbos ***haber***, ***deber***, ***beber***, ***caber*** y ***saber***.	*ha**b**ía, de**b**o, be**b**ió, ca**b**rá, sa**b**emos*
En los verbos terminados en ***-buir*** y ***-bir***, excepto *hervir*, *servir* y *vivir* y sus compuestos.	*distri**buir**, contri**buir**, escri**bir**, reci**bir***
Si una palabra lleva *b*, también se escriben con *b* sus compuestas y derivadas.	***prueba**: probar, probable, aprobar, comprobar* ***saber**: sabiduría, sabio, sabiondo*

Una manera de lograr una buena ortografía es leer y escribir, puesto que, sin darte cuenta, interiorizas la grafía de las palabras. Por eso, también es muy recomendable memorizar palabras. ¿Por qué no pruebas con estas veinte?

20 palabras para recordar

gobierno	abuso	haber	absorber
prueba	deber	abuelo	aburrimiento
acababa	recibir	albornoz	débil
iba	prohibición	abogado	verbo
babero	aprobado	balanza	bizcocho

» ACTIVIDADES

33. La clase de tercero ha pedido permiso para colgar en las aulas el siguiente aviso. Sin embargo, solo podrán difundirlo cuando esté bien escrito. ¿Podrías ayudarlos?

REUNIÓN DE DELEGADOS

El jueves por la tarde se celevrará el carnabal. Os conbocamos a una reunión el martes a la hora del patio para concretar algunas cosas. De todas formas, recordad a buestra clase que hay que venir disfrazados de casa porque está prohivido canviarse de ropa en las aulas. Havrá un taller de maquillaje en los lavavos de la primera planta.

El jueves por la tarde se celebrara el carnaval. Os convocamos a una reunion el martes a la hora del patio para concretar algunas cosas. De todas formas, recordad a vuestra clase que hay que venir disfrazados de casa porque esta prohibido cambiarse de ropa en las aulas. Habra un taller de maquillaje en los lavabos de la primera planta

34. ¿Qué tienen en común las palabras *ambición*, *ambulancia*, *cambiar*, *alambre*, *hombre*?

35. Completa la tabla:

saltábamos	saltabas	saltaba	saltaban
estábamos	estabas	estaba	estaban
cantábamos	cantabas	cantaba	cantaban
llamábamos	llamabas	llamaba	llamaban

36. Agrupa las palabras de la misma familia:

gobernar • debilidad • aprobación • sorber • sorbete
debilitar • aprobado • débil • caballete • aprobar
gobernante • caballero • caballo • observatorio
gobernador • observación • sorbo • observar

37. Traduce al castellano estas palabras:

a) aprovat — aprovado
b) avorriment — aborrimienta
c) govern — gobierno
d) savi — sabia
e) canvi — cambio
f) envernissar — enbernissar
g) llavi — labio
h) avi — abuela

DICTADO

Premisa: Cuando copies el fragmento distingue con dos colores diferentes las palabras que empiecen o contengan *b* y *v*.

Jordi, Mireia y yo íbamos a la misma escuela desde parvulario. No se puede decir que fuéramos grandes amigos, pero nos conocíamos desde hacía un montón de años. Nuestra escuela era pequeña, de las que tenían una única aula por curso. En verano, cuando hablaba con mi vecino de la playa, me sorprendía que al referirse a su clase usara siempre una letra después del curso.

ÁNGEL BURGAS: *El anticlub* (texto adaptado).

» PONTE A PRUEBA

Lee y comprueba si lo has comprendido

Regreso a la Luna

Que el ser humano pisara la Luna fue uno de los acontecimientos más asombrosos en la historia, y no solo porque nuestra primera visita a otro mundo se cuenta entre los logros científicos más grandes de la humanidad o porque fue la culminación de una carrera épica entre dos superpotencias mundiales, si bien ambas cosas son ciertas [...]. Sin embargo, lo más significativo no fue el final de la carrera, ni siquiera la consecución de una proeza antaño inimaginable. Ese logro fue apenas el comienzo. El inicio de una nueva era para la visión de los horizontes de la humanidad, de los lugares que podríamos explorar e incluso habitar. Éramos navegantes espaciales y, muy pronto [...], nos convertiríamos en una especie extraplanetaria. El adjetivo *terrícola* ya no bastaría para denominar lo que éramos.

Todo esto causó gran expectación cuando, con la euforia y el asombro del 20 de julio de 1969, el *Eagle*, el módulo lunar del *Apolo 11*, se posó en la superficie de la Luna. El viaje más grandioso comienza con un solo paso. Un pequeño paso para un hombre; un gran salto para toda la humanidad. [...] Llegar a la Luna enalteció a la especie humana, infundiéndonos la confianza que hacía falta para adentrarnos en el espacio. «Adonde fuéramos, la gente no decía 'Vaya, ustedes, los estadounidenses, lo lograron', sino '¡Lo logramos!' —recordó Michael Collins, piloto del módulo de comando del *Apolo 11*—. Nosotros, la humanidad; nosotros, la especie humana. Nosotros, todas las personas, lo logramos.»

SAM HOWE VERHOVEK:
«¡Despegue! O lo que sigue», en *National Geographic*,
julio de 2019 (texto adaptado).

1. ¿De dónde se ha extraído este texto?

- ☐ De una novela.
- ☐ De una obra teatral.
- ☐ De un artículo de una revista.
- ☐ De un poema.

2. La intención del texto es:

- ☐ Contar cómo el ser humano llegó a la Luna.
- ☐ Explicar la importancia de la llegada a la Luna para la humanidad.
- ☐ Recordar la misión *Apolo 11*.

BARCANOVA EDITORIAL

3. Tras la llegada a la Luna, se creía que...

- [ ] la vida en la Tierra cambiaría.
- [ ] la humanidad exploraría el espacio.
- [ ] las personas vivirían en otros planetas.

4. Los astronautas aterrizaron en la Luna por primera vez...

- [ ] hace casi cincuenta años.
- [ ] hace un siglo.
- [ ] el 20 de julio de 1979.
- [ ] el 20 de julio de 1969.

5. Forma frases con sentido completo:

a) La llegada a la Luna
b) El módulo lunar del *Apolo 11*
c) Los seres humanos
d) El viaje más largo
e) El espacio exterior
f) La hazaña

- [ ] seríamos una especie interplanetaria.
- [ ] fue un logro de la humanidad.
- [ ] empieza con un paso.
- [ ] se posó sobre la superficie lunar.
- [ ] nos pertenecería.
- [ ] era de la especie humana, de las personas.

6. Busca en el primer párrafo una palabra que tenga un significado parecido a *triunfo*.

____

7. Escribe dos oraciones con la palabra *espacio*, de manera que en cada una tenga un significado diferente.

____
____
____
____
____
____

8. Subraya la serie en que aparecen cuatro sustantivos:

a) superficie, atmósfera, planeta, mar
b) superficie, atmósfera, planeta, importante
c) superficie, pisó, planeta, mar

9. Subraya la oración que tenga los signos de exclamación (¡!) bien colocados.

a) Lo hemos conseguido!
b) ¡Lo hemos conseguido!

10. Copia todas las palabras del texto que empiecen por la letra *b* o la contengan y ordénalas alfabéticamente.

____
____
____
____

Observa

Este vídeo explica el viaje que realizaron Neil Armstrong, Mike Collins y *Buzz* Aldrin, que culminó el 20 de julio de 1969. Lo encontrarás en el espacio personal de la web *www.barcanova.cat*.

Comparte

Después, comentad qué impresiones os ha causado el vídeo que acabáis de ver.

» GESTOS PARA SALVAR EL PLANETA

El cambio climático, también conocido en castellano como *crisis climática*, amenaza la vida y el futuro de nuestro planeta. El aumento del nivel del mar y los fenómenos meteorológicos extremos, entre otros, están destruyendo nuestro hábitat y ponen en peligro la biodiversidad.

Al margen de las medidas que es urgente que adopten las altas instancias internacionales, en este proyecto, os proponemos que investiguéis qué podemos hacer cada uno de nosotros en nuestra vida cotidiana para desacelerar este grave proceso.

¿Qué tenéis que hacer en este proyecto?

1. **Debatir y decidir.** Formad grupos, entre todos, aportad las ideas que creáis que pueden ser útiles a la hora de salvaguardar el planeta. Aquí tenéis algunas, pero podéis añadir más.

- Reciclar los cartuchos de tinta y las pilas gastadas.
- No tirar desperdicios en la naturaleza.
- Usar la bicicleta en la ciudad.
- Apagar la luz de las habitaciones cuando no estamos.
- Evitar el uso de bolsas de plástico.
- Ducharse en un minuto.
- Rechazar los envoltorios y embalajes innecesarios.
- Comprar solo la ropa imprescindible.

Una vez que tengáis todas las premisas, cada grupo debe elegir dos para desarrollarlas ante el resto de la clase.

2. Explicar. Preparad una exposición oral para transmitir los motivos de las acciones que habéis seleccionado. Empezad explicando por qué las habéis escogido y, a continuación, aportad datos que las justifiquen. Podéis usar una presentación en PowerPoint para ilustrar lo que decís. En internet encontraréis datos muy valiosos; fijaos en este ejemplo:

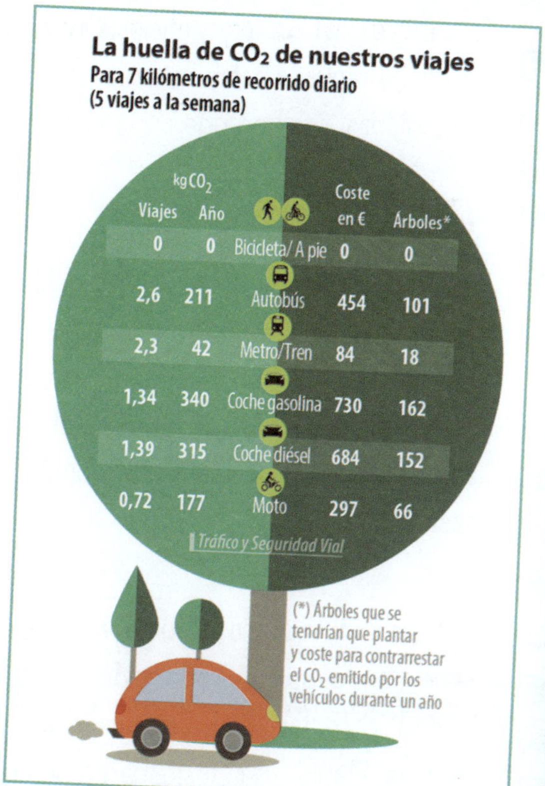

¿Habéis visto cuántos árboles se tendrían que plantar para contrarrestar los viajes que se hacen en coche o moto durante un año?

Infografía publicada en Revista *Tráfico y Seguridad Vial*. DGT
Año XXXI / noviembre 2015 / n.º 232
(*http://revista.dgt.es*) AUTOR: DLirios

3. Exponer y argumentar. Redactad una carta de compromiso firmada por todo el grupo en la que expliquéis qué decisiones habéis tomado, por qué lo habéis hecho y en qué consiste vuestro compromiso.

4. Dibujar y convencer. Diseñad un símbolo gráfico (logo) representativo de una de vuestras acciones y acompañadlo de un eslogan que describa lo que vais a hacer e invite a los demás a compartirlo.

¿Cómo lo tenéis que hacer?

Se trata de hacer un trabajo cooperativo en grupos de 4 o 5 alumnos. Es muy importante que todos los miembros del equipo participéis en cada una de las actividades según el papel o la tarea que tengáis asignada (que puede estar de acuerdo con vuestras habilidades y preferencias). Participaréis aportando datos y opiniones, colaborando en la redacción y corrección de los textos y defendiendo oralmente el trabajo.

1. Antes de empezar cualquier trabajo, es muy necesario buscar información para aportar datos y argumentos que os permitan defender con criterio vuestras opiniones. Podéis utilizar internet, pero también consultar libros o revistas en la biblioteca o en casa.

2. Escribid vuestro trabajo en ordenador procurando que el redactado sea vuestro. Evitad recortar y pegar directamente de internet. Planificad el texto, haced una primera versión que luego revisaréis y corregiréis hasta tener la versión definitiva.

3. A la hora de exponer, haced una exposición oral del trabajo, no una lectura. Es preciso que participéis todos los integrantes del grupo. La exposición tiene que ser ordenada, y la voz, alta y clara. Evitad posturas y expresiones vulgares o demasiado familiares. Ensayadla antes varias veces; os podéis grabar para ver cómo la hacéis y en qué podéis mejorar.

Material complementario y modelos

OBJETIVOS DE DESARROLLO SOSTENIBLE • ACCIÓN POR EL CLIMA

Objetivo 13: Adoptar medidas urgentes para combatir el cambio climático y sus efectos

Si no actuamos, la temperatura media de la superficie del mundo podría aumentar unos 3 °C este siglo. Los océanos seguirán calentándose y continuará el deshielo. Se prevé una elevación media del nivel del mar de entre 24 y 30 cm para 2065 y de entre 40 y 63 cm para 2100.

Agenda 2030 para el Desarrollo Sostenible (texto adaptado).

Os damos un ejemplo de texto...

ACCIÓN: USAR LOS TRANSPORTES PÚBLICOS SIEMPRE QUE SEA POSIBLE

¿Por qué?

La contaminación del aire es el mayor de los perjuicios relacionados con el uso de vehículos. A continuación, vienen los accidentes de tráfico, el ruido y la fragmentación de los espacios naturales provocada por las carreteras y las autopistas y sus efectos nefastos sobre la fauna y la flora. Finalmente, los automóviles ocupan demasiado espacio en las ciudades, donde cuatro desplazamientos de cada cinco se realizan en coche.

365 gestos para salvar el planeta. Lunwerg editores.

Y dos ejemplos de logo y eslogan...

Vuestra carta de compromiso

______________________, a ______ de ______________ de 20______
(lugar, fecha y año)

Querido planeta Tierra:

Nosotros ______________________ , ______________________ , (poned vuestros nombres)
con el objetivo de ______________________ (explicad el motivo)
nos comprometemos a ______________________ (explicad vuestro compromiso)

Atentamente,

______________________ (Firma)

UNIDAD 4

CLUB DE LECTURA » *El vidrio que se desvaneció*
TOMA LA PALABRA » Parece mentira
DILO POR ESCRITO » Soy autor de cómics
LENGUA Y SOCIEDAD » El cómic
LITERATURA » Elementos de la narración
GRAMÁTICA » El adjetivo
LÉXICO » La sinonimia
ORTOGRAFÍA » Uso de la *v*

Preparamos la lectura

1. ¿Conoces las novelas de Harry Potter? ¿Has visto las películas? Comentadlo en clase.

2. Fíjate en el título de la lectura. ¿Qué crees que le ocurrirá a Harry Potter durante la visita al zoológico?

★ ADIVINA QUIÉN SOY

Dividid la clase en dos grupos. Elaborad una pequeña lista de personajes de cómic que conozcáis. A continuación, un miembro del primer equipo le dirá al oído el nombre de uno de los personajes elegidos a alguien del segundo equipo. Este, mediante mímica, deberá intentar que sus compañeros y compañeras adivinen de quién se trata. Después, le tocará el turno al otro grupo.

» CLUB DE LECTURA

El vidrio que se desvaneció

Si había algo que desagradaba a los Dursley aún más que las preguntas que Harry hacía, era que hablara de cualquier cosa, que se comportara de forma **indebida**, no importa que fuera un sueño o un dibujo animado. Parecían pensar que podía llegar a tener ideas peligrosas.

Era un sábado muy soleado y el zoológico estaba repleto de familias. Los Dursley compraron a Dudley y a Piers unos grandes helados de chocolate en la entrada, y luego, como la sonriente señora del puesto preguntó a Harry qué quería antes de que pudieran alejarse, le compraron un polo de limón, que era más barato. [...] Después de comer fueron a ver los reptiles. Estaba oscuro y hacía frío, y había vidrieras iluminadas a lo largo de las paredes. Detrás de los vidrios, toda clase de serpientes y lagartos se arrastraban y se deslizaban por las piedras y los troncos. Dudley y Piers querían ver las gigantescas cobras venenosas y las gruesas pitones que **estrujaban** a los hombres. Dudley encontró rápidamente la serpiente más grande. Podía haber envuelto el coche de tío Vernon y haberlo aplastado como si fuera una lata, pero en aquel momento no parecía tener ganas. En realidad, estaba profundamente dormida.

Dudley permaneció con la nariz apretada contra el vidrio, contemplando el brillo de su piel.

—Haz que se mueva —le exigió a su padre.

Tío Vernon golpeó el vidrio.

—Hazlo de nuevo —ordenó Dudley.

Tío Vernon golpeó con los **nudillos**, pero el animal siguió dormitando.

—Esto es aburrido —se quejó Dudley. Se alejó arrastrando los pies.

Harry se movió frente al vidrio y miró intensamente a la serpiente. Si él hubiera estado allí dentro, sin duda se habría muerto de aburrimiento, sin ninguna compañía salvo la de gente estúpida golpeando el vidrio y molestando todo el día. Era peor que tener por dormitorio una **alacena** donde la única visitante era tía Petunia llamando a la puerta para despertarlo: al menos, él podía recorrer el resto de la casa.

De pronto, la serpiente abrió sus ojillos, pequeños y brillantes como **cuentas**. Lenta, muy lentamente levantó la cabeza hasta que sus ojos estuvieron al nivel de los de Harry.

Guiñó un ojo.

Harry la miró fijamente. Luego echó rápidamente un vistazo a su alrededor, para ver si alguien lo observaba. Nadie le prestaba atención. Miró de nuevo a la serpiente y también le guiñó un ojo.

VOCABULARIO

indebido, da *adj.* No conveniente, incorrecto.

estrujar *v.* Prensar, comprimir.

nudillo *m.* Parte exterior de las articulaciones de los dedos de la mano, cuando estos están doblados.

alacena *f.* Hueco en la pared que se suele usar de armario.

cuenta *f.* Bola pequeña que se usa para hacer collares o pulseras.

La serpiente torció la cabeza hacia tío Vernon y Dudley, y luego levantó los ojos hacia el techo. Dirigió a Harry una mirada que decía claramente:

—Me pasa esto constantemente.

—Lo sé —murmuró Harry a través del vidrio, aunque no estaba seguro de que la serpiente pudiera oírlo—. Debe de ser realmente molesto.

La serpiente asintió **vigorosamente**.

—A propósito —preguntó Harry—, ¿de dónde vienes?

La serpiente levantó la cola hacia el pequeño cartel que había cerca del vidrio. Harry miró con curiosidad.

«**Boa constrictor**, Brasil».

—¿Era bonito aquello?

La boa constrictor volvió a señalar con la cola y Harry leyó: «Este **espécimen** fue criado en el zoológico».

—Oh, ya veo. ¿Entonces nunca has estado en Brasil?

Mientras la serpiente negaba con la cabeza, un grito ensordecedor detrás de Harry los hizo saltar.

—¡DUDLEY! ¡SEÑOR DURSLEY! ¡VENGAN A VER A LA SERPIENTE! ¡NO VAN A CREER LO QUE ESTÁ HACIENDO!

Dudley se acercó **contoneándose**, lo más rápido que pudo.

—Quita de en medio —dijo, golpeando a Harry en las costillas. Cogido por sorpresa, Harry cayó al suelo de cemento. Lo que sucedió a continuación fue tan rápido que nadie supo cómo había pasado: Piers y Dudley estaban inclinados cerca del vidrio, y al instante siguiente saltaron hacia atrás aullando de terror.

Harry se incorporó y se quedó boquiabierto: el vidrio que cerraba el **cubículo** de la boa constrictor había desaparecido. La **descomunal** serpiente se había desenrollado rápidamente y en aquel momento se arrastraba por el suelo. Las personas que estaban en la casa de los reptiles gritaban y corrían hacia las salidas.

Mientras la serpiente se deslizaba ante él, Harry habría podido jurar que una voz baja y **sibilante** decía:

—Brasil, allá voy... Gracias, amigo.

J. K. Rowling: *Harry Potter y la piedra filosofal.*

VOCABULARIO

vigorosamente *adv.* Con fuerza, enérgicamente.

boa constrictor *f.* Serpiente gigante de América, no venenosa, de gran fuerza y corpulencia.

espécimen *m.* Individuo representativo de una especie, ejemplar.

contonearse *v.* Caminar balanceando el cuerpo, especialmente los hombros y las caderas.

cubículo *m.* Espacio, recinto muy pequeño cerrado.

descomunal *adj.* Muy grande, enorme.

sibilante *adj.* Como un silbido, que habla resaltando las eses.

» ACTIVIDADES

Comprensión de la lectura

1. ¿Por qué Harry es un chico excepcional?

Por que Harry puede ablar con las serpientes. Tambien hace magia

2. Los Dursley creían que Harry...

- [ ] podía comunicarse con los animales.
- [x] podía llegar a tener ideas peligrosas.
- [ ] podía comportarse mal si alguien le llevaba la contraria.

3. Al parecer, la familia Dursley desprecia a Harry. Anota algún hecho que lo demuestre.

Lo de elado a Harry le comp[illegible] un ~~elad~~ polo de limon

4. ¿Por qué la serpiente quiere ir a Brasil?

- [ ] Porque fue capturada allí.
- [ ] Porque quiere viajar y conocer el mundo.
- [x] Porque quiere conocer el país de donde es originaria.

5. Si tuvieras que elegir un título para la lectura, ¿cuál de los que te proponemos a continuación escogerías?

- [ ] Aventura en el zoológico
- [ ] Harry y la boa
- [ ] La estupidez de Dudley
- [x] Los poderes de Harry
- [ ] Serpientes en libertad

6. Ahora, propón tú otro título que sea adecuado para el texto:

La aventura de la serpiente y Harry

7. Numera estos hechos según el orden en que aparecen en la lectura.

- [8] El vidrio que encerraba a la serpiente desaparece misteriosamente.
- [3] Dudley pide a su padre que despierte a la serpiente más grande, una boa.
- [2] Compran helados en la entrada.
- [5] Harry lamenta que la serpiente viva encerrada en un cubículo y que la gente la moleste continuamente.
- [9] La serpiente se escapa y siembra el pánico entre los visitantes del zoo.
- [4] Harry habla con la serpiente.
- [7] Para poder ver mejor lo que sucede, Dudley empuja a Harry y lo tira al suelo.
- [6] Piers se da cuenta del comportamiento extraordinario del animal y avisa a los demás para que lo vean.
- [1] Un sábado, los Dursley, su hijo Dudley, el amigo de este, Piers, y Harry van al zoológico.

Expresión personal

8. Localiza los adjetivos que acompañan a estos sustantivos en el texto:

a) dibujo → animado
b) sábado → Sabado
c) señora → Sonriente
d) cobras → Venenosa
e) gente → Estupida
f) ojillos → Pequeña
g) voz → Baja

9. Escoge un sinónimo para la palabra destacada en cursiva en cada frase:

a) El zoológico estaba *repleto* de familias.

☐ saturado ☐ completo ☒ abarrotado

b) Harry se quedó *boquiabierto*.

☐ quieto ☒ pasmado ☐ extasiado

c) Querían ver las *gigantescas* cobras venenosas.

☐ horribles ☐ ínfimas ☒ descomunales

d) Esto es *aburrido*.

☒ soporífero ☐ agotador ☐ desesperante

e) Un grito *ensordecedor* les hizo saltar.

☒ atronador ☐ estridente ☐ agudo

10. ¿Qué crees que le sucederá a la serpiente? ¿Conseguirá llegar a Brasil? ¿La encerrarán de nuevo? Redacta un desenlace para la boa constrictor.

____

____

____

____

____

____

____

____

____

____

____

____

____

____

____

11. La serpiente de la lectura es una boa. A continuación, tienes una lista de serpientes y sus características. Busca información en internet y copia su nombre junto a la definición correspondiente.

anaconda • áspid • boa • cobra
culebra • pitón • víbora

a) ____________: Serpiente acuática de las selvas de Sudamérica, de unos 6 m de longitud.

b) ____________: Serpiente de la India, muy venenosa, de hasta 2,4 metros de longitud.

c) ____________: Serpiente venenosa de unos 50 cm de largo, cabeza triangular y aplastada, y con dos dientes huecos por donde se vierte el veneno.

d) ____________: Serpiente gigante de América, no venenosa, de gran fuerza y corpulencia.

e) ____________: Serpiente venenosa de Egipto y de la India.

f) ____________: Serpiente no venenosa de gran tamaño propia de Asia y África.

★ LUDOLENGUA

12. La boa constrictor es un reptil originario de Brasil. Si ordenas las letras de cada palabra, podrás leer el nombre de otros animales del continente americano.

cdonór	arpiña	inobest	crosta
macaguayo	mácani	güeyiazar	dúñan
dramallio	runtátala	yogapapa	caréya

____

____

____

____

BARCANOVA EDITORIAL

» TOMA LA PALABRA

Parece mentira

Por una vez, y como si se tratara de un juego, vamos a contar mentiras. Te proponemos una actividad que consiste en explicar dos sucesos que tú o tu familia hayáis protagonizado, pero con una condición: uno de ellos debe ser verdad y el otro, mentira.

Procedimiento

1. Haz una lista con varias anécdotas reales e inventadas que podrías contar a la clase. Escoge dos de ellas, preferiblemente las que puedan resultar más sorprendentes y atractivas para tus compañeros y compañeras.

2. Prepara los dos relatos: en una hoja aparte anota qué ocurrió, cuándo, dónde estabas y por qué, etc. Para que parezcan creíbles, es importante que cuides los detalles. Piensa en un título para cada relato.

3. Memoriza el orden de lo que quieres decir y ensáyalo varias veces. Puedes usar palabras y expresiones como estas: *Aquel día...*; *Era un mes de febrero...*; *Cuando tenía cinco años...*; *Y entonces...*; *Al final, después de todo...*

4. A continuación, por turnos, contaréis las dos anécdotas al resto de la clase. Tus compañeros y compañeras podrán hacerte tres o cuatro preguntas para tratar de averiguar cuál de ellas ocurrió de verdad.

5. Después, mediante una votación, la clase decidirá cuál de ellas es auténtica y cuál es una mentira. Si has conseguido que se crean la anécdota inventada, el profesor o profesora puede ponerte un punto positivo.

» DILO POR ESCRITO

Soy autor de cómics

¿Qué tienes que hacer?

✓ Dibuja una historieta de seis viñetas.

¿Cómo puedes hacerlo?

- Inventa o adapta una historia sencilla y escribe su argumento en una hoja aparte.
- Decide cuáles son los seis momentos más importantes de la historia y cómo los vas a representar en cada viñeta. Para ello puedes utilizar distintos tipos de planos:

Plano general. Se representa la figura humana completa dentro de un espacio amplio o una panorámica general del escenario.

Plano medio. El personaje se muestra a partir de la cintura o la cadera para llamar la atención sobre lo que dice.

Plano corto. Se muestran la cabeza y los hombros del personaje o solo un detalle de la imagen para que puedan observarse mejor.

JEAN-LUC DEGLIN, *Cafre*. Norma Editorial

- En una hoja aparte, completa una tabla como esta y haz un boceto de cada viñeta:

Viñeta	Contenido ¿Qué ocurre?	Texto ¿Qué se dice?	Recursos (Tipos de planos, bocadillos, onomatopeyas...)
1			

Manos a la obra

Dibuja y escribe cada viñeta, y añade los recursos que has escogido:

1

2

3

4

5

6

A criterio del profesor o de la profesora, puedes elaborar el cómic con el ordenador. En el espacio personal de la web *www.barcanova.cat* encontrarás algunos enlaces para ello.

» LENGUA Y SOCIEDAD

1. El cómic

El **cómic** es una narración gráfica que combina imágenes y palabras. También recibe el nombre de *historieta* o *tebeo*.

Se compone de recuadros llamados **viñetas** en los que se emplean diversos recursos expresivos y visuales:

Cartuchos. Rectángulos con indicaciones del narrador.

Globos o bocadillos. Contienen lo que dicen los personajes.

RENÉ GOSCINNY y ALBERTO UDERZO: *Astérix el Galo.*

Metáforas visuales. Son signos que representan los pensamientos o las sensaciones.

Delta o rabillo. Apéndice que relaciona el globo con el personaje.

Figuras cinéticas. Representan el movimiento de los personajes y los objetos.

El contorno del globo tiene también significado. Observa:

Un personaje que habla.

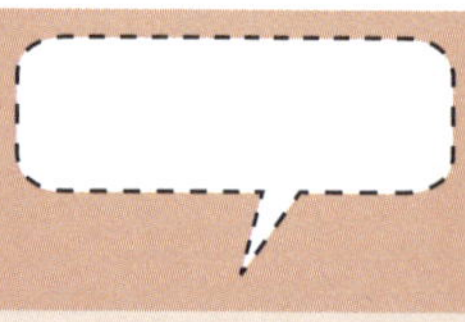

Un personaje que habla en voz baja.

Hablan varios personajes.

Alguien piensa, sueña, imagina...

Alguien grita.

¿SABÍAS QUE...?

La palabra japonesa para designar el cómic es **manga**. Fuera de este país, se llama *manga* exclusivamente al cómic producido en Japón.

BARCANOVA EDITORIAL

» ACTIVIDADES

13. Observa estas viñetas e identifica los elementos característicos del cómic:

- [ ] bocadillo
- [ ] delta
- [ ] cartucho
- [ ] onomatopeya
- [ ] metáfora visual
- [ ] figura cinética

14. Comenta con tu compañero o compañera el significado de estas onomatopeyas en inglés y buscadlas en castellano:

15. Escribe, en pocas líneas, una narración a partir de la siguiente historieta:

» LITERATURA

1. Elementos de la narración

1.1. El argumento y el tema

Toda narración tiene un **argumento**, es decir, el relato de los hechos o acontecimientos que suceden. El argumento sería la respuesta a la pregunta → ***¿Qué ha sucedido?***

El **tema** es el aspecto de la realidad sobre el que trata la narración: el amor, la amistad, las relaciones entre padres e hijos, por ejemplo. Normalmente una narración trata sobre varios temas. El tema sería la respuesta a la pregunta → ***¿De qué trata la narración?***

Harry Potter y la piedra filosofal

Argumento

Harry Potter es un niño huérfano que vive con sus tíos, quienes lo maltratan y le ocultan su verdadero origen: Harry tiene poderes mágicos y es el único que pudo salvarse del malvado Voldemort, el asesino de sus padres. A los once años, Harry es invitado a ingresar en la academia Hogwarts y, pese a la oposición de sus tíos, consigue matricularse y conocer a los que se convertirán en sus mejores amigos, Ron y Hermione. Los tres demostrarán que el objeto precioso que guarda el colegio, la piedra filosofal, no está bien protegido. Finalmente, lograrán que Voldemort no robe la piedra, pero no podrán impedir que el villano escape.

Temas

- La lucha entre el bien y el mal, el valor de la amistad y la cooperación, el daño que pueden hacer la ambición y la soberbia.

1.2. Los personajes

Son los seres que participan en la narración. Normalmente son personas, pero también pueden ser animales o seres imaginarios. Los personajes pueden ser **protagonistas**, **antagonistas** y **secundarios**.

PROTAGONISTA	Es el personaje más importante; el que lleva el peso de la acción. Suele aparecer desde el principio y mantenerse hasta el final del relato.
ANTAGONISTA	Es el personaje que se enfrenta al protagonista y se opone a todo lo que hace.
PERSONAJES SECUNDARIOS	Aparecen únicamente en una parte del relato para completar y enriquecer la acción principal.

?

Busca información de *El mago de Oz*, una novela escrita por Lyman Frank Baum, adaptada al cine y al teatro. **¿Sabrías decir qué personajes intervienen en la historia?** ¿Quién la protagoniza? ¿Qué personaje es el antagonista?

» ACTIVIDADES

16. Lee el siguiente texto narrativo y responde a las preguntas que se plantean:

> Un caluroso día de agosto, Pepa y sus amigos descubren que los peces del río que pasa por su ciudad han muerto debido a la contaminación producida por los vertidos de las fábricas. La noticia aparece en los periódicos, pero los culpables escapan sin consecuencias. Ante esta flagrante injusticia, la clase de Pepa decide organizar una manifestación ante el Ayuntamiento. El alcalde los escucha y promete tomar alguna medida, pero todo se queda en palabras.
>
> RAMÓN GARCÍA DOMÍNGUEZ: *Viva la Pepa*.

a) ¿Cuál es el tema? ~~[illegible]~~ contaminación

b) ¿Quiénes son los personajes? ¿Cómo se llama el o la protagonista?

Pepa y sus amigas y el alcalde

c) ¿En qué lugar se desarrolla la acción?

La ciudad el río
~~Un caluroso día de agosto~~

d) ¿En qué época crees que sucede? Razona tu respuesta.

~~1987~~ ~~200~~ actualidad

17. Rellena la siguiente ficha con los datos de una película que te haya gustado:

Título: ______

Director: ______

Año en que se filmó: ______

Reparto: ______

18. ¿Con qué tipo de personajes relacionarías los siguientes objetos?

a) varita mágica Mago

b) pata de palo Pirata

c) caldero de hechicería bruja

d) colmillos ~~Elefante~~ vampiro

e) alfombra voladora ~~[illegible]~~ aladin

f) espada láser guerreros extraterrestre Jedi

19. Piensa en personajes de novelas, cuentos o películas que hayan formado pareja como protagonista y antagonista. Escoge una pareja de personajes y explica quiénes son, cuál es su relación y en qué obra aparecen. En la imagen tienes un ejemplo.

karate kid el Protagonista es Daniel Larusa y el antagonista es Jan Lorens

20. Escoge una serie que te guste y haz una lista de sus personajes. Indica si son principales o secundarios.

Principales: ______

Secundarios: ______

1.3. El espacio y el tiempo

El **espacio** es el lugar donde ocurren los hechos y actúan los personajes (una gran ciudad, un tren, una isla, etc.). Por ejemplo:

> Al oscurecer, divisaron **una casa semejante a una gran caverna,** y como la puerta, que era todo lo ancho de una fachada, estaba abierta, se metieron dentro y hallaron un salón completamente desmantelado...
>
> ALEJANDRO CASONA: *Flor de leyendas.*

El **tiempo** es la época en la que sucede la historia (en la actualidad, en la Edad Media...) y, también, puede hacer referencia a **su duración** (un día, un mes, varios años...). Fíjate:

> **El veinticuatro de mayo de 1863,** domingo, mi tío, el profesor Lidenbrock, volvió precipitadamente a su pequeña casa en el número 19 de Königstrasse, una de las calles más antiguas del barrio viejo de Hamburgo.
>
> JULIO VERNE: *Viaje al centro de la Tierra.*

1.4. El orden

Los hechos narrados se cuentan siguiendo un **orden**. El orden más sencillo consiste en narrar los sucesos cronológicamente, es decir, en el orden en el que han ido ocurriendo.

En ocasiones, la narración también puede volver al pasado. Entonces se llama ***flashback*** (expresión inglesa que significa 'vuelta atrás'), y consiste en mencionar algún acontecimiento ocurrido anteriormente a la acción que se narra.

» ACTIVIDADES

21. Lee el siguiente texto. Subraya con un color las frases que se refieran al tiempo y con otro las que se refieran al espacio.

> Recuerdo que en la madrugada de un día de otoño frío y lluvioso, salí de mi pueblo para Madrid. Me despedí de mi madre, y turbado y conmovido como nunca lo había estado, bajé a escape la escalera en compañía de mi padre. Nuestros pasos resonaban profundamente en las calles solitarias. La luz triste y escasa del día que comenzaba daba cierto aspecto de antorchas funerarias a los faroles que aún se hallaban encendidos, y las casas, dejando caer de sus tejados algunas gotas de lluvia, parecían llorar mi marcha.
>
> Armando Palacio Valdés:
> *El sueño de un reo de muerte.*

22. En la siguiente lista figuran algunos lugares imaginarios de la literatura, el cómic y el cine. Indica con qué obra se relaciona cada uno de ellos y escribe su título.

- el País de las Maravillas
- el país de Nunca Jamás
- la Tierra Media
- Narnia
- Planeta Krypton
- Camelot

- Alicia i el País
- Javi i el señor de los anillos
- Superman
- Piter Panter
- rei ~~artu~~ tura

23. Di qué espacios te parecerían adecuados para localizar distintos tipos de narraciones. Fíjate en el ejemplo:

Narración de aventuras: en una isla aparentemente desierta o en la selva, etc.

a) Narración de miedo: Una Película de miedo en un barrio abandonado

b) Narración de ciencia ficción: una Película de ciencia ficcion Estacion, bajo tierra

c) Narración de detectives: una detectives escena de crimen

d) Narración de humor: Una Película de humor familia, una escuela

24. Numera las siguientes oraciones para completar una historia con un orden coherente:

☐ Pero pronto me di cuenta de que me había equivocado: el avión no venía hacia la balsa.

☐ Agité la camisa desesperadamente, durante cinco minutos por lo menos.

☐ Pero pasó muy distante, y a una altura desde la cual era imposible que me vieran.

☐ Cuando vi crecer el punto negro me pareció que pasaría por encima de mi cabeza.

☐ Luego dio una larga vuelta, tomó la dirección de regreso y empezó a perderse en el mismo lugar del cielo por donde había aparecido.

Gabriel García Márquez: *Relato de un náufrago.*

» GRAMÁTICA

1. El adjetivo

El **adjetivo** es una palabra que expresa cualidades o propiedades del sustantivo al que acompaña. Puede precisar el tamaño, la forma, el color, el carácter, etc. Fíjate en los ejemplos:

1.1. El género y el número

El adjetivo debe concordar con el sustantivo al que complementa tanto en género como en número. Los adjetivos forman el género (masculino o femenino) y el número (singular o plural) de manera parecida a los sustantivos.

- En castellano, la mayoría de los adjetivos tienen formas diferentes para el masculino y el femenino, es decir, son **adjetivos de dos terminaciones**. Por ejemplo:

*chaquet**a** deportiv**a***	*chaquet**as** deportiv**as***	*calzad**o** deportiv**o***	*calzad**os** deportiv**os***
femenino singular	femenino plural	masculino singular	masculino plural

- Algunos adjetivos tienen la misma forma para el masculino y para el femenino: son los **adjetivos de una sola terminación**. Por ejemplo:

*chic**a** sonriente*	*chic**as** sonriente**s***	*chic**o** sonriente*	*chic**os** sonriente**s***
femenino singular	femenino plural	masculino singular	masculino plural

BARCANOVA EDITORIAL

» ACTIVIDADES

25. Subraya los adjetivos que aparecen en estas oraciones y rodea los sustantivos a los que acompañan:

a) Será un día lluvioso y habrá temperaturas bajas durante la noche.

b) Las largas vacaciones veraniegas le traían recuerdos agradables.

c) Para el actual campeón aquel partido supuso una humillante derrota.

d) Varios atletas jóvenes y desconocidos dominaron la maratón.

e) El tráfico denso complica la vida cotidiana de los ciudadanos.

26. Subraya los adjetivos que aparecen en estas expresiones e indica cuál es su género y su número. Fíjate en el ejemplo:

a) obstáculo insalvable → *masculino singular*

b) muralla sólida → ______

c) saltos acrobáticos → ______

d) grave epidemia → ______

e) flores silvestres → ______

f) mañana soleada → ______

g) águilas majestuosas → ______

27. Propón dos adjetivos que puedan acompañar a cada uno de estos sustantivos:

a) gato ______

b) nariz ______

c) clavel ______

d) pelo ______

e) carácter ______

f) elefantes ______

g) naranjas ______

28. A la salida de una sala de cine, los espectadores calificaban la película con los adjetivos que encontrarás a continuación. Sepáralos en dos grupos según indiquen que la película les ha gustado o no. Puedes utilizar un diccionario.

aburrida • deplorable • emocionante
soporífera • soberbia • pésima • memorable
grandiosa • bochornosa • recomendable

Les ha gustado: ______

No les ha gustado: ______

29. Escribe los adjetivos que faltan para que concuerden con el nombre:

a) clima **caluroso**, países ______, mañana ______, zonas ______.

b) piso ______, dormitorios ______, casa **espaciosa**, habitaciones ______.

c) día ______, tonos **claros**, letra ______, ropas ______.

30. Indica si estos adjetivos son de una o de dos terminaciones:

sensible • grueso • increíble • amarillo
ruidoso • magnífica • pobre • breve
graciosa • primaveral

Una terminación: Sensible, grueso, increíble, amarillo y ruidoso.

Dos terminaciones: magnífica, pobre, breve, graciosa y primaveral.

1.2. Los grados del adjetivo

La cualidad que expresan los adjetivos puede presentar tres grados de intensidad:

GRADO POSITIVO	Expresa solo la cualidad de forma neutra. *Oyó una voz **baja** y **sibilante**.* *Era un día **soleado**.* *Querían ver las cobras **venenosas**.*
GRADO COMPARATIVO	Expresa la cualidad con una comparación. Se construye con las siguientes fórmulas: • Comparativo de **igualdad** (***tan*** + adjetivo + ***como***): *Harry Potter es **tan feliz como** Dudley.* • Comparativo de **superioridad** (***más*** + adjetivo + ***que***): *La serpiente fue **más rápida que** el vigilante del zoo.* • Comparativo de inferioridad (***menos*** + adjetivo + ***que***): *Harry Potter es **menos asustadizo que** Dudley.*
GRADO SUPERLATIVO	Indica la **máxima intensidad** de la cualidad que expresa el adjetivo. Se forma de las siguientes maneras: • Añadiendo el sufijo ***-ísimo/-ísima*** a la raíz del adjetivo: *comod**ísimo**, delicad**ísima**...* • Colocando el adverbio ***muy*** delante del adjetivo: ***muy** bonito, **muy** joven...* • Añadiendo un **prefijo** al adjetivo: ***super**interesante, **extra**fino, **archi**conocida...*

Los adjetivos *bueno*, *malo*, *grande* y *pequeño* tienen formas especiales para el comparativo y el superlativo:

- *bueno, mejor, óptimo*
- *malo, peor, pésimo*
- *grande, mayor, máximo*
- *pequeño, menor, mínimo*

1.3. Adjetivos especificativos y adjetivos explicativos

Los adjetivos **especificativos** van detrás del nombre y lo distinguen de otros de su grupo, señalando una cualidad que otros no tienen. Por ejemplo:

*Dame el abrigo **verde**.*

Los adjetivos **explicativos** indican una cualidad que ya se conoce o que posee el sustantivo de manera natural. Pueden ir delante o detrás del nombre al que acompañan.

*La **blanca** nieve había cubierto las calles.*

En la oración *Le pusieron la bufanda **amarilla** al muñeco de nieve*, el adjetivo *amarilla* concreta de qué bufanda se trata y la distingue de otras que no son de ese color. *Amarilla* es un adjetivo especificativo.

» ACTIVIDADES

31. Subraya los adjetivos de estas oraciones y di en qué grado se utilizan en cada caso:

a) La cena de ayer fue carísima.

La cena fue carísima

b) Esta miel es tan dulce como el azúcar.

Esta miel es muy dulce

c) Hemos comprado chocolate extrafino.

Compre chocolate extrafina

d) Los excursionistas llegaron agotados.

Los excursioneros estan agotados

e) El agua del arroyo está más fría que la del río.

El agua es muy fría

32. Escribe un superlativo para cada uno de estos adjetivos calificativos. Por ejemplo:

agradable ➔ *agradabilísimo* o *muy agradable*

a) sucio ➔ ~~suciadisima~~ sucísimo

b) breve ➔ ~~brevedisima~~ brevísimo

c) amplia ➔ ~~ampliadisimo~~ amplísimo

d) inteligente ➔ ~~inteligentemente~~ inteligentísimo

33. Sustituye por un adjetivo comparativo las expresiones destacadas en estas oraciones:

*Aquí elaboran el vino **más bueno** de la comarca.* ➔ *Aquí elaboran el **mejor** vino de la comarca.*

a) La situación económica es **más mala** que la del año pasado.

Peor

b) Trabajo menos, pero mi salario también es **más pequeño**.

Poca

34. Indica si los adjetivos destacados en estos pares de oraciones son especificativos o explicativos:

a) ¿Dónde está el **viejo** televisor?
b) Para pintar, ponte los pantalones **viejos**.

~~televisor~~ ~~Pantalones~~ explicativo

c) Me regaló un ramo de rosas **blancas**.
d) La **blanca** nieve cubre las montañas.

~~rosas~~ ~~montañas~~ especificativo

e) Sentí el **frío** mármol bajo mis pies.
f) Tomaré un té **frío** con un poco de limón.

~~pies~~ ~~limon~~ explicativo

g) Me gusta esa camiseta **verde**.
h) El **verde** césped cubría todo el jardín.

Camiseta Jardin especificativo

★ LUDOLENGUA

35. El objetivo del siguiente juego es confeccionar una lista de adjetivos en orden alfabético, de acuerdo con estas reglas:

El primer jugador comienza calificando su gato con un adjetivo que empiece por la letra ***a***, por ejemplo: *Mi gato es **a**risco*. El segundo jugador continúa con otro adjetivo que comience por ***b***, como: *Mi gato es **b**ueno*, y así sucesivamente, siguiendo el orden alfabético. Cuando un participante se salta el orden establecido o tarda demasiado tiempo en encontrar la palabra apropiada, queda eliminado.

» LÉXICO

1. El significado de las palabras (II)

1.1. La sinonimia

La **sinonimia** se produce cuando dos o más palabras tienen un significado igual o muy parecido.

Por ejemplo, las palabras *maceta* y *tiesto* son palabras sinónimas porque comparten un mismo significado:

maceta

tiesto

Recipiente de barro cocido, que suele tener un agujero en la parte inferior, y que, lleno de tierra, sirve para criar plantas.

Los sinónimos tienen a la misma categoría gramatical. Fíjate:

maceta — tiesto: sustantivos

rápido — veloz: adjetivos

Sin embargo, muchas veces, las palabras únicamente son sinónimas en algunos contextos. Fíjate en estos ejemplos:

En la oración 1, los verbos *tener* y *poseer* son sinónimos e intercambiables. → *Mi amiga **posee** una casa con jardín cerca de la playa*.

En la oración 2, en cambio, *tener* y *poseer* no son sinónimos.

¿SABÍAS QUE...?

Para buscar el sinónimo o el antónimo de una palabra, hay que tener en cuenta el contexto y la situación en que se usa esa palabra.

BARCANOVA EDITORIAL

» ACTIVIDADES

36. Rodea la palabra que sobra en cada una de estas series de sinónimos:

a) delgado - flaco - escuálido - rollizo

b) aroma - perfume - fetidez - fragancia

c) molestar - fastidiar - aliviar - incordiar

d) vago - diligente - indolente - holgazán

e) divisar - confundir - otear - avistar

f) fortuna - catástrofe - desgracia - adversidad

37. Forma parejas de sinónimos con las siguientes palabras:

lejano · atrevido · dañino · antiguo · nocivo · repleto · arcaico · distante · osado · rebosante

______

______

______

______

38. Escribe, al menos, un sinónimo más de estas parejas de palabras:

a) miedo - pavor - ______

b) cólera - furia - ______

c) valiente - audaz - ______

d) cansado - fatigado - ______

e) estropear - deteriorar - ______

f) triste - afligida - ______

g) demoler - arrasar - ______

h) amable - cordial - ______

39. Sustituye las palabras destacadas en negrita por otras del mismo significado:

> Las reglas de los Juegos del Hambre son **sencillas**: en castigo por la **rebelión**, cada uno de los doce distritos debe **entregar** un chico y una chica, llamados tributos, para que participen. Los veinticuatro tributos se encierran en un **enorme** estadio al aire libre en el que puede haber cualquier cosa, desde un desierto **abrasador** hasta un páramo **helado**. Una vez dentro, los **competidores** tienen que **luchar** a muerte durante un periodo de varias semanas; el que quede vivo, gana.
>
> SUZANNE COLLINS: *Los Juegos del Hambre*.

a) sencillas → ~~fáciles~~ fácil

b) rebelión → sublevación

c) entregar → dar

d) enorme → desmedido

e) abrasador → ardiente

f) helado → sorbete

g) competidores → adversarios

h) luchar → contender

40. Sustituye el verbo *hacer* por otro que sea más preciso:

a) **Han hecho** un nueva biblioteca en el barrio.

______

b) ¿Alguien quiere **hacer** una pregunta?

______

c) La sidra se **hace** con zumo de manzana.

______

d) Ayer **hicimos** 20 kilómetros en bicicleta.

______

e) **Haré** un poema para presentarme al concurso literario.

______

______

» ORTOGRAFÍA

1. Uso de la *v*

Fíjate en estas orientaciones para saber cuándo escribir ***v***:

SE ESCRIBE *V*	EJEMPLOS
Después de la consonante ***n***.	*e**nv**iar, i**nv**adir, i**nv**ierno*
En las palabras que empiezan por ***ad-*** y ***di-***, excepto *dibujo* y sus derivados.	***adv**ersario, **div**idir, **div**ertido*
En el presente de indicativo, el presente de subjuntivo y el imperativo del verbo ***ir***.	***v**oy, **v**as;* ***v**aya;* ***v**as, **v**e*
En el pretérito perfecto simple y el pretérito imperfecto de subjuntivo de los verbos ***estar***, ***tener***, ***andar*** y sus derivados.	*estu**v**e, tu**v**e, andu**v**e;* *estu**v**iera, tu**v**iera, andu**v**iera*
En los adjetivos terminados en ***-avo*** y ***-ava***, ***-evo*** y ***-eva***, ***-ivo*** e ***-iva***, ***-ave*** y ***-eve***.	*br**avo**, oct**ava**, long**evo**, nu**eva**, act**ivo**, caut**iva**, su**ave**, br**eve***
Si una palabra lleva ***v***, también se escriben con ***v*** sus compuestas y derivadas.	*nie**v**e: ne**v**ar, ne**v**ada, ne**v**era* *vol**v**er: de**v**ol**v**er, re**v**ol**v**er*

Y ahora intenta memorizar la grafía de las palabras que tienes a continuación. Puedes leerlas durante un rato, taparlas e intentar recordarlas. También puedes pedirle a tu compañero o compañera que te las dicte, o copiarlas en tu cuaderno, escribiendo la ***v*** en otro color.

20 palabras para recordar

todavía	favor	vender	verdad
votar	venir	reservar	convertir
avanzar	vuelo	vivir	conservar
móvil	nuevo	lavar	invierno
vacío	convidar	hervir	tuvo

» ACTIVIDADES

41. Escribe diez palabras que empiecen por la letra *v* (o la contengan):

____

____

____

____

42. Observa estas palabras y responde:

conveniente • conversar • convencer • envío
invariable • invasión • inventor • invitar

a) ¿Qué tienen en común todas ellas?
todas llevan n v

b) Completa: Después de *n* siempre escribimos v (y no *b*).

c) Escribe cinco palabras más que contengan la combinación *nv*.
invier invitar envio

____

43. Un alumno de 1.º de ESO ha anotado en su agenda las actividades que tiene previsto realizar los próximos días. Sin embargo, ha cometido bastantes errores ortográficos. Localízalos y corrígelos.

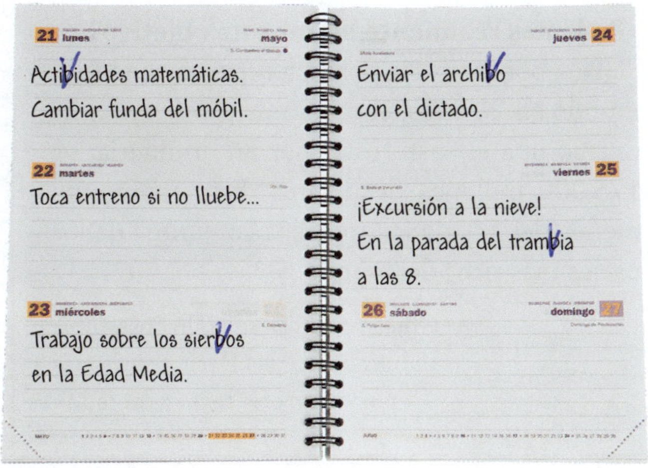

44. Escribe un sinónimo de cada una de estas palabras. Todos deben empezar por *div-*.

ARTISTA									
SOFÁ									
CELESTIAL									
PARTIR									
PROPAGAR									
RECREO									

45. Traduce al castellano estas palabras:

a) calb calbo **f)** mòbil movil
b) basc basca **g)** corba corva
c) corb cuervo **h)** bena vena
d) biga biga **i)** berruga verruga
e) oblidar olvidar **j)** rebentar reventar

DICTADO

Premisa: Por parejas, el primer alumno o alumna copia el texto dejando un espacio en blanco cuando haya palabras que empiecen o contengan *h*. El segundo componente de la pareja hará lo mismo, pero con las letras que empiecen por *b* o la contengan. Para acabar, se cierra el libro, se intercambian los dictados y cada uno completará el que le haya tocado.

De pequeño, yo decía que quería ser detective y mi padre se lo tomaba a broma, como si hubiera dicho que quería ser domador de elefantes. A medida que me iba haciendo mayor y veía que no solo no me echaba atrás, sino que incluso ejercía de detective a pequeña escala, se había ido alarmando, en parte porque constataba que no se trataba de una broma, en parte porque cuanto más crecía yo, menos podía imponerse él.

ANDREU MARTÍN, JAUME RIBERA:
Yo tampoco me llamo Flanagan.

» PONTE A PRUEBA

Lee y comprueba si lo has comprendido

Objetivos de Desarrollo Sostenible

En 2015, la ONU aprobó la Agenda 2030 sobre el Desarrollo Sostenible para que los países emprendan un nuevo camino con el que mejorar la vida de todos. La Agenda cuenta con 17 Objetivos de Desarrollo Sostenible, que incluyen desde la eliminación de la pobreza hasta la igualdad de la mujer, la defensa del medio ambiente o el diseño de nuestras ciudades.

Objetivo 1: Poner fin a la pobreza en todas sus formas en todo el mundo

¿Cuál es el objetivo en este caso?
Acabar con la pobreza en todas sus formas y en todo el mundo para 2030.

¿Por qué?
Más de 700 millones de personas siguen viviendo en condiciones de pobreza extrema y luchan para satisfacer sus necesidades más básicas, como la salud, la educación y el acceso al agua y el saneamiento, por mencionar algunas. La inmensa mayoría de las personas que subsisten con menos de 1,90 dólares diarios viven en Asia Meridional y el África subsahariana, y representan alrededor del 70 % de la población que vive en situación de pobreza extrema en todo el mundo.

Sin embargo, este problema afecta también a los países desarrollados. Actualmente, hay 30 millones de niños que crecen inmersos en la pobreza. en los países más ricos del mundo.

¿Por qué hay tanta pobreza en el mundo?
La pobreza tiene muchas dimensiones, pero sus causas son el desempleo, la exclusión social y la

alta vulnerabilidad, indefensión o debilidad de determinadas poblaciones a los desastres, las enfermedades y otros fenómenos que les impiden ser productivas.

Yo no soy pobre. ¿Por qué debería importarme la situación económica de otras personas?
Hay muchas razones, pero si solo tuviéramos que esgrimir una, porque como seres humanos nuestro bienestar está vinculado al de los demás. El aumento de la desigualdad es perjudicial para el crecimiento económico y reduce la cohesión social, lo que incrementa las tensiones políticas y sociales y, en algunos casos, impulsa la inestabilidad y los conflictos.

¿Podemos realmente lograr este objetivo?
Sí. Para poner fin a la pobreza extrema en todo el mundo en 20 años, el economista Jeffrey Sachs calculó que el costo total por año rondaría los 175.000 millones de dólares. Esto representa menos del 1 % de los ingresos conjuntos de los países más ricos del mundo.

Objetivos de Desarrollo Sostenible
publicado por las Naciones Unidas
en *www.un.org* (texto adaptado).

1. El número 1 de los 17 Objetivos de Desarrollo Sostenible es...

- [ ] poner fin a la pobreza infantil.
- [ ] poner fin a la pobreza en los países de África.
- [ ] poner fin a la pobreza en todas sus formas en todo el mundo.

2. ¿Cuántas personas en el mundo son muy pobres?

- [ ] 30 millones de niños.
- [ ] Más de 700 millones.
- [ ] El 70 % de la población mundial.

3. ¿Dónde vive la mayoría de las personas que subsisten con menos de 1,90 dólares (1,70 euros) diarios?

- [ ] En el África subsahariana y en América del Sur.
- [ ] En Asia meridional y en el África subsahariana.

4. En los países desarrollados...

- [ ] ya no hay pobreza.
- [ ] hay 30 millones de niños pobres.
- [ ] la pobreza solo afecta a los niños.

5. Las personas que viven en condiciones de pobreza extrema...

- [ ] pasan hambre o malnutrición.
- [ ] no tienen vivienda, escuelas ni hospitales.
- [ ] las dos opciones anteriores en mayor o menor medida.

6. Nos importa la situación económica de otras personas por solidaridad, pero también porque...

- [ ] nuestro bienestar está relacionado con el de los demás.
- [ ] nuestro bienestar es independiente del de los demás.

7. ¿Se puede acabar con la pobreza?

- [ ] Sí. Lo indican los cálculos económicos.
- [ ] No. No hay dinero suficiente para ello.

8. La intención del texto es...

- [ ] explicar qué es la pobreza.
- [ ] razonar por qué es importante acabar con la pobreza y convencernos de ello.

9. Señala la serie en la que aparecen cuatro adjetivos:

- [ ] perjudicial - pobre - rico - mundo
- [ ] alto - rico - enfermedad - pobre
- [ ] alto - pobre - perjudicial - rico

10. Rodea el sinónimo adecuado para cada una de las palabras destacadas en negrita:

> La desigualdad es **perjudicial** para el **crecimiento** económico y reduce la cohesión social, lo que incrementa las tensiones políticas y sociales y, en algunos casos, impulsa la inestabilidad y los **conflictos**.

a) **perjudicial:**
complicada - insegura - mala

b) **crecimiento:**
desarrollo - subida - aumento

c) **conflictos:** enfrentamientos - discusiones - inconveniente

Mira

Visitad la página web de los Objetivos de Desarrollo Sostenible, cuyo enlace encontraréis en el espacio personal de la web *www.barcanova.cat*.

Comparte

A continuación, dialogad sobre los objetivos que os parece más urgente cumplir.

UNIDAD 5

CLUB DE LECTURA » *Yo y el ladrón*
TOMA LA PALABRA » Te pido un favor...
DILO POR ESCRITO » Una invitación inquietante
LENGUA Y SOCIEDAD » La conversación
LITERATURA » El diálogo en la narración
GRAMÁTICA » Los pronombres
LÉXICO » La antonimia
ORTOGRAFÍA » Uso de la *h*

Preparamos la lectura

1. ¿Alguna vez alguien te ha pedido un favor enojoso para ti? ¿En qué consistía? ¿Por qué lo hiciste? Coméntalo con tus compañeros y compañeras.

DE QUIÉN SE TRATA

La imagen que aparece en esta página está relacionada con un detective literario muy conocido. ¿Sabéis quién es? En cuanto lo hayáis averiguado, podéis realizar el mismo juego por grupos. Cada uno pensará en un personaje conocido, puede ser otro investigador o investigadora, y dirá tres elementos que lo identifiquen. El resto de la clase debe adivinar de quién se trata.

» CLUB DE LECTURA

Yo y el ladrón

Cuando el señor Garamendi se marchó a veranear, me dijo:

—Hombre, usted, que no tiene nada que hacer, hágame el favor de echar, de cuando en cuando, un ojo a mi casa. [...]

—¿Qué entiende usted exactamente por «echar un ojo»?

—Creo que está bien claro —contestó de mal humor.

—¿Debo pasearme por las habitaciones de su casa con un ojo abierto, posando sucesivamente la mirada en los muebles, en los...?

—No. ¡Qué tontería! Quiero decir que me agradará que pase usted algún día frente al edificio y vea si siguen cerradas las persianas, y que le pregunte al portero si hay novedad, y hasta que suba a **tantear** la puerta. Por el mundo hay muchos ladrones, y entre los ladrones existe una variedad que trabaja especialmente durante el verano, y es a la que más temo. Se enteran de cuáles son los pisos que han quedado sin **moradores**, y los **desvalijan** sin prisas y cómodamente. [...]

—Bueno —concedí, bostezando—; pues echaré ese ojo.

La verdad es que no pensaba hacerlo. Garamendi abusa un poco de mí con sus **encomiendas** engorrosas. Tener miedo a los ladrones me pareció la más grotesca **puerilidad**. Yo no creo en eso.

Pasaron los días. [...]

«¡Anda! Pues no he pasado ni una sola vez ante la casa de Garamendi.» Y únicamente —lo aseguro— para poder darle mi palabra de honor de que había atendido su encargo, aproximé lentamente mi mano al teléfono y marqué su número.

Oí, medio **desmoronado** en la butaca, el ruido del timbre que sonaba en la desierta vivienda del veraneante.

[...] Una voz apagada, desconocida, llegó por el hilo:

—¿Diga?

—¿Cómo «diga»? —exclamé, extrañadísimo—. ¿No es esa la casa del señor Garamendi?

La voz se hizo **atiplada** como la de las máscaras que disimulan, y clamó con una alegría que no venía a cuento:

—¡Sí, sí! ¡Es aquí, es aquí! ¿Cómo está usted?

Me quedé **estupefacto**.

—Oiga. [...] ¿No será usted un ladrón? [...] Si es usted un ladrón, no me lo niegue —exigí.

—Bueno —dijo la voz, ya con acento natural, un poco ronca—. La verdad es que, en efecto, soy un ladrón.

—¡Pues me ha fastidiado usted, porque tengo mucha amistad con el señor Garamendi, y me encargó al marchar que vigilase su casa! A ver ahora qué le digo.

VOCABULARIO

tantear *v.* Comprobar si algo funciona o va bien.

morador, ra *adj.* Habitante.

desvalijar *v.* Sustraer todo o casi todo el contenido de un lugar.

encomienda *f.* Encargo.

puerilidad *f.* Hecho o dicho propio de niños. Tontería, cosa poco importante.

desmoronado, da *adj.* En sentido figurado, repantingado, acomodado en el asiento.

atiplado, da *adj.* Dicho de la voz o de un sonido: agudo.

estupefacto, ta *adj.* Asombrado, atónito.

—Puede usted contarle lo que sucede —insinuó la voz. [...]

—¡Bonita idea! [...] Claro que si le pido que deje ahí todo y vaya a entregarse a la comisaría más próxima...

—No; no lo haría... ¿Para qué engañarle?

—Al menos, dígame: ¿se lleva usted mucho?

—No hablemos de eso; una porquería. Perdone si le ofendo, pero ese amigo suyo no tiene nada que le quite a uno de cuidados.

—¡Hombre, no me diga...! La **escribanía** de plata es maciza y valiosa...

—Ya está en el saco, y unas **alhajitas**. [...] Nada. No es negocio.

—¿Vio usted una bandejita de plata que debe de haber en el comedor, con unas flores en relieve?

—Sí. [...] Apenas tiene un baño; es de metal blanco. [...]

—Llévesela usted.

—No quiero.

—¡Llévesela usted, idiota! ¿No comprende que si la deja van a darse cuenta de que no es de plata? Y... se la he regalado yo. Llévesela.

—En fin..., por hacerle un favor; pero solo me servirá de estorbo.

—¿Ha recorrido ya toda la casa? [...]

—¡Psch! Muchas pretensiones; poco gusto. [...]

—¡Vaya, señor! Siempre me pareció que Garamendi presumía demasiado. Ahora que... la **alcoba** de la señora [...], Garamendi afirma que le costó una fortuna. ¿Cómo es, cómo es?

—No me fijé en detalles... ¿Quiere que vuelva?

—¡Oh, por Dios! No vaya usted a creer que me gusta el cotilleo. [...]

—Lo que encontré allí fueron pieles bastante buenas.

—Lo creo. Tiene una capa de ***renard***.

—Está en el saco. Y un **gabán** de **cibelina**.

—Sí; eso vale más, pero también es más llamativo. Lo envidiable es la capa de *renard*.

—¿Le gustaba a usted?

—Le gustaba a Albertina... mi novia. [...]

—Si usted me permite, yo tengo mucho gusto en ofrecerle esas pieles...

—¡Qué disparate! [...]

—Bien; pues entonces se las ofrezco a Albertina. Ahora no podrá usted **desdeñarlas**. Piense en la alegría que tendrá...

—Sí; eso es cierto...

—¿Adónde las envío?

Le di mis señas.

—¿Manda usted algo más?

—Nada más. Y muy reconocido. Que termine «eso» con suerte.

—Gracias, señor.

WENCESLAO FERNÁNDEZ FLÓREZ: «Yo y el ladrón»,
en *Los mejores relatos españoles del siglo XX*.

VOCABULARIO

escribanía *f.* Juego de escritorio compuesto de tintero, secador, pluma y otras piezas que se empleaba para escribir.

alhajita *f.* Diminutivo de *alhaja*. Joya.

alcoba *f.* Habitación, dormitorio.

renard *n.* En francés, zorro.

gabán *m.* Abrigo, chaquetón.

cibelina *f.* Se refiere a piel de marta cibelina, animal mamífero de color pardo negruzco y con una mancha amarillenta en la garganta.

desdeñar *v.* Despreciar.

» ACTIVIDADES

Comprensión de la lectura

1. ¿Sabemos cómo se llaman el protagonista y el ladrón del cuento que acabas de leer?

2. Indica si las afirmaciones son verdaderas (V) o falsas (F).

☐ El narrador y Garamendi son conocidos, no llegan a ser amigos.
☐ El narrador cree que Garamendi se aprovecha de él.
☐ El narrador hace regalos caros a Garamendi porque es su amigo.
☐ Son amigos íntimos, por eso el señor Garamendi le encarga vigilar su casa.

3. ¿Por qué le molesta al narrador la presencia de un ladrón en casa de su amigo?

☐ Porque el señor Garamendi descubrirá que no ha cumplido su encargo.
☐ Porque el ladrón va a llevarse objetos muy valiosos.
☐ Porque se da cuenta de que no tiene tiempo suficiente para avisar a la policía.

4. El protagonista le pide al ladrón que robe una bandejita de plata. ¿Por qué?

5. Finalmente, ¿cómo termina el diálogo?

☐ El protagonista llama a la policía.
☐ El protagonista da su dirección al ladrón para que le envíe la capa de *renard*.
☐ El ladrón huye de la casa del señor Garamendi con los abrigos de piel y la bandeja de plata.

Expresión personal

6. Este cuento tiene carácter humorístico por algunas de las situaciones sorprendentes y ridículas que se producen. Busca en el texto dos de estas situaciones y márcalas con distintos colores.

7. De entre los siguientes adjetivos, subraya aquellos con los que calificarías el carácter del protagonista del relato.

perezoso	honrado
negligente	sincero
cumplidor	servicial
desleal	desvergonzado
criticón	mentiroso
informal	honesto

8. Indica cuál es el significado correcto de las siguientes frases tomadas de la lectura:

a) *... ese amigo suyo no tiene nada que le quite a uno de cuidados.*

☐ No posee nada que pueda causar grandes preocupaciones a quien se lo robe.
☐ No posee nada suficientemente valioso como para enriquecer a quien se lo robe.

b) *Muchas pretensiones; poco gusto.*

☐ Muchas ganas de mostrar que se poseen objetos valiosos, aunque no gusten a todo el mundo.
☐ Muchas ganas de aparentar un valor y un gusto que, en realidad, no tiene.

9. Formad grupos de cuatro personas, repartid los papeles como se indica y leed en voz alta el texto *Yo y el ladrón*:

Lector o lectora 1: protagonista (narrador)
Lector o lectora 2: protagonista (diálogos)
Lector o lectora 3: ladrón
Lector o lectora 4: señor Garamendi

Los lectores deben leer de forma expresiva y tratar de reproducir la situación con fidelidad. Si la profesora o el profesor lo considera adecuado, podéis hacerlo delante de toda la clase.

10. Lee con atención las frases siguientes y numéralas según el orden en que aparecen en la lectura:

☐ ¿No comprende que si la deja van a darse cuenta de que no es de plata?

☐ ¿No será usted un ladrón?

☐ Garamendi abusa un poco de mí con sus encomiendas engorrosas.

☐ Me agradará que pase usted algún día frente al edificio y vea si siguen cerradas las persianas, y que le pregunte al portero si hay novedad, y hasta que suba a tantear la puerta.

☐ Nada más. Y muy reconocido. Que termine «eso» con suerte.

☐ Si usted me permite, yo tengo mucho gusto en ofrecerle esas pieles...

11. Tradicionalmente, el zorro, la marta cibelina y otros muchos animales han sido (y son) perseguidos para obtener un beneficio económico de sus pieles. Cada vez son más las personas concienciadas que luchan contra esta práctica, que ha llegado a poner en peligro especies animales como el tigre o el lince. ¿Creéis que el consumidor tiene algún tipo de responsabilidad? Comentadlo en clase.

12. ¿Crees que el protagonista de la historia y Garamendi eran realmente amigos? Escribe tres frases que expresen lo que para ti es ser un buen amigo. Después, pon las oraciones en común con el resto de la clase y elegid las que os parezcan más acertadas.

Frase 1:

Frase 2:

Frase 3:

» TOMA LA PALABRA

Te pido un favor...

Por parejas, vais a representar un diálogo inventado.

Procedimiento

1. Escoged una de las siguientes situaciones (o inventad otra similar) y escribid un diálogo a partir de ella. Procurad que el apuro en que se encuentran los personajes quede resuelto.

Personaje 1. Te llamas Eduardo y te has quedado sin batería en el móvil. Tienes que coger un tren para volver a casa y necesitas consultar los horarios y que el navegador te guíe hasta la estación. Le pides prestado el móvil a tu amigo Alberto.

Personaje 2. Eres Alberto. Hace una semana que estrenaste móvil y no quieres dejárselo a nadie. Tu amigo Eduardo suele ser muy despistado, aunque tú le debes bastantes favores.

A

Personaje 1. Te llamas Juana y tienes mucho interés en comprar unas entradas para un partido que un equipo de la NBA va a jugar en tu ciudad. Como no puedes hacerlo personalmente porque estás trabajando, le pides a tu amiga Dánae que las compre ella.

Personaje 2. Eres Dánae. Juana te dio el dinero para pagar su entrada. Te has olvidado de hacerlo y, cuando te conectas a la página web de venta, ves que están agotadas.

B

Personaje 1. Eres Guillermo y te encuentras a tu vecina Laura en el supermercado. Vas muy cargado porque has comprado más de lo previsto. Quieres pedirle que te lleve a casa en su coche.

Personaje 2. Eres Laura y estás en el supermercado. Te encuentras con tu vecino Guillermo quien, a veces, pone la lavadora por las noches y te molesta bastante. Tienes un poco de prisa porque has quedado.

C

Personaje 1. Te llamas Ramón. Vas en bicicleta y llevas recorridos 35 km. Paras para descansar en una cafetería donde ya has estado otras veces. No llevas dinero y quieres pedirle al dueño que te permita pagarle otro día.

Personaje 2. Te llamas Manuel y eres el propietario de la cafetería. Te suena la cara de Ramón, pero no lo recuerdas bien. Estás harto de que algunos clientes te pidan que les fíes.

D

2. Cuando preparéis el diálogo, tened en cuenta las expresiones empleadas para conversar que se explican en la unidad.

3. Memorizad el diálogo y ensayadlo varias veces. Recordad que la actividad es oral y no podréis leerlo. Por turnos, representad la escena ante la clase.

» DILO POR ESCRITO

Una invitación inquietante

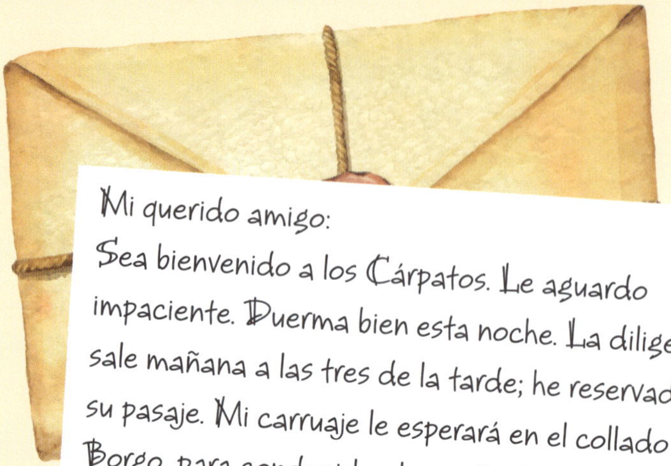

Lee la siguiente carta y supón que va dirigida a ti. Como verás, contiene una «amable» invitación de un remitente un tanto especial.

Subraya en la carta todas las palabras o frases que expresen sentimientos positivos. ¿Estos sentimientos se corresponden con lo que conocemos de Drácula? Comentadlo en clase.

Mi querido amigo:

Sea bienvenido a los Cárpatos. Le aguardo impaciente. Duerma bien esta noche. La diligencia sale mañana a las tres de la tarde; he reservado su pasaje. Mi carruaje le esperará en el collado de Borgo, para conducirlo al castillo. Espero que su viaje desde Londres le haya resultado grato, y que disfrute de una feliz estancia en mi país.

Amistosamente,

Drácula

BRAM STOKER: *Drácula*.

¿Qué tienes que hacer?

Tras leer la carta, redacta una respuesta de una extensión más o menos similar. Intenta que tu texto sea original, tanto en la forma como en el contenido.

Puedes aceptar, rechazar o poner condiciones a la invitación recibida, pero tienes que mostrar la misma educación que tu futuro anfitrión. Si lo deseas, puedes darle un tono humorístico.

Antes de escribir

Piensa y escribe tres expresiones de cortesía para usarlas en tu carta:

- Un saludo inicial: ______________________
- Un adjetivo positivo para describir a Drácula: ______________________
- Una despedida final: ______________________

Manos a la obra

A continuación, escribe tu carta. No te olvides del encabezamiento ni de la despedida final. Además, la carta debe ir firmada y fechada. Recuerda revisar y corregir tu texto antes de darlo como definitivo. También puedes decorar los márgenes o añadir algún dibujo.

» LENGUA Y SOCIEDAD

1. El texto dialogado: la conversación

Una **conversación** es un diálogo en el que dos o más personas intervienen de manera espontánea. Se produce de forma cotidiana y continuada en la mayor parte de las actividades humanas.

1.1. Convenciones sociales en las conversaciones

Si bien la conversación no está planificada de antemano, hay unas **normas** o convenciones que son aceptadas por las personas que intervienen en ella.

ADECUACIÓN

- Se debe usar un tipo de lenguaje adecuado a las circunstancias de la conversación: al lugar, al tema que se trata, a la edad y al grado de confianza que se tenga con el interlocutor...

NIVEL DE FORMALIDAD

- La relación con el interlocutor puede ser formal, informal, cordial, distante o familiar.
- En una situación formal, se utiliza el pronombre personal *usted*. En cambio, a un amigo o amiga lo trataremos de *tú*.

ORDEN DE INTERVENCIÓN

- En todo momento hay que respetar los turnos de intervención, pedir y ceder la palabra y despedirse de forma adecuada.
- Como se trata de un texto oral no elaborado, puede haber interrupciones o cambios de tema, pero el contexto favorece la comprensión entre los interlocutores.

LENGUAJE CORPORAL

- Para comunicarnos también debemos tener en cuenta el tono de voz, la postura corporal, la mirada y el gesto de los interlocutores.

RESPETO

- Hay que ser capaz de aceptar y respetar las ideas de los demás, aunque opinemos de manera distinta.

» ACTIVIDADES

13. Fíjate en esta fotografía que muestra a un padre hablando con su hijo. Colorea los globos que podrían resultar adecuados para que la conversación sea coherente.

DE ACUERDO, LE CITO A LAS 5 DE LA TARDE DESPUÉS DE MI CLASE.

SERÁ UN HONOR.

SÍ, CREO QUE SÍ.

NO, MEJOR QUE NO.

DE ACUERDO, TE RECOGERÉ EN LA PUERTA DE LA ESCUELA.

¡QUÉ BIEN!

¿LO LLEVAS TODO?

¿CREE QUE LO LLEVA TODO?

14. Completa las siguientes transcripciones de conversaciones telefónicas según se indica. Luego, trata de deducir en qué contexto o situación se ha producido el diálogo.

A

A. Soy yo. ¿Has leído el mensaje?
B. ¿Qué mensaje?
A. Te he enviado un mensaje...
B. Pero ¿dónde estás? ¿No te había dicho que tenías que estar en casa antes de las nueve?

A. ______________________________

B. ______________________________

____

____

B

A. ¿Dígame?
B. Buenas tardes, desearía pedir hora.
A. ¿Se ha visitado usted antes con nosotros?
B. Sí, sí, he venido otras veces.

A. ______________________________

B. ______________________________

A. ______________________________

____

____

» LITERATURA

1. El diálogo en la narración

El **diálogo** es el intercambio de información entre dos o más personas. Es característico de la lengua oral, pero también podemos encontrarlo en los textos literarios. Los diálogos de los personajes nos muestran su forma de ser y de actuar, y nos cuentan qué sucede y cómo avanza el relato.

El diálogo puede reproducirse de dos formas distintas: en *estilo directo* y en *estilo indirecto*.

1.1. Diálogo en estilo directo

El diálogo en **estilo directo** reproduce las palabras de los personajes tal como las dicen, es decir, son los propios personajes quienes expresan las oraciones. El narrador interrumpe el relato y deja que los personajes hablen, e interviene solo para aclarar quién y cómo está hablando. Por ejemplo:

> Cuando treparon el último repecho, divisaron la ciudad. Syburgo, iluminada por el sol rojo del atardecer, parecía recortada en cobre.
>
> —Mañana hará buen tiempo —**dijo Mar**.
>
> —¿Por qué lo dices? —**preguntó Ramón**.
>
> —Cielo rojo vespertino, buen tiempo para el marino.
>
> FERNANDO ALONSO: *Las raíces del mar*.

¿SABÍAS QUE...?

Los verbos de tipo comunicativo son *afirmar, asegurar, asentir, comentar, confesar, confirmar, contar, contestar, decir, declarar, exclamar, explicar, indicar, informar, insistir, manifestar, murmurar, negar, observar, opinar, precisar, preguntar, proclamar, prometer, pronunciar, protestar, responder, revelar, señalar, sostener, sugerir, suplicar, suspirar, susurrar...*

En los diálogos en estilo directo, el narrador utiliza **verbos de tipo comunicativo** como *decir* o *preguntar*, para indicar quién habla en cada momento. Las intervenciones de los personajes y las aclaraciones del narrador se marcan con una **raya** y cada intervención acaba en **punto y aparte**.

También es posible introducir las palabras o los pensamientos de los personajes usando las **comillas**:

> —¡Gatito de Cheshire! —se dirigió a él con timidez, pues no sabía si le agradaría que lo llamaran así, pero el Gato abrió aún más su sonrisa. **«Bueno, pues le ha gustado»**, pensó Alicia y siguió—. ¿Me querrías decir, por favor, qué camino debo seguir para salir de aquí?
>
> —Eso depende del sitio adonde quieras ir —dijo el Gato.
>
> LEWIS CARROLL: *Alicia en el País de las Maravillas*.

» ACTIVIDADES

15. En los diálogos se utilizan rayas para introducir las intervenciones de cada personaje y para aclarar quién habla. Escribe las rayas que faltan y realiza la actividad que se indica a continuación.

En una jaula había un gato de los pantanos, un animal de color pardo con muchas rayas negras, como un tigre pequeño. Tenía un aspecto inocente y nos miraba con sus grandes ojos azules.

¡Qué gato tan bonito!   exclamó Inana. ¿Por qué lo tienes encerrado?

¡Cuidado!   grité, pero mi prima ya había introducido una mano entre los barrotes y la retiraba con una mordedura en el pulgar.

—¿Lo entiendes ahora? A mí me hizo lo mismo el otro día.

—¿Tiene nombre? — me preguntó.

—Demonio le iría bien.

VICENTE MUÑOZ PUELLES: *El arca y yo*.

a) Identifica y pinta de colores distintos las intervenciones de cada personaje, por un lado, y las palabras del narrador, por el otro.

b) ¿Qué verbos de dicción aparecen en el texto?

que gato tan bonito

me pregunto exclamó grité

16. Lee este fragmento de *Charlie y la fábrica de chocolate* y realiza las actividades que figuran a continuación:

—¡Willy Wonka está loco! —murmuró la abuela Josephine.

—¡Es un genio! —gritó el abuelo Joe—. ¡Imaginaos lo que ocurrirá ahora! ¡El mundo entero empezará a buscar esos cinco Billetes Dorados! ¡Todos comprarán las chocolatinas de Wonka con la esperanza de encontrar uno!

—¡Y si lo encuentras, todo el chocolate y los caramelos que puedas comer durante el resto de tu vida gratis! —dijo el abuelo George—. ¿Os lo imagináis?

—¡Tendrían que enviarlos en un camión! —dijo la abuela Georgina.

—¡Pamplinas! —gritó el abuelo Joe—. ¿No sería maravilloso, Charlie, abrir una chocolatina y encontrar dentro un Billete Dorado?

—Sí que lo sería, abuelo. Pero no tenemos ninguna esperanza —dijo Charlie tristemente—. Yo solo recibo una chocolatina al año.

ROALD DAHL: *Charlie y la fábrica de chocolate* (texto adaptado).

a) Escribe el nombre de todos los personajes que intervienen en este diálogo.

Willy Wonka Josepphine Joe George georgina charlie

b) Subraya los verbos que ha utilizado el autor para indicar quién habla en cada caso.

c) Explica de qué están hablando los personajes y en qué situación se encuentran.

Hablan de

1.2. Diálogo en estilo indirecto

En el diálogo en **estilo indirecto** es el narrador quien cuenta lo que ha dicho cada personaje y, además, incorpora su punto de vista.

En este caso, no se interrumpe el relato, porque las palabras de los personajes están puestas en boca del narrador. Este estilo de diálogo resulta menos natural y expresivo que el diálogo en estilo directo.

A continuación, a modo de ejemplo, reproducimos un fragmento de una narración en estilo indirecto.

Cuando se despidieron en la Gran Vía, a mi abuelo le había cambiado el humor y, para celebrarlo, **me dijo que** iba a comprarse un décimo de lotería en la tienda de una señora que se llama doña Manolita. Había mucha cola y yo le **dije** a mi *abu* **que** pasara de comprar, pero mi abuelo **decía que** le daba en la nariz que aquella era su tarde de suerte.

ELVIRA LINDO: *Yo y el Imbécil*.

En el texto anterior, se aprecian las siguientes características:

- Las intervenciones de los personajes no están separadas del relato.
- Se usa un **verbo comunicativo** o de dicción como el verbo *decir* seguido de la conjunción *que* para explicar qué ha dicho el personaje.

CUANDO QUIERAS TRANSCRIBIR UN DIÁLOGO...

SI LO HACES EN ESTILO DIRECTO	SI LO HACES EN ESTILO INDIRECTO
• Cada intervención del personaje va precedida de una raya y termina en un punto y aparte. • También puedes destacar las intervenciones de los personajes o sus pensamientos entre comillas. • Las aclaraciones del narrador se encierran entre rayas, una de apertura y otra de cierre, y se usan los verbos de dicción.	• El narrador introduce lo que dicen los personajes mediante verbos de tipo comunicativo (*decir*, *exclamar*, *comentar*...) seguidos de la conjunción *que*. • No se usan signos de puntuación específicos (rayas) para su transcripción.

Elvira Dukureh 7-2-2022

» ACTIVIDADES

17. Completa las siguientes aclaraciones del narrador con verbos de tipo comunicativo o de dicción, sin repetir ninguno.

a) —¡Por fin! ¡Ya he terminado! —~~con~~ dijo mi hermano, aliviado.

b) —¿La conoces? ¿Es simpática? —~~dija~~ pregunto ansiosamente mi amigo.

c) —Estáis todos equivocados —~~dija~~ ~~digo~~ dijo Marta con voz firme.

d) —¡Socorro! ¡Al ladrón! —~~de forzegan~~ gritar, al mismo tiempo que corría tras él.

e) —Las elecciones serán el 20 de mayo —~~dijo~~ explico el presidente.

18. El diálogo que tienes a continuación está escrito en estilo directo. Escríbelo en estilo indirecto haciendo las modificaciones necesarias.

> Don Paco clavó un alfiler en el globo terráqueo, que era viejo y estaba abollado.
>
> —Aquí estamos —dijo—, más o menos aquí.
>
> El alfiler tenía una banderita de papel.
>
> —Es emocionante —bostezó Nano.
>
> —Sí —dije—, traeré a papá para que lo vea.
>
> —Eso estará bien —dijo don Paco— y, de paso, a ver si es capaz de desabollarlo.
>
> JUAN FARIAS: *Los caminos de la Luna.*

Don Paco un alfiler en el globo terraqueo, que era viejo y estaba abollado.
- Aquí estamos - el dijo -, más o menos aquí. Es emocionante - bostezo Nano. Sí - el dijo - traere a papa para que lo vea - Esa

19. El fragmento que tienes a continuación es un diálogo escrito en estilo indirecto. Escríbelo en estilo directo haciendo las modificaciones necesarias.

> Dije que quería un bote. Leslie, viéndose atrapado, dijo con indignación que un bote era demasiado regalo para un cumpleaños, y que además su presupuesto no le llegaba para tanto. Con idéntica indignación le repliqué que él me había dicho que me compraría lo que yo eligiese. Leslie dijo que sí, en efecto, pero que eso no era aplicable a un bote, porque un bote era una cosa carísima. Dije que cuando se decía lo que quieras se quería decir lo que quieras, botes incluidos.
>
> GERALD DURRELL: *Mi familia y otros animales* (texto adaptado).

» GRAMÁTICA

1. Los pronombres

Los **pronombres** son una clase de palabras que sirven para sustituir al sustantivo. Observa el siguiente ejemplo:

—*Tenía una calculadora, pero **la** he perdido.* → El pronombre *la* sustituye a *calculadora*.

Los pronombres tienen significado ocasional, ya que un mismo pronombre puede referirse a diferentes elementos:

—*¿Las llaves?*
—***Las** llevo.*
—*¿Las gafas?*
—***Las** he guardado aquí.*

—*¿Cuidarás esta planta?* → —*Sí, **la** plantaré y **la** regaré.* (femenino singular)

—*¿Vendrán Ana y Laura?* → —*Sí, **ellas** vendrán después.* → (femenino plural 3.ª persona)

¿SABÍAS QUE...?

Usamos los pronombres para evitar repeticiones innecesarias. Fíjate en estas frases. ¿Cuál de ellas te parece mejor?

—*En el estanque hay **peces**. ¿Has visto **alguno**? Quiero hacer**les** una foto.*

—*En el estanque hay **peces**. ¿Has visto algún **pez**? Quiero hacer una foto a los **peces**.*

1.1. Los pronombres personales

Los **pronombres personales** señalan las tres personas gramaticales (primera, segunda o tercera) que intervienen en un acto comunicativo. Son los siguientes:

	PRIMERA PERSONA		SEGUNDA PERSONA		TERCERA PERSONA	
	SINGULAR	**PLURAL**	**SINGULAR**	**PLURAL**	**SINGULAR**	**PLURAL**
TÓNICOS	yo, mí, conmigo	nosotros, nosotras	tú, usted, ti, contigo	vosotros, vosotras, ustedes	él, ella, sí, consigo	ellos, ellas, sí, consigo
ÁTONOS	me	nos	te	os	se, lo, la, le	se, los, las, les

¿CÓMO USAMOS LOS PRONOMBRES?	
La 1.ª persona indica quién es la persona o las personas que hablan; la 2.ª señala a la persona o las personas con las que se habla, y la 3.ª se refiere a las personas (cosas o ideas) de las que hablamos.	Los pronombres **tónicos** pueden ir solos, mientras que los **átonos** siempre figuran con un verbo. Ejemplos: —Pronombre tónico → *¿Quién te lo ha dicho? **Ella**.* —Pronombres átonos → *No **se lo** he dicho.*
A veces, los pronombres se pronuncian y se escriben unidos al verbo. En ese caso, los llamamos **enclíticos**. Por ejemplo: —*Dí**melo** en voz baja o escríbe**selo** en un papel.*	Los pronombres ***ello*** (neutro) y ***lo*** (masculino) pueden sustituir oraciones enteras. Por ejemplo: —*Hay que **ahorrar energía** y para **ello** es imprescindible sustituir estas bombillas.* —***Le han concedido la beca**, aunque no **lo** sabe aún.*

» ACTIVIDADES

20. Lee el siguiente texto e identifica y colorea todos los pronombres personales. Hazlo con colores distintos según la persona gramatical que señalan.

> —Si yo fuera tú, no ligaría conmigo —dijo ella.
> —Si yo fuera tú, no ligaría conmigo —dijo él.
> Así que cada uno se fue con otra persona. Él, con la mejor amiga de ella. Ella, con el peor amigo de él.
> Más adelante, cuando los dos habían dejado ya a sus respectivos amores, se encontraron de nuevo y se contaron la vida.
>
> JOSEP VICENT MARQUÉS: «Las frases brillantes», en *Letra grande*.

21. Subraya el elemento repetido en estas frases y sustitúyelo por un pronombre. Por ejemplo: *Recogieron a Eduardo en la estación y llevaron a Eduardo a su casa.* ➔ *Recogieron a Eduardo en la estación y* ***lo*** *llevaron a su casa.*

a) Te he preparado los macarrones y he dejado los macarrones en la nevera.

____

b) No se ha acordado de traer la cámara, pero cuando regrese traerá la cámara.

____

c) Estos impresos son para Ana y Rosa; por lo tanto, Ana y Rosa deben rellenarlos.

____

d) Diseñaba camisetas y vendía las camisetas por internet.

____

22. Completa las siguientes oraciones con pronombres personales de 1.ª persona. Por ejemplo: *Para mí es importante,* ***me*** *gustaría que vinierais.*

a) Estas historias de fantasmas ________ no ________ las creo mucho.

b) ¿________ has llamado tú?

c) Ven ________ y te enseñaré tu habitación.

d) Esto que te he contado es mejor que quede entre ________.

e) Nadie ________ había avisado de que vendrían, así que no ________ hemos preparado.

23. En las siguientes oraciones, identifica y subraya los verbos que llevan pronombres enclíticos. Por ejemplo: *No sabe si aceptará el empleo, está pensándoselo.*

a) Cállatelo y no lo expliques a nadie.

b) Yéndote no arreglarás nada.

c) Estas cosas tienes que decírnoslas antes, hijo.

24. En las frases que hay a continuación, haz los cambios necesarios para utilizar el pronombre *usted* o *ustedes* siempre que sea posible. Por ejemplo: *¿Te apetece a ti un café con hielo?* ➔ *¿****Le*** *apetece a* ***usted*** *un café con hielo?*

a) ¿Tú eres aquel chico que siempre iba en patinete al colegio?

____

b) ¿Y tú no me podrías hacer un descuento?

____

c) ¿Vosotros nos acompañaréis?

____

d) Acuérdate de que te lo pidió a ti.

____

1.2. Los pronombres reflexivos y recíprocos

Fíjate en estas frases: *Susana* ***se*** *peina. Los amigos* ***se*** *abrazaron*. En la primera oración *se* es un pronombre reflexivo; en la segunda, recíproco.

- Los **pronombres reflexivos** se usan para indicar que la acción que realiza el sujeto recae sobre él mismo: *peinarse, vestirse*... Por ejemplo, *Susana se peina ante el espejo.*

	FORMAS TÓNICAS		FORMAS ÁTONAS	
	SINGULAR	PLURAL	SINGULAR	PLURAL
1.ª PERSONA	mí	nosotros, nosotras	me	nos
2.ª PERSONA	ti	vosotros, vosotras	te	os
3.ª PERSONA	si, él, ella	sí, ellos, ellas	se	

- Los **pronombres recíprocos** indican una acción que se intercambia entre dos o más seres: *abrazarse, ayudarse*... Por ejemplo: *Los dos amigos se abrazaron*. Estos pronombres solo tienen formas de plural.

¿SABÍAS QUE...?

Cuando son tónicos, los pronombres reflexivos y recíprocos se escriben **detrás de una preposición.** Por ejemplo:
— *Nos lo quedamos para* ***nosotros*** → reflexivo
— *Se ayudaron entre* ***ellos*** → recíproco

1.3. Otros pronombres no personales

Son los pronombre demostrativos, numerales, indefinidos, relativos, interrogativos y exclamativos.

CLASES DE PRONOMBRES		EJEMPLOS
DEMOSTRATIVOS	esto, eso, aquello	*—¿Dónde pongo* ***esto****?*
NUMERALES	uno/una, dos, tres, diez, cincuenta...	*—Seremos* ***cuatro****; el* ***primero*** *que llegue puede reservar mesa.*
INDEFINIDOS	algo, alguien, alguno, algunas, nada, nadie, ninguna, uno, unas, bastantes, mucha, otros, poca, ...	*—En este asunto hay* ***algo*** *que no entiendo.* *—Pensaba que* ***alguien*** *intenvendría, pero* ***nadie*** *dijo* ***nada****.*
RELATIVOS (se refieren a un elemento que ha aparecido antes, llamado *antecedente*).	que, el cual, la cual, los cuales, las cuales, lo cual, el que, la que, los que, las que, lo que, quien, quienes	*—Ya he leído el libro* ***que*** *me recomendaste.* (El pronombre *que* tiene como antecedente *el libro*).
INTERROGATIVOS	qué, quién, cuál, cuánta...	*—¿****Quién*** *ha venido?*
EXCLAMATIVOS	qué, cuántos...	*—¡****Quién*** *pudiera estar allí!*

BARCANOVA EDITORIAL

» ACTIVIDADES

25. Lee las siguientes oraciones y colorea los pronombres reflexivos tónicos de un color y los reflexivos átonos, de otro.

a) Después de la ducha me cortaré las uñas.

b) Solo piensa en sí mismo: es muy egoísta.

c) Ella se lava el pelo tres veces por semana.

d) ¿Te has afeitado tú mismo o has ido a la barbería?

26. Explica a tu compañero o compañera, mediante dos ejemplos, la diferencia que existe entre los pronombres reflexivos y los recíprocos.

Ejemplo 1:

____

____

____

Ejemplo 2:

____

____

____

27. Completa cada una de las frases que tienes a continuación con el pronombre indefinido más adecuado de entre los siguientes: *ninguno*, *algo*, *alguien*, *otra*, *nadie*.

a) ____________ canta como ella lo hace.

b) Le dijo ____________ al oído, pero no sé más.

c) ¿____________ ha visto mis gafas?

d) Estas costumbres cambian de una década a ____________.

e) No encontró ____________ de su gusto y se vino sin comprar.

28. Identifica y subraya en estas oraciones los pronombres relativos y sus antecedentes:

a) La mesa que se compraron era bonita y muy práctica.

b) La mujer a quien dedicaba algunos de sus poemas era una amiga de la infancia.

c) No conozco el motivo por el cual no ha querido venir a saludarnos.

29. Escribe una oración que contenga la categoría gramatical indicada en cada caso:

a) Pronombre exclamativo:

____

b) Pronombre personal tónico en 1.ª persona del singular:

____

c) Pronombre recíproco en 2.ª persona:

____

★ LUDOLENGUA

30. El pronombre intruso. En cada una de estas series de palabras sobra un pronombre. Por grupos, identificad los intrusos. ¿Quién será el primer equipo que lo consiga?

A: yo, tú, él, nadie, nosotros
B: qué, quién, conmigo, cuál, cuánta
C: uno, dos, tres, cuatro, muchos
D: alguien, algo, nadie, nada, se
E: que, quien, ella, el cual, quienes
F: le, la, los, las, me

» LÉXICO

1. El significado de las palabras (III)

1.1. La antonimia

La **antonimia** se produce cuando dos palabras distintas tienen significados contrarios. Por ejemplo, *claro* (con mucha luz) es antónima de la palabra *oscuro* (que no tiene luz). También lo son *diurno* y *nocturno* o *día* y *noche*.

Las palabras antónimas se forman en ocasiones por **derivación**, es decir, añadiendo un prefijo. Fíjate en los ejemplos:

conocido ↔ ***des**conocido*
feliz ↔ ***in**feliz*
deportivo ↔ ***anti**deportivo*
típico ↔ ***a**típico*

Debes tener en cuenta que, muchas veces, dos palabras son antónimas solo en un contexto determinado. Por ejemplo:

***Apagar** la luz.* ↔ ***Encender** la luz.*
*Su fama se **apagó*** ↔ *Su fama **aumentó**.*

En el primer caso, el antónimo de *apagar* sería *encender*. En cambio, en la segunda frase, *apagar* tiene el sentido de *disminuir* y sus antónimos serían *aumentar*, *crecer*, *agrandarse*...

Recuerda que palabras como *ratón* / *gato*, *playa* / *montaña* o *sal* / *azúcar* no son antónimas. Se trata simplemente de palabras que tienen significados diferentes, pero no contrarios.

BARCANOVA EDITORIAL

» ACTIVIDADES

31. Escribe un antónimo para cada uno de los siguientes términos:

a) ahorrar gastar
b) barato cara
c) salir entrar
d) suave duro
e) horrible fascinante
f) paz guerra
g) frío calor
h) dar conseguir

32. Escribe cuatro palabras cuyo antónimo se haya formado con el prefijo *in-*. Fíjate en el ejemplo: *mortal* → ***in****mortal*.

____

____

33. Lee el siguiente texto y completa los espacios en blanco con los antónimos que se proponen a continuación:

estrecha • iguales • grande • derecha
nuevo • alto • claro • corta • iguales

El cuarto era de techo ________, con un encalado muy ________. Enfrente de la puerta había una ventana ________. La cama de la abuela era de madera ________, ________ y ________. La cabecera estaba sobre la pared de la ________. Sobre la cabecera había un ramo de olivo. La abuela tenía una mecedora junto a la ventana. La mecedora tenía dos cojines muy aplastados; uno, para el respaldo, y el otro, para el asiento. En medio del cuarto había una camilla y siete arcas junto a las paredes. Las arcas eran todas ________ y de ________ tamaños...

RAFAEL SÁNCHEZ FERLOSIO: *Alfanhuí*.

34. Relaciona las palabras de la columna de la izquierda con sus antónimos de la columna de la derecha.

cobarde •	• público
sano •	• valiente
ventaja •	• diferente
semejante •	• inconveniente
privado •	• enfermo

35. Completa los espacios en blanco con un antónimo de las palabras entre paréntesis. De esta manera, cambiarás la historia.

—Calma. Son los yetis. Envíales afecto y compasión, como al tigre — grito (*murmuró*) el lama.

Estaban en medio de una horda de seres agradables (*repelentes*), de un metro y medio de altura, cubiertos parcialmente (*enteramente*) de pelambre blanco, enmarañado e inmundo, con corto (*largos*) brazos y piernas largos (*cortas*) y recta (*arqueadas*), terminadas en pequeño (*enormes*) pies de mono. Dil Bahadur supuso que el origen de la leyenda eran las huellas de esos pies pequeño (*grandes*). El generoso (*escaso*) tamaño de aquellos seres en nada disminuía su aspecto de humanidad (*ferocidad*).

ISABEL ALLENDE: *El reino del dragón de oro*.

» ORTOGRAFÍA

1. Uso de la *h*

Esta letra no suena a la hora de pronunciarla, lo que suele generar dudas sobre su uso. Lee las siguientes orientaciones para saber cuándo escribir *h*:

SE ESCRIBE *H*	EJEMPLOS
En las palabras que empiezan por ***hie-***, ***hue-***, ***hui-***.	***hie**lo*, ***hue**so*, ***hui**r*...
En las palabras que empiezan por ***hum-*** seguido de vocal.	***hum**ano*, ***hum**edad*, ***hum**ilde*...
En muchas palabras que en catalán empiezan por ***f-*** igual que la palabra de origen latino, como *farina*, *forn*, *fill*...	***h**arina*, ***h**orno*, ***h**ijo*
En todos los tiempos de los verbos ***haber*** y ***hacer***.	***h**ube*, ***h**as*, ***h**abía* ***h**ago*, ***h**icisteis*, ***h**acían*
En las interjecciones: ***¡ah!***, ***¡eh!***, ***¡oh!***, ***¡hala!***, ***¡bah!***	*¡O**h**, qué sorpresa!*
Si una palabra lleva ***h***, también se escriben con *h* sus compuestas y derivadas.	***h**abitar*, ***h**abitación*, ***h**abitante*, *des**h**abitado*

No debe confundirse la forma *ha* del verbo *haber* con la preposición *a*. Cuando se trata del verbo *haber*, podemos cambiar el singular *ha venido* por el plural *han venido*. Sin embargo, con la preposición *a* no podemos hacer lo mismo. Fíjate en el ejemplo:

20 palabras para recordar

hablar	alcohol	humor	héroe
herida	vehículo	ahí	hervir
helado	hilo	hombre	hierba
hoy	hondo	hora	huella
ahorrar	hoja	hallar	prohibir

» ACTIVIDADES

36. Escribe esta noticia sin faltas de ortografía:

> **ADIÓS A UNA ESTRELLA**
>
> Un agujero negro y... adiós estrella. A sido visto y no visto. En 2011, el satélite *Swift* de la NASA captó la señal de lo que parecía una estrella. La siguió durante un mes y esta uyó. Aora los científicos creen que lo que a ocurrido es que fue absorbida por un agujero negro.

Ha h ahora ha

37. Escribe un sinónimo de las siguientes palabras. Todas se escriben con *h* inicial.

apetito: ____________ vivir: ____________

lámina: ____________ lesión: ____________

suceso: ____________ escapar: ____________

38. Completa las siguientes oraciones con la forma de los verbos *haber* y *hacer* que convenga: *hago*, *ha*, *haz*, *has*, *haríamos*.

a) Si tuviéramos más dinero, ____________ un gran viaje.

b) En el tren ____________ crucigramas.

c) Ella ____________ decidido continuar con sus clases de francés.

d) ____________ lo que dicen las instrucciones.

e) Si ____________ pensado ir en moto, necesitas un casco.

39. Subraya la palabra que está mal escrita en cada una de las siguientes series:

a) hamburguesa, hacha, hábil, habanico

b) hermoso, hebilla, hermita, herida, hechizo

c) himno, himán, hinchar, hilera, hipopótamo

d) hondulado, honor, hondo, hongo, hogar

40. Completa las siguientes oraciones con la palabra adecuada:

a) **a ver / haber**

—Voy a ver si quedan yogures.

—Deben de haber unas cuarenta personas en la sala.

—¡a ver cuándo nos vemos!

b) **ay / hay / ahí**

—¡ay, qué tarde es! No hay tiempo que perder.

—Hay que ver lo que tardas en recoger tus cosas.

—Yo misma puse ahí el azúcar.

DICTADO

Premisa: Haréis el dictado de dos en dos; el primero dicta hasta el primer punto y el otro escribe. A continuación, os intercambiáis los papeles, y así sucesivamente. Revisad y corregid el dictado conjuntamente.

Ella me enseñó que la vida es una serie interminable de despedidas y que, por tanto, hay que aprender a despedirse bien. Y despedirse bien no es salir corriendo sin mirar atrás y echar una cortina sobre el pasado y hacer como si no hubiera existido. [...] Despedirse bien es saber estrecharse las manos, mirando con serenidad a los ojos. Y recordar en ese momento crucial todos los momentos hermosos que vivimos.

ANDREU MARTÍN, JAUME RIBERA:
No te laves las manos, Flanagan.

» PONTE A PRUEBA

Lee y comprueba si lo has comprendido

Papá, ¿qué es el racismo?

—*Papá, ¿qué es el racismo?*
—Es un comportamiento bastante extendido y común a todas las sociedades. Consiste en desconfiar de las personas con características físicas y culturales distintas de las nuestras e incluso también en despreciarlas.

—*Cuando dices 'común', ¿significa que es normal?*
—No. Que un comportamiento sea habitual no significa que sea normal. En general, se tiende a desconfiar de los que son diferentes de uno, de los extranjeros, por ejemplo. Es una actitud tan antigua como el propio ser humano. Es universal. Afecta a todo el mundo.

—*¿Qué se siente al creerse superior a los demás?*
—Sentirse superior es, por ejemplo, pensar que, por el hecho de tener la piel blanca, eres más inteligente que otra persona con la piel de otro color, negra o amarilla. Pero los rasgos físicos no implican ninguna desigualdad.

—*¿Tú crees, papá, que yo, cuando sea mayor, me puedo convertir en racista?*
—Cualquiera de nosotros puede tener, en alguna ocasión, un mal gesto o mal sentimiento hacia alguien. Esa persona te desagrada porque no te resulta familiar. Piensas que tú eres mejor y tienes un sentimiento de superioridad o de inferioridad hacia ella. Rechazas a los individuos que son distintos de ti.

—*¿Solo por ser diferentes?*
—Sí, solo por eso. La diferencia es lo contrario de la semejanza, de lo que es idéntico. El individuo al que llamamos diferente tiene un color distinto del nuestro, habla otro idioma, cocina otras comidas, tiene otros hábitos de vida, de celebrar fiestas, etc.

—*¿El racista cree que lo amenazan las personas que son diferentes de él?*
—Sí. Tiene miedo de lo que no se parece a él. Tiene un complejo de inferioridad y, a la vez, de superioridad, las dos cosas vienen a ser lo mismo, puesto que su comportamiento, tanto en un caso como en otro, se basa en el desprecio.

—*¿La persona que siente desprecio también siente miedo?*
—El ser humano necesita sentirse resguardado, seguro. A menudo siente miedo de lo que desconoce. El racismo no es un comportamiento justo ni razonable.

—*Ya sé, papá, para acabar con el racismo nos tenemos que invitar los unos a los otros.*
—¡No está mal como idea, mi niña! Aprender a conocerse, a charlar, a bromear juntos; a intentar compartir los placeres y las penas, demostrar que tenemos las mismas preocupaciones, los mismos disgustos, eso podría detener el racismo.

TAHAR BEN JELLOUN:
Papá, ¿qué es el racismo? (texto adaptado).

1. El texto que acabas de leer es...

- ☐ una narración.
- ☐ un diálogo.
- ☐ una noticia.
- ☐ un texto explicativo.

2. Según el texto, ¿qué es el racismo?

____

____

____

____

3. La intención del texto es...

- ☐ explicar por qué somos diferentes.
- ☐ mostrar que el racismo es injusto.
- ☐ hablar de las diferencias culturales entre las personas.

4. ¿Qué relación tienen los personajes?

- ☐ Son padre e hija.
- ☐ Son una pareja.
- ☐ Son abuelo y nieta.

5. Indica en qué orden se mencionan en el texto las siguientes ideas:

- ☐ El racismo no es un comportamiento justo ni razonable.
- ☐ El racismo se basa en el desprecio hacia el ser humano.
- ☐ Aprender a conocerse podría detener el racismo.
- ☐ Los rasgos físicos nos distinguen, pero no impliquen ninguna desigualdad.

6. Un personaje propone que, para acabar con el racismo, nos tenemos que invitar los unos a los otros. ¿Qué opinas tú?

____

____

____

7. Colorea los pronombres personales que encuentres en el siguiente fragmento del texto:

> —*¿Tú crees, papá, que yo, cuando sea mayor, me puedo convertir en racista?*
> —Cualquiera de nosotros puede tener, en alguna ocasión, un mal gesto o mal sentimiento hacia alguien. Esa persona te desagrada porque no te resulta familiar. Piensas que tú eres mejor y tienes un sentimiento de superioridad o de inferioridad hacia ella.

8. Escoge los antónimos adecuados para las palabras destacadas en negrita: *Es un comportamiento* ***extendido*** *y* ***común***.

- ☐ raro e infrecuente
- ☐ habitual y corriente
- ☐ reducido e inusual

9. Busca todas las palabras del texto que empiecen por hache y subráyalas.

10. ¿Cuál de las dos oraciones siguientes está bien puntuada? ¿Por qué?

a) *¡No está mal como idea, mi niña!*

b) *No está mal como idea, mi niña!!!!*

Escribe

Explica, en unas pocas líneas, cómo vas a colaborar en la lucha contra el racismo y la intolerancia. Relaciónalo con algún aspecto de tu vida cotidiana.

Comparte

Observad la imagen que acompaña el texto de la página anterior y, entre todos, tratad de interpretarla: ¿qué representa? ¿Qué idea o ideas quiere transmitir?

UNIDAD 6

CLUB DE LECTURA » *Una tertulia inesperada*

TOMA LA PALABRA » Yo puedo ver...

DILO POR ESCRITO » Mi mascota (real o inventada) y yo

LENGUA Y SOCIEDAD » El resumen

LITERATURA » La descripción

GRAMÁTICA » El verbo

LÉXICO » La hiponimia y la hiperonimia

ORTOGRAFÍA » La *g* y la *j*

Preparamos la lectura

1. ¿Has oído hablar de los hobbits? ¿Podrías explicar cómo son?

2. ¿Has visto alguna película basada en *El hobbit* o en *El señor de los anillos*? ¿O has leído alguno de esos libros? Explícalo.

UN VIAJE AL PASADO

Las casas de los hobbits son acogedoras y muy atractivas. Pero, si viviéramos en una de estas casas, ¿qué echaríamos de menos? O más sencillo, ¿qué diferencias hay entre una vivienda actual y una vivienda de hace cien años?

» CLUB DE LECTURA

Una tertulia inesperada

En un agujero en el suelo, vivía un hobbit. [...] Este hobbit era un hobbit acomodado, y se apellidaba Bolsón. Los Bolsón habían vivido en las cercanías de La Colina desde hacía muchísimo tiempo, y la gente los consideraba muy respetables, no solo porque casi todos eran ricos, sino también porque nunca tenían ninguna aventura ni hacían algo inesperado. [...] Esta es la historia de cómo un Bolsón tuvo una aventura, y se encontró a sí mismo haciendo y diciendo cosas por completo inesperadas. [...]

Pero ¿qué es un hobbit? Supongo que los hobbits necesitan hoy que se los describa de algún modo, ya que se volvieron bastante raros y tímidos con la Gente Grande, como nos llaman. Son (o fueron) gente menuda de la mitad de nuestra talla, y más pequeños que los enanos barbados. Los hobbits no tienen barba. Hay poca o ninguna magia en ellos, excepto esa común y cotidiana que los ayuda a desaparecer en silencio y rápidamente, cuando gente grande y estúpida como vosotros o yo se acerca sin mirar por dónde va, con un ruido de elefantes que puede oírse a una **milla** de distancia. Tienden a ser gruesos de vientre; visten de colores brillantes (sobre todo verde y amarillo); no usan zapatos, porque en los pies tienen suelas naturales de piel y un pelo espeso y tibio de color castaño, como el que les crece en la cabeza (que es rizado); los dedos son largos, **mañosos** y morenos, los rostros **afables**, y se ríen con profundas y jugosas risas (especialmente después de cenar, lo que hacen dos veces al día, cuando pueden). [...]

Una mañana de hace tiempo en la quietud del mundo, cuando había menos ruido y más verdor, y los hobbits eran todavía numerosos y **prósperos**, y Bilbo Bolsón estaba de pie en la puerta del agujero, después del desayuno, fumando una enorme y larga pipa de madera que casi le llegaba a los dedos **lanudos** de los pies (bien cepillados), Gandalf apareció de pronto. ¡Gandalf! [...] Todo lo que el confiado Bilbo vio aquella mañana fue un anciano con un bastón. Tenía un sombrero azul, alto y puntiagudo, una larga capa gris, una bufanda de plata sobre la que colgaba una barba larga y blanca hasta más abajo de la cintura, y botas negras.

—¡Buenos días! —dijo Bilbo, y esto era exactamente lo que quería decir. El sol brillaba y la hierba estaba muy verde. Pero Gandalf lo miró desde abajo de las cejas largas y espesas, más sobresalientes que el ala del sombrero, que le ensombrecía la cara. [...]

—Busco a alguien con quien compartir una aventura que estoy planeando, y es difícil dar con él. [...]

—En estos lugares somos gente sencilla y tranquila y no estamos acostumbrados a las aventuras. ¡Cosas desagradables, molestas e incómodas que retrasan la cena! No me explico por qué atraen a la gente

VOCABULARIO

milla *f.* Medida de longitud que equivale a 1.609 metros.

mañoso, sa *adj.* Que tiene maña o destreza, habilidoso.

afable *adj.* Agradable, dulce, suave en la conversación y el trato.

próspero, ra *adj.* Favorable; que va bien, sobre todo económicamente.

lanudo, da *adj.* Velludo. Cubierto de pelo.

—dijo nuestro señor Bolsón, y metiendo un pulgar detrás del tirante lanzó otro anillo de humo más grande aún. Luego sacó el correo matutino y se puso a leer, fingiendo ignorar al viejo. Pero el viejo no se movió. Permaneció apoyado en el bastón observando al hobbit sin decir nada, hasta que Bilbo se sintió bastante incómodo y aun un poco enfadado—. ¡Buenos días! —dijo al fin—. ¡No queremos aventuras aquí, gracias! [...]

Con esto daba a entender que la conversación había terminado.

—¡Para cuántas cosas empleas el Buenos días! —dijo Gandalf—. Ahora quieres decir que intentas deshacerte de mí y que no serán buenos hasta que me vaya.

—¡De ningún modo, de ningún modo, mi querido señor! Veamos, no creo conocer vuestro nombre...

—¡Sí, sí, mi querido señor, y yo sí que conozco tu nombre, señor Bilbo Bolsón! Y tú también sabes el mío, aunque no me asocies a él. ¡Yo soy Gandalf, y Gandalf soy yo! [...]

—¿No sois vos el mago **errante** que acostumbraba a fabricar aquellos fuegos de artificio tan excelentes? ¡Los recuerdo! Os pido perdón, pero no tenía ni idea de que todavía estuvieseis en actividad.

—¿Dónde si no iba a estar? —dijo el mago—. De cualquier modo, me **complace** descubrir que aún recuerdas algo de mí. Al menos, parece que recuerdas con cariño mis fuegos artificiales, y eso es **reconfortante**. [...]

—Perdón, ¡yo no he pedido nada!

—¡Sí, sí, lo has hecho! Dos veces ya. Mi perdón. Te lo doy. De hecho iré tan lejos como para embarcarme en esa aventura. Muy divertida para mí, muy buena para ti... y quizá también muy provechosa, si sales de ella sano y salvo.

—¡Disculpad! No quiero ninguna aventura, gracias. Hoy no. ¡Buenos días! Pero venid a tomar el té... ¡cuando gustéis! ¿Por qué no mañana? ¡Sí, venid mañana! ¡Adiós! —Con esto el hobbit retrocedió **escabulléndose** por la redonda puerta verde, y la cerró lo más rápido que pudo sin llegar a parecer grosero. Al fin y al cabo, un mago es un mago.

«¡Para qué diablos lo habré invitado al té!» se dijo Bilbo cuando iba hacia la despensa. Acababa de desayunar hacía muy poco, pero pensó que un pastelillo o dos y un trago de algo le sentarían bien después del **sobresalto**.

J. R. R. TOLKIEN: *El hobbit* (texto adaptado).

VOCABULARIO

errante *adj.* Que va de un lado a otro sin tener residencia fija.

complacer *v.* Agradar, contentar.

reconfortante *adj.* Que hace recuperar las fuerzas o los ánimos perdidos.

escabullirse *v.* Marcharse con sutileza de un lugar para evitar un problema o una compañía no deseada.

sobresalto *adj.* Sensación producida por un hecho repentino e imprevisto.

» ACTIVIDADES

Comprensión de la lectura

1. En las primeras frases de la lectura, el narrador explica de qué trata la historia que va a contarnos. Busca esas frases y subráyalas.

2. ¿Por qué la gente consideraba muy respetable a la familia Bolsón?

☒ Porque eran muy tímidos y casi nunca hablaban con nadie.
☐ Porque nunca tenían ninguna aventura ni hacían algo inesperado.
☒ Porque siempre habían vivido en el mismo lugar.

3. Tacha los enunciados sobre Gandalf que sean falsos:

a) Es un anciano con un bastón.
~~b)~~ Tiene un sombrero gris, alto y puntiagudo.
~~c)~~ Tiene una barba larga y blanca que le llega hasta el suelo.
d) Lleva una bufanda plateada.
e) Lleva unas botas negras.
~~f)~~ Cuenta unas historias y aventuras realmente extraordinarias.

4. ¿Con qué intención Bilbo Bolsón dice «Buenos días» al mago? ¿Cuál es la respuesta de Gandalf a los repetidos «Buenos días» de Bilbo?

Eso era elactament lo que queria decir

5. Gandalf le dice al hobbit que busca a alguien con quien compartir una aventura. ¿Qué opina Bilbo de las aventuras?

☐ No le gustan porque, según dice, hacen perder el tiempo.
☒ No le gustan porque son desagradables e incómodas.
☐ No le gustan porque retrasan la hora de la comida.

Expresión personal

6. En más de una ocasión, el narrador se dirige a los lectores o a quienes estén escuchando la historia. Busca algún ejemplo de ello y subráyalo.

7. Resume el argumento de la lectura en unas pocas líneas. Puedes comenzar de la siguiente manera:

Una mañana como cualquier otra, Bilbo había desayunado y estaba fumando una pipa en la puerta de su casa. Abia v omido un ansiano con un baston. Tenia el sombrero de color azul, alto y Puntiagodo, una larga capa gris. El sombrero

8. Para cada término destacado en negrita, rodea el sinónimo correcto de entre las tres palabras que se proponen:

> Luego sacó el correo matutino y se puso a leer, **fingiendo** ignorar al viejo. Pero el viejo no se movió. **Permaneció** apoyado en el bastón observando al hobbit sin decir nada, hasta que Bilbo se sintió bastante **incómodo** y aun un poco **enfadado**—. ¡Buenos días! —dijo al fin—. ¡No queremos aventuras aquí, gracias! ¿Por qué no **probáis** más allá de La Colina o al otro lado de Delagua?
>
> J. R. R. TOLKIEN: *El hobbit*.

a) **fingiendo:** imitando, representando, simulando
b) **permaneció:** insistió, continuó, estuvo
c) **incómodo:** molesto, fastidiado, dolido
d) **enfadado:** enojado, indignado, sulfurado
e) **probáis**: vais, miráis, intentáis

9. Si a Bilbo le gustaran las aventuras, ¿cómo cambiaría el siguiente fragmento? Escríbelo de nuevo desde ese punto de vista.

> En estos lugares somos gente sencilla y tranquila y no estamos acostumbrados a las aventuras. ¡Cosas desagradables, molestas e incómodas que retrasan la cena! No me explico por qué atraen a la gente.

10. *El hobbit* ha sido traducida a más de treinta lenguas. Averigua cómo se llama el personaje en cinco lenguas distintas y escríbelo.

11. La Tierra Media, el mundo inventado por J. R. R. Tolkien, está habitada también por elfos, enanos, orcos, dragones, etc. Busca información sobre uno de ellos y completa el cuadro con sus características particulares.

Nombre	
Personalidad	
Aspecto físico	
Hábitat	
Hechos	

12. Sobre J. R. R. Tolkien y su obra hay mucha información en internet. Visita el sitio web de la Sociedad Tolkien Española (encontrarás el enlace en *www.espaibarcanova.cat)* y comenta con tus compañeros los aspectos que te parezcan más interesantes.

» TOMA LA PALABRA

Yo puedo ver...

Vas a hacer la descripción oral de una fotografía en aproximadamente dos minutos. Podrás tomarte el tiempo que necesites e incluso escribir algunas notas. Pero el objetivo de la actividad es que puedas improvisar una descripción oral sin ningún apoyo escrito.

Procedimiento

1. Cada alumno o alumna traerá varias fotografías. El profesor o la profesora las mezclará y repartirá una a cada uno. Solo vosotros podéis ver la imagen que os ha tocado.

2. Individualmente, observa tu fotografía durante unos minutos. Si lo necesitas, puedes tomar alguna nota sobre lo que ves. No obstante, lo más importante es que recuerdes los pasos que te indicamos a continuación:
   - **¿Qué se ve en la fotografía?** Describe los elementos básicos (*Es una fotografía de...; Esta fotografía fue tomada en el exterior, en el interior...; La fotografía muestra...*).
   - **¿Qué hay en la fotografía?** Describe los detalles (*En el fondo hay..., a lo lejos se puede ver...; En el centro, a la izquierda, a la derecha de la imagen, en la parte superior, en primer plano...; Cerca, enfrente, detrás, debajo de...*).
   - **¿Quién o quiénes aparecen?** ¿Qué están haciendo? ¿Qué ropa llevan? ¿Qué relación crees que tienen? ¿Cómo crees que se sienten? (*La señora de la derecha, del centro, de la izquierda...; Se les ve contentos...; Tratan de...*).
   - **¿Qué te sugiere la fotografía?** ¿Qué ocurrió antes? ¿Qué van a hacer después? (*Me gusta / No me gusta esta foto...; Me recuerda a...; Podría ser que...; Quizás lo que ha ocurrido es que...; Es probable que después de esto...*).
3. Siguiendo el orden anterior, describe la fotografía ante la clase. Previamente, el profesor o profesora pondrá en un lugar visible todas las fotografías seleccionadas. De esta manera, tú la visualizarás en todo momento y el resto de la clase podrá adivinar de qué imagen se trata.

» DILO POR ESCRITO

Mi mascota (real o inventada) y yo

¿Qué tienes que hacer?

En la página web de un centro de acogida de animales, se ha convocado un concurso literario titulado «Mi mascota y yo», con el objetivo de concienciar y educar en el respeto y la responsabilidad hacia los animales. Decides presentarte al concurso. (Si no tienes animal de compañía, usa tu imaginación.)

¿Cómo puedes hacerlo?

Las bases son las siguientes:

- El artículo o entrada (*post*) tendrá una extensión de entre 150 y 200 palabras y deberá ir acompañado de una fotografía del animal.
- En el texto debe tratarse alguno de los siguientes aspectos: qué animal es, cómo se llama, cuándo y cómo entró a formar parte de la familia, qué cuidados requiere y qué representa para ti.
- No olvides planificar el texto antes de escribirlo (piensa qué quieres contar y en qué orden vas a hacerlo) y también de revisarlo antes de publicarlo en internet.

Para inspirarte...

Te ofrecemos un modelo, pero puedes orientarlo como prefieras.

Mi perra se llama Lola. Es un pastor alemán de tres años y medio que vive con nosotros desde que tenía cuatro meses. Fue un regalo que me hicieron mis padres cuando nos trasladamos a vivir a Alemania. La fuimos a buscar a casa de una familia que cedía los cachorros de esa camada. Nos hicieron firmar un contrato para asegurarse de que íbamos a cuidar bien de ella. Lola fue mi primera amiga alemana y me ayudó a no añorar tanto mi país. Los comienzos en casa fueron un poco movidos: Lola se empeñaba en vaciar los cubos de reciclaje de basura en el comedor y un día se comió un zapato carísimo de mamá. Además, subía y bajaba del sofá sin descanso. Ahora es una perrita educada: ¡ella y yo fuimos a clases de perros muchos sábados por la mañana! Le lanzas un palo y te lo devuelve corriendo y, si fuera por ella, estaríamos todo el tiempo jugando. ¡Ah! ¡Y ya no se sube al sofá! (Bueno, solo se sube si estoy yo sola porque entonces le dejo...). Mirad la foto: sabe poner cara de pena cuando quiere que compartamos la merienda.

Manos a la obra

Escribe el texto teniendo en cuenta las bases del concurso literario. No olvides añadir la imagen del animal.

» LENGUA Y SOCIEDAD

1. El resumen

Hacer un resumen consiste en expresar de forma breve el contenido de un texto. Para ello, se deben seleccionar las **ideas principales** y expresarlas con **palabras propias**, porque resumir es crear un texto distinto y breve a partir de otro texto más extenso.

Fíjate en el ejemplo:

El legado de las aguas

Mesopotamia fue la cuna de las primeras ciudades, estados e imperios de la humanidad, el lugar donde las primeras palabras se fijaron por escrito y donde nació la civilización tal y como la entendemos hoy día. Nada de eso hubiera sido posible sin la presencia del Tigris y el Éufrates, pero tampoco sin la pericia de las gentes que supieron educar los dos ríos y convertirlos en compañeros imprescindibles para la vida, desde el sencillo campesino que cultivaba una parcela a orillas de un canal hasta los aguerridos soberanos que lucharon por el control de ambas corrientes y extendieron sus dominios hasta el Mediterráneo, conectando así dos mundos. Quizá la mejor manera de demostrar la importancia que el Tigris y el Éufrates tuvieron en la vida de la gente que vivía a su lado es la definición que ellos mismos daban de su territorio, *Abr nahrain*: «La tierra entre ríos». Así la llamaron también los griegos: Mesopotamia, y así la siguen llamando nuestros libros de historia.

FELIP MASÓ: «Tigris y Éufrates», en *Historia National Geographic*.

En Mesopotamia, la tierra comprendida entre los ríos Tigris y Éufrates, se desarrolló la primera civilización de la humanidad y se inventó la escritura. La importancia de ambos ríos se reconoce incluso en el nombre que los habitantes de Mesopotamia dieron a este territorio: «La tierra entre ríos».

Consejos para hacer un resumen:

1. **Lee** atentamente el texto que vayas a resumir. Hazlo las veces que sea necesario, hasta tener la seguridad de que lo **has entendido**.
2. **Subraya** las ideas fundamentales.
3. **Reduce** cada párrafo o idea principal a una frase.
4. **Decide el orden** en que redactarás las ideas principales. Puedes hacerlo con números, como en un esquema o guion.
5. **Redacta** el resumen. Léelo y **corrígelo**.

» ACTIVIDADES

13. Marca las afirmaciones que sean verdaderas:

- ☐ Al final de un resumen se debe exponer la opinión personal.
- ☐ Antes de escribir un resumen, hay que ordenar lo que vamos a decir.
- ☐ En un resumen solo podemos utilizar las mismas palabras que haya usado el autor o autora del texto.
- ☐ Resumir es expresar de forma breve el contenido de un texto.
- ☐ Para resumir un texto, es conveniente subrayarlo antes.
- ☐ Hay que completar el resumen con informaciones que falten en el texto original.

14. Lee el siguiente texto y subraya los datos que te parezcan más importantes. Después, redacta un resumen.

La última morada de los faraones

Una de las tareas más importantes de los faraones era ocuparse de su vida en el Más Allá. Los primeros reyes de Egipto se hicieron enterrar en pirámides, pero no pudieron evitar que estos grandes monumentos fueran saqueados. Durante el Imperio Nuevo, los faraones decidieron excavar sus tumbas en un recóndito paraje en la orilla occidental de Tebas. Allí cuadrillas de trabajadores especializados trabajaron duramente para construir los magníficos **hipogeos** del Valle de los Reyes.

Los constructores de las tumbas de los faraones realizaron un trabajo en equipo. Repartidos en dos turnos de cuatro horas al día, los pedreros cortaban la roca y los yeseros encalaban las paredes hasta dejarlas lisas para dibujantes y escultores. Para ello se usaban instrumentos de piedra, cobre y bronce.

La tumba de Tutankamón, la más famosa del Valle, fue descubierta por Howard Carter en 1922. A pesar de que los ladrones la visitaron en la Antigüedad, el fabuloso ajuar funerario del rey estaba casi intacto.

MAITE MASCORT: *El Valle de los Reyes* (texto adaptado).

Plano general del Valle de los Reyes y el templo de Hatshepsut en Egipto.

VOCABULARIO

hipogeo *m.* Bóveda subterránea que, en la Antigüedad, se utilizó como lugar de enterramiento.

» LITERATURA

1. ¿Qué es una descripción?

Describir es explicar cómo es una persona, un paisaje, un objeto o cualquier otro aspecto de la realidad. La descripción trata de reproducir mediante palabras aquello que vemos o imaginamos.

1.1. Tipos de descripción

Las descripciones pueden ser *objetivas* o *subjetivas*.

- En una **descripción objetiva**, el autor o la autora presenta el objeto tal y como es, sin expresar sus sentimientos u opiniones sobre lo que describe. Su finalidad es informativa. Fíjate en este ejemplo:

> Las gaviotas son las aves marinas más comunes. Su plumaje puede ser gris, blanco o negro. Tienen las alas largas y el pico robusto. Se alimentan de peces u otros animales acuáticos que pescan vivos cerca de la costa. También vuelan alrededor de los barcos pesqueros en busca de alimento.

- En una **descripción subjetiva**, el autor o la autora, además de explicar cómo es el objeto descrito, refleja sus sentimientos y opiniones sobre lo que describe y expresa lo que le sugiere. Para ello, selecciona las palabras y emplea determinados recursos expresivos con una finalidad estética. Obsérvalo en este ejemplo:

> Las gaviotas juegan por encima de las olas, se meten en las concavidades abiertas entre unas y otras, descansan sobre las espumas, se acercan a la playa a mirar con sus ojos grises, en donde se refleja la luz apagada del día, y lanzan ese grito salvaje parecido al áspero chirriar de la lechuza.
>
> PÍO BAROJA: *Las inquietudes de Shanti Andía*.

¿SABÍAS QUE...?

En ocasiones, en los cuentos y en las novelas, las descripciones detienen la acción y sirven para presentar el escenario de los hechos que se narran a continuación.

» ACTIVIDADES

15. Imagina que has perdido el estuche. Redacta un mensaje breve para enviar a tus compañeros y compañeras explicando cómo es y preguntando si alguien lo ha encontrado.

16. Lee los dos textos y explica qué tienen en común y cuáles son sus principales diferencias:

El piso tiene 95 m^2 distribuidos en comedor, cocina, tres dormitorios, un baño y un aseo. El comedor da a una terraza de 20 m^2 orientada al sur, por lo que tiene sol todo el día. Esta vivienda está situada en la quinta planta de un edificio de seis pisos. En la escalera hay dos puertas por rellano. Tiene ascensor.

El piso era formidable, con una terraza muy grande, llena de tiestos que cuidaba su madre, por lo que no entendía Rufina por qué se lamentaban de vivir en él. Hasta que un día se lo explicó su madre: Es que las pasamos moradas para poder pagarlo. Es un piso muy bueno, pero muy caro para nosotros.

José Luis Olaizola: *La burbuja de la felicidad.*

17. Lee el siguiente texto y di si es una descripción subjetiva u objetiva y por qué:

Me la encontré en la calle y entonces no era más que una gatita desvalida y hambrienta que maullaba, asustada. Al verme, se acercó vacilando, y empezó a restregarse en mis vaqueros, dando vueltas entre mis pies, frotando su cabecita contra mis pantorrillas, con esos ademanes que hacen los gatos para captar nuestra atención. ¡Uf, a ver quién se resistía ante aquella monada! Y yo, claro, la cogí en mis manos. Y me pareció tan débil y pequeña que pensé que se moriría antes de llegar a casa.

Mariasun Landa: *Cuando los gatos se sienten tan solos.*

1.2. Características lingüísticas de la descripción

En el texto descriptivo abundan los **sustantivos** y los **adjetivos** para nombrar y decir cómo son las cosas que describimos (*alas largas*, *picos robustos*, *ojos grises*...).

Los tiempos verbales propios de la descripción son el **presente de indicativo** (*son*, *juegan*...) y también el **pretérito imperfecto** (*lanzaba*).

Los recursos expresivos más frecuentes son la **comparación**, que establece relaciones de semejanza entre dos elementos, y la **metáfora**, que sustituye un elemento por otro con el cual tiene cierto parecido (*las gaviotas descansan sobre las espumas*).

1.3. ¿Cómo se redacta una descripción?

Para redactar una descripción, debes seguir estos pasos:

1 **Observar** con detenimiento aquello que vamos a describir y **anotar** los elementos que lo componen. Se trata de reflejar lo que percibimos por la vista, el oído, el gusto, el olfato y el tacto.
Por ejemplo, si vamos a describir el aula en la que estamos, pensaremos en el mobiliario, en su capacidad, en los adornos de las paredes, en los ruidos que se escuchan y en los olores que se perciben. Podemos elaborar una lista con todos los objetos: las mesas, las sillas, las ventanas, la puerta, la pizarra, los murales...

2 **Seleccionar** los aspectos más relevantes del objeto descrito. Interesan solo los que importan para la finalidad de la descripción.

Si se trata de una descripción objetiva, seleccionaremos aquello que sirva para reflejar mejor lo que estamos describiendo. Si se trata de una descripción subjetiva, tendremos más libertad para señalar las impresiones que nos produce el objeto descrito.

3 **Ordenar** los aspectos seleccionados. Se ordena en función del tema de la descripción, según se trate de un paisaje, una persona, un objeto, etc., y de las preferencias de quien describe. Podemos escoger entre estas posibilidades:
- Dar una visión general, primero, y los detalles después.
- Tratar en primer lugar lo que consideramos más importante y, en segundo lugar, lo secundario.
- Seguir un orden espacial: de derecha a izquierda, de arriba abajo, de lo más alejado a lo más cercano, etc.

4 **Redactar** la descripción a partir de las anotaciones que se han tomado.

» ACTIVIDADES

18. Lee el siguiente texto y haz una lista de todos los objetos que se nombran y de las cualidades que se les atribuyen.

> Por la puerta abierta se accedía al despacho más grande que haya visto en mi vida. [...] El escritorio tenía las dimensiones de una mesa de ping-pong y un flexo halógeno iluminaba tres montones de carpetas marrones que encuadernaban en su interior papeles de diversos formatos. Sobre la mesa había también un gran paquete de pósters anunciando en Tesis un concierto de Mecano y tres conjuntos de rock catalán. Un poco más allá, otro halógeno, lámpara de pie, delimitaba con su luz un espacio dedicado a la lectura: sofá, mesita con botella y vasos de whisky, libro abierto, boca abajo para no perder el punto.
>
> ANDREU MARTÍN: *Cero a la izquierda.*

19. Lee la siguiente descripción de Carmen Martín Gaite sobre Manhattan, en Nueva York. A continuación, contesta las preguntas que se plantean con frases extraídas del texto.

> Se trata de una isla en forma de jamón con un pastel de espinacas en el centro que se llama Central Park. Es un gran parque alargado por donde resulta excitante caminar de noche, escondiéndose de vez en cuando detrás de los árboles por miedo a los ladrones y asesinos que andan por todas partes y sacando un poquito la cabeza para ver brillar las luces de los anuncios y de los rascacielos que flanquean el pastel de espinacas, como un ejército de velas encendidas para celebrar el cumpleaños de un rey milenario.
>
> CARMEN MARTÍN GAITE: *Caperucita en Manhattan.*

a) ¿Qué es y qué forma tiene Manhattan?

b) ¿Qué es Central Park?

c) ¿Cómo es central Park? ¿Por qué?

d) ¿A qué se parecen las luces de los anuncios y de los rascacielos que se ven desde Central Park?

» GRAMÁTICA

1. El verbo

El **verbo** es una clase de palabra que expresa las acciones de los seres a los que se refiere situándolas en el tiempo. Por ejemplo: *escribo*, *vine*, *dormiré*, etc.

El verbo está formado por una raíz (**lexema**) y una desinencia que aporta la información gramatical: de número, persona, tiempo y modo. Observa:

cant-	-o
raíz	desinencia

cant-	-ábamos
raíz	desinencia

cant-	-aremos
raíz	desinencia

1.1. El número, la persona, el tiempo y el modo

El **número** indica si la acción expresada por el verbo la realizan una o varias personas:

SINGULAR →	La acción la realiza un solo ser: *Tú hablas.*
PLURAL →	La acción la realizan varios seres: *Ellos o ellas caminan.*

La **persona** señala quién realiza la acción expresada por el verbo:

1.ª PERSONA →	*Yo fui / Nosotros, nosotras fuimos*
2.ª PERSONA →	*Tú pintaste / Vosotros, vosotras pintáis*
3.ª PERSONA →	*Él / ella conversaba / Ellos, ellas conversaban*

El **tiempo** indica el momento en que se realiza la acción verbal.

EL TIEMPO DE UN VERBO		
PRESENTE	**PASADO**	**FUTURO**
Indica que la acción verbal se realiza ahora.	Indica que la acción verbal se ha realizado ya.	Indica que la acción verbal se realizará después.
*Yo ahora **como** macarrones.*	*Yo **comí** macarrones ayer.*	*Yo **comeré** en casa mañana.*

El **modo** indica la actitud que adopta la persona que habla ante la acción expresada por el verbo.

EL MODO DE UN VERBO		
INDICATIVO	**SUBJUNTIVO**	**IMPERATIVO**
La acción verbal se presenta como real y objetiva.	La acción verbal se presenta como posible o deseable.	La acción verbal se presenta como un mandato.
***He comprado** un poco de fruta.*	*Ojalá **hubiera comprado** fruta.*	*¡**Compra** fruta!*

» ACTIVIDADES

20. Fíjate bien en estos textos y realiza las actividades que se proponen:

A

William Shakespeare (1564-1616) trabajó en Londres, en el mundo del teatro, como actor, autor y empresario de su propia compañía y compuso una extensa obra dramática. Obtuvo grandes éxitos con sus comedias, sus dramas históricos y, especialmente, sus grandes tragedias (*Romeo y Julieta*, *Macbeth*, *Hamlet*, *Otelo*...).

B

Eliminación de un atasco de papel

1. Desconecta el aparato de la corriente eléctrica.
2. Abre la puerta de acceso y extrae el papel atascado. Asegúrate de que el carro de impresión se mueve sin dificultad.
3. Cierra la puerta, vuelve a cargar la impresora y pruébala.

C

Descenso de las temperaturas

El extremo de un frente frío se situará al mediodía en el noreste de la Península. Los vientos del noreste mantendrán la atmósfera inestable con un descenso de las temperaturas. Hoy el cielo estará nuboso y se esperan precipitaciones.

a) Subraya todos los verbos que encuentren.

b) Indica a qué texto se refiere cada una de estas afirmaciones:

☐ El verbo se usa para dar instrucciones u órdenes.

☒ El verbo expresa hechos pasados.

☐ El verbo se usa para expresar acontecimientos futuros o probables.

21. Marca el número y la persona de las siguientes formas verbales:

	Singular			Plural		
	1.ª	2.ª	3.ª	1.ª	2.ª	3.ª
han probado			X			
contestamos						X
esperas			X			
eligió						
volvisteis					X	/
enciendo	X					

22. Indica en qué tiempo están los verbos destacados en negrita:

a) **Montarán** las tiendas de campaña muy cerca del lago.

b) **Montan** las tiendas de campaña muy cerca del lago.

c) **Montaron** las tiendas de campaña muy cerca del lago.

☐ pasado ☐ presente ☒ futuro

d) Por su cumpleaños le **regalarán** un perrito.

e) Por su cumpleaños le **regalan** un perrito.

f) Por su cumpleaños le **regalaron** un perrito.

☐ pasado ☐ presente ☐ futuro

23. Señala el modo del verbo destacado en negrita:

a) Os aconsejo que **consultéis** a un médico.

b) **Consultad** a un médico.

c) **Han consultado** a un médico.

☐ indicativo ☐ subjuntivo ☐ imperativo

d) Ojalá nos **esperen** en el andén.

e) **Esperadnos** en el andén.

f) Nos **esperarán** en el andén.

☐ indicativo ☐ subjuntivo ☐ imperativo

1.2. La conjugación verbal

La **conjugación verbal** es el conjunto de todas las formas que tiene un verbo. En castellano, hay tres modelos de conjugaciones según cuál sea la terminación del infinitivo:

1.ª CONJUGACIÓN →	Verbos acabados en ***-ar***: *cantar, patinar...*
2.ª CONJUGACIÓN →	Verbos acabados en ***-er***: *comer, temer...*
3.ª CONJUGACIÓN →	Verbos acabados en ***-ir***: *dormir, partir...*

1.ª cant**ar**

2.ª tem**er**

3.ª part**ir**

Los tiempos verbales

Las diversas formas del verbo se agrupan en **tiempos verbales**, que pueden ser **simples** o **compuestos**.

MODO INDICATIVO

Tiempos simples	Tiempos compuestos
Presente	**Pretérito perfecto compuesto**
canto	*he cantado*
Pretérito imperfecto	**Pretérito pluscuamperfecto**
cantaba	*había cantado*
Pretérito perfecto simple	**Pretérito anterior**
canté	*hube cantado*
Futuro simple	**Futuro compuesto**
cantaré	*habré cantado*
Condicional simple	**Condicional compuesto**
cantaría	*habría cantado*

MODO SUBJUNTIVO

Tiempos simples	Tiempos compuestos
Presente	**Pretérito perfecto compuesto**
cante	*haya cantado*
Pretérito imperfecto	**Pretérito pluscuamperfecto**
cantara o *cantase*	*hubiera* o *hubiese cantado*
Futuro simple	**Futuro compuesto**
cantare	*hubiere cantado*

MODO IMPERATIVO

Canta (tú)

Las formas no personales del verbo

Las formas no personales del verbo son tres: el **infinitivo** (*cantar, comer, dormir*), el **gerundio** (*cantando, comiendo, durmiendo*) y el **participio** (*cantado, comido, dormido*). No indican persona, número, tiempo ni modo.

BARCANOVA EDITORIAL

» ACTIVIDADES

24. ¿A qué conjugación pertenecen las siguientes formas verbales?

a) saliste salirre	**d)** encontraban encontrre	**g)** caían caere
b) crujía cruje	**e)** recorrieron recorrire	**h)** avanzará avanzare
c) construyó construinge	**f)** perderíais perdere	**i)** vivimos vivi

25. Indica la persona, el número, el tiempo, el modo y el infinitivo de estas formas verbales. Por ejemplo, *venían* ➔ 3.ª persona del plural del pretérito imperfecto de indicativo del verbo *venir*.

a) iluminarías: ______________________

b) han gritado: ______________________

c) estudie: ______________________

26. Completa el texto con el presente de indicativo de los verbos entre paréntesis:

> Los muyins son (*ser*) animales fantásticos. De la montaña ba ban (*bajar*) para sembrar el espanto entre los hombres. Les encanta (*encantar*) burlarse mediante el terror. Aunque son capaces de tomar apariencias humanas, no hay que dejarse engañar, Kenzo; las lomas Estan (*estar*) plagadas de muyins. Los pocos desdichados a los que se aparecen (*aparecer*) casi no viven (*vivir*) —después— para contarlo, debido al susto. Que nunca se te ocurra cruzar esa zona de noche, Kenzo; te lo prohibe (*prohibir*), ¿entendiste?
>
> ELSA BORNEMANN: *¡Socorro! (12 cuentos para caerse de miedo)* (fragmento adaptado).

★ LUDOLENGUA

27. El juego de los verbos. Necesitáis dos dados. Podéis jugar en grupos de tres o cuatro personas. Se trata de que tiréis los dados, suméis y conjuguéis el verbo que se indica en la siguiente tabla. ¿Qué grupo conjugará mejor y más rápido?

2	3	4	5	6	12
Presente de subjuntivo de *andar*.	Presente de indicativo de *conducir*.	Pretérito imperfecto de subjuntivo de *hervir*.	Pretérito imperfecto de indicativo de *atraer*.	Condicional simple de *reír*.	¡VOLVED A TIRAR LOS DADOS!
7	**8**	**9**	**10**	**11**	
Condicional compuesto de *solventar*.	Pretérito imperfecto de indicativo de *colocar*.	Futuro de subjuntivo de *aliar*.	Imperativo de *jugar*.	Pretérito perfecto compuesto de subjuntivo de *imprimir*.	

» LÉXICO

1. La hiponimia y la hiperonimia

La **hiponimia** se produce cuando el significado de una palabra está incluido en el de otra.

La palabra cuyo significado incluye el de otras se llama **hiperónimo** (*insecto*).

El término cuyo significado está incluido en el de otra palabra se llama **hipónimo** (*escarabajo*).

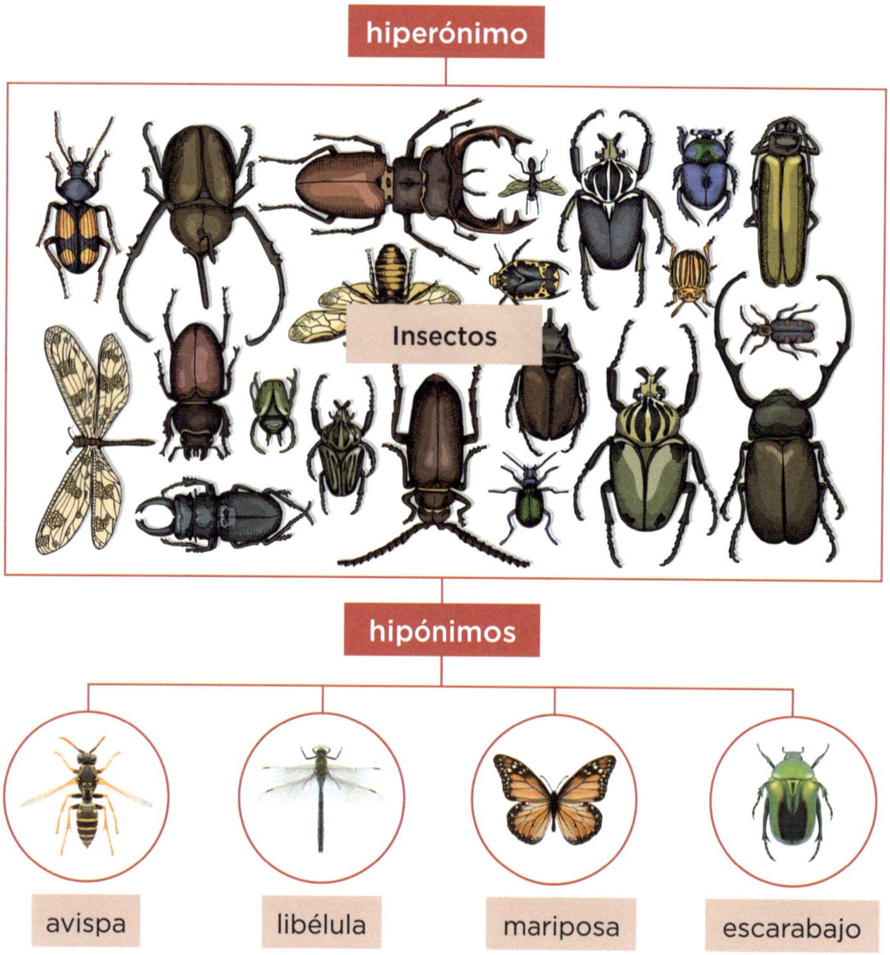

La relación entre hipónimos e hiperónimos se emplea también en las definiciones. En una definición, el hiperónimo suele ser la palabra inicial a partir de la cual se explican otros aspectos de la palabra definida. Por ejemplo:

> **mariposa:** *f.* **Insecto** de boca chupadora, con dos pares de alas cubiertas de escamas y generalmente de colores brillantes, que constituye la fase adulta de los lepidópteros.

Los hipónimos y los hiperónimos suelen utilizarse para cohesionar un texto. Se emplean para sustituir un elemento que ya haya aparecido anteriormente. Fíjate en este ejemplo:

> *En la parte de atrás de la casa había <u>rosas</u>, <u>claveles</u>, <u>lirios</u> y <u>margaritas</u>* (**hipónimos**). *Esas <u>flores</u>* (**hiperónimo**) *daban color al jardín.*

» ACTIVIDADES

28. Clasifica los siguientes hipónimos con el hiperónimo que los agrupe:

Venus • armario • roble • álamo • perro
cama • conejo • sofá • pino • Saturno • gato
Júpiter • Mercurio • mesa • ratón • abeto

mueble: ______

árbol: ______

planeta: ______

mamífero: ______

29. Completa las siguientes definiciones con el hiperónimo que falta al comienzo de cada una de ellas:

a) **naranja** *f.* ______ del naranjo, de forma globosa, de seis a ocho centímetros de diámetro, corteza rugosa, de color entre rojo y amarillo.

b) **violín** *m.* ______ musical de cuerda que se compone de una caja de resonancia y cuatro cuerdas que se hacen sonar con un arco.

c) **hiedra** *f.* ______ trepadora, siempre verde, de la familia de las araliáceas, con tronco y ramos sarmentosos, de los que brotan raíces que se agarran fuertemente.

d) **tigre** *m.* ______ carnívoro félido asiático, muy feroz y de gran tamaño, de pelaje blanco en el vientre, amarillento y con listas oscuras en el lomo.

e) **martillo** *m.* ______ compuesta de una cabeza de hierro y un mango.

f) **frigorífico** *m.* ______ que produce frío para conservar alimentos.

30. Identifica en el siguiente texto un hiperónimo y sus hipónimos correspondientes:

El 26 de agosto mi abuela cumple setenta y nueve años. Cada verano reúne en esa fecha a todos sus parientes. Su hermana Luisa viene desde París y su hermano Juan, que es ya muy mayor, viaja desde Mallorca. Si además sumas a hijos, sobrinos y nietos, puede que nos reunamos más de treinta personas en una sola comida familiar.

31. Averigua a qué palabra se refieren las siguientes definiciones. Fíjate en el hiperónimo inicial que aparece destacado en cursiva.

a) ______ *m. Edificio* fortificado y rodeado de murallas, fosos, baluartes y otras obras defensivas.

b) ______ *m. Aeronave* caracterizada por tener una hélice en su parte superior que le permite mantenerse inmóvil, ascender y descender verticalmente.

c) ______ *m. Utensilio* para cortar formado por una hoja de metal de un corte solo y con mango.

d) ______ *m. Prenda* de vestir que se ajusta a la cintura y llega generalmente hasta el pie, cubriendo cada pierna separadamente.

e) ______ *m. Embarcación* de vela.

f) ______ *f. Asiento* con respaldo, por lo general con cuatro patas, y en que solo cabe una persona.

32. Por parejas, escoged cada uno cuatro palabras de entre las siguientes: *sol*, *taburete*, *avión*, *abrelatas*, *rascacielos*, *camisa*, *barca*. Definidlas empleando los hiperónimos de la actividad anterior y comparad vuestras respuestas.

» ORTOGRAFÍA

1. La *g* y la *j*

Las consonantes ***g*** y ***j*** delante de las vocales ***e***, ***i*** pueden generar dudas en cuanto a su ortografía. Por eso, ten en cuenta estas orientaciones generales.

SE ESCRIBE *G* CON EL SONIDO DE *GATO*	EJEMPLOS
Delante de ***a***, ***o***, ***u***, y se escribe **gu** delante de ***e***, ***i***, en palabras del vocabulario habitual.	***g**ato*, ***g**óndola*, ***g**usano* ***gu**erra*, ***gu**itarra*
Se escribe **gü** (con diéresis) en los grupos **güe**, **güi** para indicar que la *u* debe pronunciarse.	*ci**güe**ña*, *pin**güi**no*
SE ESCRIBE *G* CON EL SONIDO DE *GENTE*	**EJEMPLOS**
Delante de ***e***, ***i***, salvo excepciones.	***ge**ranio*, ***gi**rar*
En los verbos cuyo infinitivo termina en ***-ger***, ***-gir***. Sin embargo, delante de ***a***, ***o*** siguen la norma general y se escriben con ***j***: *esco**ja**s*, *eli**jo***. (Los verbos ***tejer*** y ***crujir*** son excepciones y se escriben siempre con ***j***.)	*esco**ger***, *ele**gir***
En las palabras que contienen el grupo ***gen***. (Las palabras ***berenjena***, ***ajeno*** son excepciones).	***gen**te*, *a**gen**da*, *ima**gen***

SE ESCRIBE *J*	EJEMPLOS
Delante de ***a***, ***o***, ***u***.	***ja**món*, ***jo**ven*, ***ju**guete*
En las palabras terminadas en ***-aje***, ***-eje***, ***-jería***.	*salv**aje***, *her**eje***, *relo**jería***
Delante de ***e***, ***i*** en algunas formas de los verbos cuyo infinitivo termina en ***-cir***, como ***decir*** o ***conducir***.	*di**je***, *condu**ji**ste*
Las palabras **derivadas** de otra que lleva ***j*** se escriben también con ***j***.	De *bru**j**a*: *bru**j**ería*, *bru**j**ita*

20 palabras para recordar

G		J	
ingenio	margen	conserje	mensaje
generación	ligero	salvaje	berenjena
generoso	corregir	ejército	tejido
gesto	rugido	tarjeta	maquillaje
urgencia	girar	agujero	tijeras

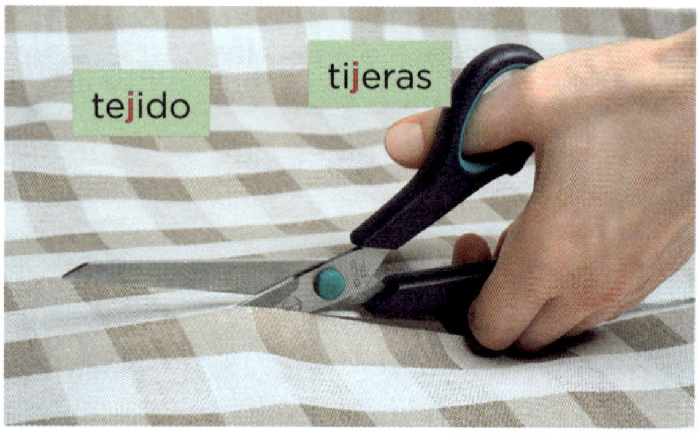

BARCANOVA EDITORIAL

» ACTIVIDADES

33. Clasifica estas palabras según contengan *ga*, *gue*, *gui*, *go* o *gu*:

gancho • gacela • guiso • guillotina
disgusto • gorila • hoguera • agudo • guerrero
pliegue • ángulo • golondrina • guepardo
mago • gol • embrague • laguna • segundo

ga: ______

gue: ______

gui: ______

go: ______

gu: ______

34. Coloca la diéresis sobre la *u* cuando sea necesario:

a) agua
b) contiguo
c) albergue
d) desague
e) pinguino
f) verguenza
g) paraguas
h) antigua
i) guiar
j) aguerrido
k) hormiguero
l) antiguedad

35. Completa la tabla con las formas verbales que faltan:

corrijo				
	protege			
		exigimos		
			recogéis	
				eligen

36. A partir de estas palabras forma otras nuevas con al terminación *-aje*:

a) vendar ______
b) fichar ______
c) ensamblar ______
d) pilotar ______

37. Averigua la palabra definida:

a) Emitir un sonido al romperse: C _ _ _ _ R
b) Persona que va a caballo: _ _ N _ _ E
c) Cambiar una cosa por otra: C _ _ _ _ _ R
d) Prenda de vestir de punto: _ E _ _ _ Y
e) Local donde se venden ciertos instrumentos que miden el tiempo: R _ _ _ _ _ _ A

38. Completa las palabras con *g* o *j*:

a) La varicela es una enfermedad conta_iosa.
b) Para llegar a tiempo, condu_eron durante toda la noche.
c) El via_e tenía como objetivo visitar los _eroglíficos e_ipcios.
d) Para entrar, les exi_ían una tar_eta de identificación y les re_istraban las maletas.

DICTADO

Premisa: Leed el texto detenidamente. Luego, cerrad los libros y vuestro profesor o profesora os lo dictará a un ritmo ágil. Cuando pierdas el hilo, traza una raya en blanco que completarás después. Al finalizar, compara tu escrito con el de tu compañero o compañera y trata de completarlo.

Érase una vez un país donde no había gente rica. No se veían princesas vestidas de armiño y brocados, ni se veían opulentos comerciantes conduciendo suntuosos carruajes. Ni tampoco jóvenes ociosos buscando la manera de gastar el dinero que tenían a toda prisa... No, no había nada de todo eso. Era un país muy triste, me diréis. No lo sé, pues en ese país tampoco había ya gente pobre.

MICHEL PIQUEMAL:
Las filofábulas para aprender a convivir.

» PONTE A PRUEBA

Lee y comprueba si lo has comprendido

El lince ibérico: el felino más amenazado del planeta

Este pequeño gran felino, más emparentado con los tigres que con los gatos domésticos a pesar de su tamaño, es el más amenazado del mundo y ha estado muy cerca de la extinción. Durante años muchas entidades, incluida WWF (del inglés *World Wildlife Fund*; en español: Fondo Mundial para la Naturaleza), hemos trabajado para reducir sus amenazas.

La razón principal de su declive fue la disminución de su presa básica, el conejo de monte, así como causas originadas por el ser humano (destrucción y fragmentación de su hábitat, furtivismo...). En la actualidad, los atropellos suponen su mayor causa conocida de mortalidad. Sin embargo, los esfuerzos de conservación están dando resultados: en 2002 quedaban menos de 100 ejemplares en toda la península ibérica, ahora ya son más de 550.

El lince ibérico es sigiloso y habita alguna de las áreas naturales más salvajes que quedan en la Península, por lo que perseguirlo no es tarea fácil. Sin embargo, seguir sus movimientos es vital para su protección. Las zonas donde viven, como Doñana o Sierra Morena, están llenas de «cámaras trampa» colocadas por los técnicos que protegen a la especie para censar sus poblaciones y estudiar su comportamiento.

Además del fototrampeo, se coloca a los linces collares de radioseguimiento, para saber por dónde se mueven. También sirven para detectar zonas conflictivas por furtivismo, y perseguir a los furtivos, o situar potenciales puntos negros de atropellos. Por último, estos collares permiten estudiar la dispersión y así proponer corredores y pasos de fauna en las carreteras. En algunos casos, se usan collares de seguimiento por satélite, más costosos pero más precisos.

El seguimiento de los ejemplares es tan detallado que conocemos por su nombre a todos los linces. Por ejemplo, uno de nuestros linces hembra más fotografiado es Mesta, que por segundo año consecutivo ha tenido descendencia. Gracias a nuestros técnicos y a las cámaras de fototrampeo, hemos sido privilegiados testigos de sus alumbramientos y de los primeros meses de vida de sus cachorros.

Blanca Berzosa: en *wwf.es*, marzo de 2019 (texto adaptado).

BARCANOVA EDITORIAL

1. El lince es un animal...

- ☐ más emparentado con los gatos que con los tigres.
- ☐ propio de la península ibérica.

2. ¿Por qué razones el lince ha estado a punto de extinguirse?

____

____

3. En la actualidad, la mayor causa de mortalidad de los linces son...

- ☐ los atropellos.
- ☐ las dificultades de reproducción.
- ☐ los cazadores furtivos.

4. ¿Qué sistemas de seguimiento del lince se mencionan en el texto?

____

____

____

5. La intención del texto es...

- ☐ explicar la vida del lince: cuál es su hábitat, de qué se alimenta, cómo se reproduce, etc.
- ☐ explicar qué acciones se llevan a cabo para proteger y salvar al lince ibérico.

6. En la oración *El lince ibérico es sigiloso*, el término *sigiloso* es sinónimo de...

- ☐ peligroso, amenazador.
- ☐ cauteloso, silencioso.

7. ¿Con qué hiperónimo comenzarías la siguiente definición?

Lince: ____________________ félido de pelaje rojizo con manchas oscuras, cola oscura y orejas puntiagudas terminadas en un pincel de pelos negros.

8. Indica cuál es el tiempo verbal de los verbos destacados de las siguientes oraciones:

a) La razón principal de su declive **fue** la disminución de su presa básica.

____

b) El lince ibérico **habita** áreas naturales salvajes.

____

9. Relaciona cada animal con su cría.

paloma •	• jabato
jabalí •	• alevín
lobo •	• pichón
pez •	• lobezno

10. Ordena alfabéticamente los siguientes nombres de animales:

zorro • guepardo • lince • cotorra
bisonte • armadillo • mosca • yacaré
ballena • gato • gacela • kiwi • jirafa

____

____

Describe

En el espacio personal de la web *www.barcanova.cat* encontrarás el enlace a una infografía sobre el lince. Elige otro animal que esté amenazado. En una hoja aparte, dibújalo y señala sus características físicas más destacadas junto con una breve descripción, como en el ejemplo que has visto.

Comparte

¿Sabes quién era el lince Litio? Encontrarás información en el espacio personal de la web *www.barcanova.cat*. Compartid vuestra opinión sobre lo que habéis visto.

» EL BAÚL DE LA LECTURA

Este proyecto tiene como finalidad elaborar un baúl de lectura con diversos trabajos literarios y artísticos que realizaréis a partir de un libro. Vuestro profesor o profesora decidirá si los libros de lectura serán seleccionados libremente por cada alumno o serán comunes a toda la clase.

¿Qué tenéis que hacer en este proyecto?

1. **Una ficha del libro** que incluya los siguientes datos: autoría, título, lugar de edición, editorial, año de edición, número de páginas y un breve resumen del argumento.

2. **Una crítica literaria:** un texto argumentativo de unas cien palabras en el que valoraréis las cualidades del libro. Señalaréis los aspectos que más os hayan gustado y los que menos. Al final, tendréis que otorgarle una calificación consensuada entre todos para incluirla en la ficha de lectura.

3. **Un vídeo** de un minuto para presentar y recomendar razonadamente el libro. Podéis explicar quién os lo aconsejó o por qué lo elegisteis; podéis leer un pequeño fragmento del comienzo... Procurad, sobre todo, hablar despacio para que se os entienda bien.

4. **Una carta personal** (imaginaria o real) al autor o autora del libro que incluirá preguntas, felicitaciones, críticas, recomendaciones, peticiones, etc. No olvidéis las partes que debe tener una carta.

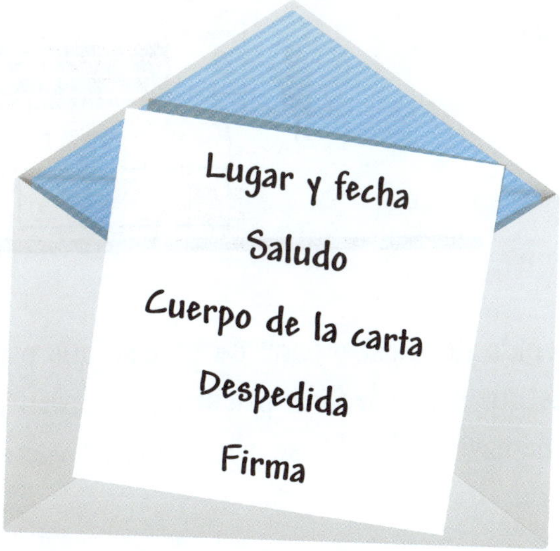

5. **Una continuación o un epílogo** del libro de, al menos, cien palabras. Aquí podéis modificar el desenlace o contar qué ha ocurrido con los personajes años después de finalizar la historia, etc.

6. **Un selfi** de cada uno de vosotros mientras leéis el libro añadiendo un pie de foto que indique dónde, cuándo y de qué manera habéis tomado la fotografía.

7. **Un marcapáginas o una señal** de puerta que incluya, por una cara, alguna imagen relacionada con el libro y, por la otra, un mensaje de animación a la lectura.

¿Cómo lo tenéis que hacer?

1. En este trabajo cooperativo, formaréis grupos de cuatro o cinco alumnos diferentes de los que hicisteis el primer trimestre. Es muy importante que todos los miembros del equipo participéis en el planteamiento y la supervisión de todas las actividades, aunque cada uno de vosotros asuma una responsabilidad distinta según sus gustos e intereses.

2. Ordenad todos los documentos que habéis preparado (y que se indican en el apartado anterior) y elaborad un índice. Echadle imaginación y construid un baúl (decoradlo como queráis). Os será útil en la presentación porque así podréis sorprender a vuestros compañeros. Si queréis, incluid otros documentos u objetos relacionados con la lectura.

3. Haced una exposición oral explicando el contenido de vuestro baúl. Es preciso que participéis todos los miembros del grupo. La exposición tiene que ser ordenada y debéis hacerla en voz alta y clara. Evitad posturas y expresiones vulgares o demasiado familiares. Ensayadla previamente las veces que sea necesario.

Material complementario y modelos

Fíjate en el siguiente ejemplo de la valoración personal de una lectura...

Desde las primeras páginas de la primera novela, las narraciones de J. K. Rowling me han atrapado, como a cualquiera de sus jóvenes aficionados que casi podrían ser mis nietos. La más antigua magia —que no es la de los hechiceros con poderes sobrenaturales sino la de los escritores con imaginación— ha vuelto a funcionar. Creo que Rowling es una seguidora aventajada del gran Tolkien de *El señor de los anillos*, como tantas y tantos otros. También ella promociona a héroes frágiles pequeños, incompletos, que no son plenamente dueños de sus fuerzas. Desde luego, si no hubiera habido antes Gandalf, no habría ahora Albus Dumbledore y sin Sauron no tendríamos al impronunciable Voldemort.

FERNANDO SAVATER: *Mira por dónde. Autobiografía razonada.*

Y en el ejemplo de modelo de ficha (recuerda que es solo una sugerencia):

- Título:
- Autoría:
- Número de páginas:
- Nota: ¿Por qué?
- ¿Tiene un buen final?
- Este libro me ha hecho...
- Sinopsis:

Aquí tienes algunas ideas de marcapáginas... Podéis ser originales en cuanto a la forma, el contenido y los materiales utilizados.

UNIDAD 7

CLUB DE LECTURA » *El Príncipe de la Niebla*
TOMA LA PALABRA » Mis cinco razones para aprender idiomas
DILO POR ESCRITO » Retrato de mi mejor amigo o amiga
LENGUA Y SOCIEDAD » Las lenguas del mundo
LITERATURA » La descripción de espacios y de personas
GRAMÁTICA » El adverbio
LÉXICO » La estructura de las palabras
ORTOGRAFÍA » La *ll* y la *y*. La *c* y la *z*

Preparamos la lectura

1. ¿Sabes a quién corresponden los nombres de Satanás, Lucifer, Belcebú o Príncipe de las tinieblas?

2. ¿Qué clase de historia te sugieren las expresiones *densa niebla*, *callejones nocturnos*, *tiniebla*, *mugre y hollín* o *siniestro*? Apunta algunas ideas. Compartid vuestras predicciones.

PARA MORIRSE DE MIEDO...

Escribiréis, entre toda la clase, un breve relato de miedo ambientado en la fotografía que aparece en esta página. Para ello, partiréis de una primera frase: «La calle aparecía desierta ante mi aterrorizada mirada, pero yo no era la única persona que estaba allí...». Uno de vosotros continuará la frase anterior en un papel y se lo pasará a un compañero o compañera para que prosiga la historia. Cada vez que alguien escriba una oración, tapará las anteriores, de manera que solo pueda leerse la última (podéis ir doblando la hoja de papel). El último será el encargado de acabar el cuento y leer el resultado.

» CLUB DE LECTURA

VOCABULARIO

harapiento, ta *adj.* Vestido con ropa vieja, rota y sucia.

mugre *f.* Suciedad grasienta.

hollín *m.* Sustancia negra que forma el humo y que se adhiere a los objetos.

fundición *f.* Fábrica en que se funden los metales.

ambulante *adj.* Que va de un lugar a otro sin tener un puesto fijo.

paraje *m.* Lugar, sitio.

siniestro, tra *adj.* Maligno, funesto.

El Príncipe de la Niebla

Hace muchísimo tiempo, cuando yo tenía vuestra edad, la vida cruzó mi destino con uno de los mayores tramposos que han pisado este mundo. Nunca llegué a conocer su verdadero nombre. En el barrio pobre donde yo vivía, todos los chicos de la calle le conocían como Caín. Otros lo llamaban el Príncipe de la Niebla, porque, según las habladurías, siempre emergía de una densa niebla que cubría los callejones nocturnos y, antes del alba, desaparecía de nuevo en la tiniebla.

Caín era un hombre joven y bien parecido, cuyo origen nadie sabía explicar. Todas las noches, en alguno de los callejones del barrio, Caín reunía a los muchachos **harapientos** y cubiertos por la **mugre** y el **hollín** de las fábricas y les proponía un pacto. Cada uno podía formular un deseo y él lo haría realidad. A cambio, Caín solo pedía una cosa: lealtad absoluta. Una noche, Angus, mi mejor amigo, me llevó a una de las reuniones de Caín con chicos del barrio. [...]

En cuanto lo vi, lo único que sentí fue miedo y, por descontado, me guardé de pronunciar una sola palabra. Aquella noche varios de los chavales de la calle formularon sus deseos a Caín. Cuando todos hubieron terminado, Caín dirigió su mirada de hielo al rincón donde estábamos mi amigo Angus y yo. Nos preguntó si nosotros no teníamos nada que pedir. Yo me quedé clavado, pero Angus, ante mi sorpresa, habló. Su padre había perdido el empleo aquel día. La **fundición** en la que trabajaba la gran mayoría de los adultos del barrio estaba despidiendo personal y sustituyéndolo por máquinas que trabajaban más horas y no abrían la boca. [...] Desde aquella misma tarde, sacar adelante a Angus y a sus cinco hermanos, que se apretujaban en una miserable casa de ladrillo podrido por la humedad, se había convertido en un imposible. Angus, con un hilo de voz, formuló su petición a Caín: que su padre fuera readmitido en la fundición. Caín asintió y, tal como me habían predicho, caminó de nuevo hacia la niebla, desapareciendo. Al día siguiente, el padre de Angus fue inexplicablemente llamado de nuevo al trabajo. Caín había cumplido su palabra.

Dos semanas más tarde, Angus y yo volvíamos a casa por la noche después de visitar una feria **ambulante** que se había instalado en las afueras de la ciudad. Para no retrasarnos más de la cuenta, decidimos tomar un atajo y seguir el camino de la vieja vía de tren abandonada. Caminábamos por aquel **paraje siniestro** a la luz de la luna cuando descubrimos que, entre la niebla, emergía una silueta envuelta en una capa con una estrella de seis puntas dentro de un círculo grabada en oro, caminando hacia nosotros por el centro de la vía muerta. Era el Príncipe de la Niebla.

Nos quedamos **petrificados**. Caín se nos acercó y, con su sonrisa habitual, se dirigió a Angus. Le explicó que había llegado el momento de que le devolviese el favor. Angus, visiblemente aterrorizado, asintió. Caín dijo que su petición era simple: un pequeño ajuste de cuentas. En aquella época el personaje más rico del barrio, el único rico en realidad, era Skolimoski, un comerciante polaco que poseía el almacén de comida y ropa en el que todo el vecindario compraba. La misión de Angus era prender fuego al almacén de Skolimoski. El trabajo debía realizarse la noche siguiente. Angus trató de protestar, pero las palabras no le llegaron a la garganta. [...]

Al día siguiente busqué a Angus por las calles, pero no había ni rastro de él. Empezaba a temer que mi amigo se hubiera propuesto cumplir la criminal misión que Caín le había encomendado y decidí montar guardia frente al almacén de Skolimoski al caer la noche. Angus nunca se presentó y, aquella madrugada, la tienda del polaco no ardió. Me sentí culpable por haber dudado de mi amigo y supuse que lo mejor que podía hacer era tranquilizarlo porque, conociéndolo bien, sabía que debía de estar escondido en su casa, temblando de miedo ante la posible **represalia** del fantasmal mago. A la mañana siguiente me dirigí a su casa. Angus no estaba allí. [...]

Con el estómago en un puño, recorrí el barrio de arriba abajo sin dejar ni uno solo de sus apestosos rincones por rastrear. Nadie le había visto. Al atardecer, **exhausto** y sin saber ya dónde buscar, una oscura intuición me asaltó. Volví al camino de la vieja vía del tren y seguí el rastro de los raíles que brillaban débilmente bajo la luna en la oscuridad de la noche. No tuve que caminar demasiado. Encontré a mi amigo tendido en la vía, en el mismo lugar donde dos noches antes Caín había emergido de la niebla. Quise buscar su pulso, pero mis manos no encontraron piel en aquel cuerpo. Solo hielo. El cuerpo de mi amigo se había transformado en una **grotesca** figura de hielo azul y humeante que se fundía lentamente sobre los raíles abandonados. En torno a su cuello, una pequeña medalla mostraba el mismo símbolo que recordaba haber visto grabado en la capa de Caín, la estrella de seis puntas rodeada por un círculo. Permanecí junto a él hasta que los rasgos de su rostro se desvanecieron para siempre en un charco de lágrimas heladas en la oscuridad.

Aquella misma noche, mientras yo comprobaba horrorizado el destino de mi amigo, el almacén de Skolimoski fue destruido por un terrible incendio. [...]

Dos meses más tarde, mi familia se mudó al sur, lejos de allí y muy pronto, con el paso de los meses, empecé a creer que el Príncipe de la Niebla era solo un recuerdo amargo de los oscuros años vividos a la sombra de aquella ciudad pobre, sucia y violenta de mi infancia... Hasta que volví a verle y comprendí que aquello no había sido más que el principio.

CARLOS RUIZ ZAFÓN: *El Príncipe de la Niebla*.

VOCABULARIO

petrificado, da *adj.* Quedarse alguien inmóvil de asombro o de terror.

represalia *f.* Daño que se hace a alguien como venganza por algo que ha hecho.

exhausto, ta *adj.* Agotado, muy cansado.

grotesco, ca *adj.* Ridículo, extravagante.

BARCANOVA EDITORIAL

» ACTIVIDADES

Comprensión de la lectura

1. ¿Por qué razón al personaje de Caín lo llaman el Príncipe de la Niebla?

Segun las habladurias, siempre emergia de una descenso de niebla i tambien

2. ¿Qué pedía Caín a los niños a cambio de cumplir sus deseos?

- [x] Que le fueran fieles.
- [ ] Que no se rieran de él.
- [ ] Que robaran para él en los almacenes del barrio.

3. El protagonista busca a Angus, pero no lo encuentra. ¿Dónde cree que está?

- [x] En el almacén de Skolimoski.
- [x] En el callejón más oscuro del barrio.
- [x] Escondido en su casa porque tiene miedo.

4. ¿Qué le sucede finalmente a Angus?

- [x] Se va a vivir a otra ciudad para escapar de las represalias de Caín.
- [x] Muere en la vía abandonada de un tren.
- [ ] Muere cuando provoca el incendio del almacén de Skolimoski.

5. El protagonista vive en un barrio pobre donde los niños y las niñas sufren desigualdad y falta de oportunidades. Reflexiona, por escrito, sobre el poder que ejerce el Príncipe de la Niebla sobre unas personas tan vulnerables. Compartid vuestras opiniones.

El Protagonista Vive en un barrio pobre
Por que mas del barrio son pobres

Expresión personal

6. Resume el argumento de la lectura en unas pocas líneas. Puedes comenzar así:

Un personaje misterioso conocido como el Príncipe de la Niebla reunía habitualmente a los muchachos más necesitados de un barrio pobre ~~por que~~ un fabor a angus le an concedido el deseo de que su padre tenga de nueva

7. Explica el significado de las expresiones destacadas en estas oraciones de la lectura:

a) Angus trató de protestar, pero **las palabras no le llegaban a la garganta**.

~~que no entendia las palabras bien~~
Esta nervioso

b) Decidí **montar guardia** frente al almacén de Skolimoski al caer la noche.

ir a ser guardia
Vigilar

c) **Con el estómago en un puño**, recorrí el barrio de arriba abajo, sin dejar ni uno solo de sus apestosos rincones por rastrear.

que tenia un Puño muy derca
Estava Nervioso

d) Quise buscar su pulso, pero mis manos **no encontraron piel en aquel cuerpo**.

que no encontro ninguna piel de ese cuerpo
que no hay nada que tocar

8. Lee el siguiente fragmento de la lectura. A continuación, subraya el sinónimo que más se ajuste al significado de las palabras destacadas en negrita.

> Al atardecer, **exhausto** y sin saber ya dónde buscar, una oscura **intuición** me asaltó. Volví al camino de la vieja vía del tren y seguí el rastro de los raíles que brillaban **débilmente** bajo la luna en la **oscuridad** de la noche. No tuve que caminar demasiado. **Encontré** a mi amigo tendido en la vía, en el mismo lugar donde dos noches antes Caín había **emergido** de la niebla.

a) **exhausto:** jadeante, agotado, extrañado
b) **intuición:** temor, impresión, presentimiento
c) **débilmente:** ligeramente, delicadamente, tenuemente
d) **oscuridad:** nebulosidad, luminosidad, negrura
e) **encontré:** sitúe, hallé, ubiqué
f) **emergido:** surgido, brotado, sobresalido

9. ¿Crees que el final abierto del texto es un buen recurso para despertar la curiosidad del lector? Justifica tu respuesta.

10. En la lectura aparece la palabra *predicho*, que es el participio del verbo irregular *predecir*. Averigua de qué verbo provienen estos participios también irregulares:

a) abierto:
b) satisfecho:
c) roto:
d) previsto:
e) devuelto:
f) deshecho:
g) absuelto:
h) envuelto:
i) descubierto:
j) resuelto:

11. ¿De qué manera se puede relacionar la frase «Quien vende su alma al diablo debe pagar» con el texto que has leído?

12. Relaciona las siguientes expresiones, que contienen la palabra *diablo*, con su significado:

a) Oler o saber a diablos.
b) Solo el diablo lo sabe.
c) Ni al diablo se le ocurre.
d) Las carga el diablo.
e) Tener alguien el diablo en el cuerpo.
f) Andar el diablo suelto.

☐ Ser algo muy dudoso.
☐ Haber líos.
☐ Ser desagradable a los sentidos.
☐ Ser desacertado.
☐ Resultar peligroso.
☐ Ser o estar muy inquieto.

BARCANOVA EDITORIAL

» TOMA LA PALABRA

Mis cinco razones para aprender idiomas

Vas a grabar un vídeo en el que expondrás cinco razones por las cuales es conveniente conocer varios idiomas. Si lo deseas, puedes añadirle efectos gráficos o sonoros, música u otros recursos que usan algunos *youtubers* en internet.

Procedimiento

1. Prepara el guion de lo que vas a decir a partir del siguiente esquema:

- **Saludo y breve presentación personal.** Di tu nombre, explica cuál es tu lengua materna y si hablas otras lenguas con los diferentes miembros de la familia. También puedes mencionar qué idiomas conoces y en qué grado.
- **Razonamiento.** Formula cinco motivos (numerándolos) por los que consideras necesario aprender idiomas. Puedes usar distintas clases de argumentos basándote en la opinión de la mayoría de las personas, en tu propia experiencia, en lo que dicen los expertos, etc. Fíjate en el ejemplo de la ilustración o mira el vídeo «Las siete razones de Matthew para aprender idiomas», cuyo enlace encontrarás en el espacio personal de la web *www.barcanova.cat*.
- **Despedida.** Explica qué otro idioma o idiomas te gustaría aprender y di algunas frases en esa lengua.

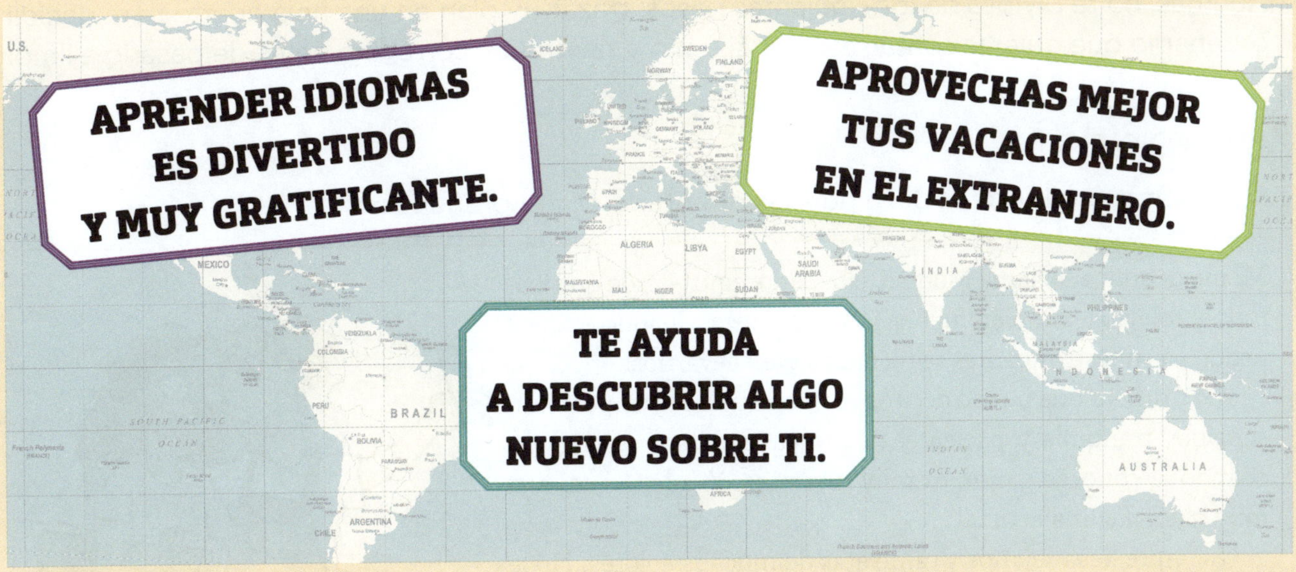

2. Piensa ahora qué imágenes o recursos gráficos podrían acompañar tu vídeo. Pídele a un compañero o compañera que te ayude a grabarte y luego edítalo.

3. Se pueden colgar los vídeos en el blog del aula o proyectarlos en clase. Esta actividad puede servir de coloquio con el fin de escoger los razonamientos más convincentes.

» DILO POR ESCRITO

Retrato de mi mejor amigo o amiga

¿Qué tienes que hacer?

El 30 de julio se celebra el Día Internacional de la Amistad. Aunque todavía no ha llegado, vamos a conmemorarlo; para ello, realizarás un retrato de tu mejor amigo o amiga. El texto deberá tener una extensión de unas 120 palabras y reflejar los rasgos físicos y psicológicos de la persona descrita.

¿Cómo puedes hacerlo?

- Tu retrato debería tratar alguno de los siguientes aspectos: su nombre, cómo y cuándo os conocisteis, las características más destacadas de su físico y de su personalidad, qué hacéis cuando estáis juntos, etc.
- Para ayudarte, puedes tener en cuenta el siguiente cuadro:

Aspecto general	*atlética, robusto, delgado, corpulenta, bajo, alto, esbelta, joven...*
Rostro y cabellos	*morena, rubio, castaño claro, cejas pobladas, ojos almendrados y de color marrón, labios finos...*
Modo de vestir	*Tiene un estilo informal. Usa colores variados y ropa ancha...*
Carácter, rasgos de su personalidad	*sensible, tranquila, inquieto, optimista, taciturna, gracioso, bromista, atrevido, miedoso, orgulloso, sencillo, simpática, espabilado, tímido...*

- Además, no te olvides de los siguientes pasos: trazar un plan en una hoja aparte para decidir y ordenar lo que quieres contar, escribir el texto y revisarlo y corregirlo antes de pasarlo a limpio.

Para inspirarte...

Te ofrecemos un modelo, pero puedes orientarlo como prefieras:

Mi mejor amiga se llama Montse. Nos conocemos desde que íbamos al colegio y también fuimos juntas a danza. Cuando éramos pequeñas, nuestros padres se turnaban para llevarnos.

Lo primero que puedo deciros es que es una buena persona: sensible, tranquila y paciente. Al principio parece seria, pero cuando la conoces mejor, es muy divertida. Y, además, dibuja muy bien. ¡Es una artista!

Siempre lleva tejanos y camisetas de muchos colores. No le interesa demasiado la ropa, la verdad. Su rasgo más destacado es su melena castaña, rizada y larguísima.

Ahora la veo solamente los fines de semana porque estudia en un centro de dibujo artístico y pintura. Pero siempre está ahí para escucharme.

BARCANOVA EDITORIAL

Manos a la obra

Escribe el retrato de tu amigo o amiga, a partir del borrador que has elaborado:

» LENGUA Y SOCIEDAD

1. Las lenguas del mundo

En el mundo se hablan alrededor de **seis mil lenguas**, aunque resulta difícil determinar su número exacto.

Las lenguas de Europa (a excepción de algunas como el vasco) y muchas de Asia derivan de un idioma desaparecido, el **indoeuropeo**, y componen la **familia indoeuropea**. Dentro de la familia indoeuropea, hay diversas ramas formadas por lenguas con cierto parentesco entre sí.

ALGUNAS RAMAS DE LA FAMILIA INDOEUROPEA	
ROMÁNICA	castellano, catalán, gallego, francés, portugués, italiano...
GERMÁNICA	inglés, alemán, neerlandés, danés, noruego, sueco...
ESLAVA	ruso, polaco, checo, eslovaco, búlgaro...
CÉLTICA	bretón, galés, irlandés, gaélico escocés...

¿SABÍAS QUE...?

El **vasco** o **euskera** se hablaba en ciertos lugares de la península ibérica antes de la llegada de los romanos. No se trata de una lengua románica y su origen no se conoce con exactitud.

1.1. Las lenguas románicas

Las **lenguas románicas** proceden del **latín**, que era la lengua que expandieron los romanos en sus conquistas territoriales por el Mediterráneo y un parte de Europa central. El latín evolucionó de manera diferente en los distintos territorios y dio lugar a las modernas lenguas románicas.

El castellano

El **castellano** o **español** es la lengua románica más difundida en el mundo.

En la actualidad hablan castellano más de **450 millones de personas**. Es **lengua oficial** en España y, también, en muchos países de América del Sur y de América Central. Además, existen zonas de hispanohablantes en otros países, como Guinea Ecuatorial, Filipinas, Marruecos y, especialmente importante por su número, en Estados Unidos.

El castellano tiene tres zonas dialectales: los **dialectos septentrionales** (se hablan en la mitad norte de la Península), los **dialectos meridionales** (andaluz, extremeño, murciano y canario) y el **español de América** (con distintas variantes según los diferentes países).

El español posee la letra *ñ*, que no existe en otros idiomas. Sin embargo, otras lenguas románicas, como el catalán, el francés, el italiano o el portugués, sí tienen este sonido. **¿Sabrías decir con qué letra lo representan?**

BARCANOVA EDITORIAL

» ACTIVIDADES

13. Lee el siguiente texto y contesta a las preguntas que figuran a continuación:

> El lenguaje surge cuando toda la humanidad moderna vive en África. A lo largo del larguísimo proceso de las emigraciones, los grupos se van separando y lo hacen también las lenguas. Según pasa el tiempo, estas se diferencian más y más y se van ramificando, según los grupos vuelven a separarse otra vez. Digamos: una lengua que se queda en África y va cambiando; los que se han ido hacia Asia vuelven a separarse en el sureste asiático, unos se quedan y su lengua cambia poco a poco; los que siguen a Nueva Guinea se vuelven a separar en grupitos y sus lenguas van diferenciándose cada vez más porque se pierden los contactos entre los diversos pueblos. Lo mismo sucede en Australia, y así sucesivamente en el resto del mundo. Según este escenario, todas las lenguas del mundo tendrían un antecesor común.
>
> ENRIQUE BERNÁRDEZ: *¿Qué son las lenguas?*

a) Según el texto, ¿dónde se sitúa el origen del lenguaje?

____

b) ¿Por qué las lenguas se van separando y diferenciando unas de otras?

____

____

14. Escribe las palabras del castellano y del catalán que corresponden a estas en latín:

a) manus: ______________________

b) caput: ______________________

c) oculum: ______________________

d) bucca: ______________________

e) auricula: ______________________

15. Busca información y completa la tabla a partir de las actividades que se proponen:

	Egun on	
	Buenos días	
	Bon dia	
	Bos días	
	Bonjour	
	Buon giorno	
	Good morning	
	Guten Morgen	

a) Escribe delante de cada expresión en qué lengua está escrita.

b) Escribe en la columna de la derecha estas expresiones teniendo en cuenta la lengua en que están escritas:

Buona notte • *Bona nit* • *Buenas noches*
Good night • *Gute Nacht* • *Gabon*
Bonne nuit • *Boas noites*

c) ¿Por qué aparecen agrupadas en tres tonalidades distintas las expresiones de la tabla anterior?

____

____

____

★ LUDOLENGUA

16. Formad grupos; cada uno elegirá una lengua románica distinta (que no sea ni el castellano ni el catalán) y escribirá en diez tarjetas los números del uno al diez. Para finalizar, se pueden mezclar todas las tarjetas y jugar a adivinar en qué idioma está escrito cada número.

» LITERATURA

1. La descripción de espacios

Describir un espacio consiste en explicar cómo es un determinado lugar, un paisaje o un ambiente. El espacio descrito puede ser de muchos tipos: real o imaginario, rural o urbano, interior o exterior, etc.

Lee con atención este fragmento en el que se describe un **lugar real**:

La ciudad de Nueva York siempre aparece muy confusa en los atlas geográficos y al llegar se forma uno un poco de lío. Está compuesta por diversos distritos, señalados en el mapa callejero con colores diferentes, pero el más conocido de todos es Manhattan, el que impone su ley a los demás y los empequeñece y los deslumbra. Le suele corresponder el color amarillo. Sale en las guías turísticas y en el cine y en las novelas. Mucha gente se cree que Manhattan es Nueva York, cuando simplemente forma parte de Nueva York. Una parte especial, eso sí.

CARMEN MARTÍN GAITE: *Caperucita en Manhattan*.

Ahora fíjate en esta descripción, en la que se detalla cómo es un **lugar imaginario**:

El ciclón había asentado la casa, muy suavemente para tratarse de un ciclón, en medio de un paraje de maravillosa belleza. Había por todas partes manchones de césped, con imponentes árboles cargados de frutos apetecibles y exquisitos. Por donde se mirara, había hileras de espléndidas flores, y pájaros de raro y brillante plumaje cantaban y revoloteaban entre árboles y matas. Un poco más allá había un arroyuelo, deslizándose rápido y destellante entre verdes ribazos, murmurando con voz agradabilísima para una muchachita que había vivido tanto tiempo en las secas y grises praderas.

L. FRANK BAUM: *El mago de Oz*.

En las narraciones, la descripción de espacios se utiliza para explicar cómo es el lugar en que se desarrolla la acción y cómo son los escenarios por donde se mueven los personajes.

» ACTIVIDADES

17. Indica si estas descripciones corresponden a un lugar real o imaginario:

> En los viejos, viejos tiempos, cuando los hombres hablaban todavía muchas otras lenguas, ya había en los países ciudades grandes y suntuosas. Se alzaban allí los palacios de reyes y emperadores, había en ellas calles anchas, callejas estrechas y callejuelas intrincadas, magníficos templos con estatuas de oro y mármol dedicadas a los dioses; había mercados multicolores, donde se ofrecían mercaderías de todos los países, y plazas amplias, donde la gente se reunía.
>
> MICHAEL ENDE: *Momo*.

> Desde la ventanilla veía cómo iba cambiando el paisaje. Habíamos dejado atrás el desierto del Sahara: kilómetros y kilómetros de arena, que formaban una gran mancha amarilla con matices sombreados a nuestros pies. Podía adivinar a los camellos en su acompasado y lento caminar. [...] De repente, el color de la tierra cambió, y una gran alfombra verde se extendió bajo el avión. ¡Estábamos sobrevolando la selva!
>
> ANA ALCOLEA: *El medallón perdido*.

18. Redacta, en una hoja aparte, una descripción de tu habitación. Sigue estas pautas:

- Escribe una lista con los nombres de todos los objetos que contiene (muebles, ropas, libros, aparatos, objetos de decoración, etc.).
- Escoge solo los objetos que te parezcan más significativos y añádele a cada uno de ellos una palabra o expresión que los caracterice.
- Ordena lo que hayas elegido de lo más general a los detalles.

19. Indica con qué espacios asociarías cada una de estas series de palabras:

a) acera, calle, coche, edificio, gente, hospital, quiosco, semáforo, tienda

b) bosque, caballo, castillo, foso, lago, montaña, muralla, sendero, torre, torreón

c) acantilado, arena, bahía, barco, casa, costa, mar, ola, playa, puerto

20. La siguiente descripción está inacabada. Complétala contestando a las preguntas que aparecen en cada caso.

> Un iglú es una vivienda construida por los esquimales.

- ¿De qué materiales está hecho? ¿Qué forma tiene? ¿Cuándo se usa?

21. Por parejas o en pequeños grupos, describid cómo debería ser una escuela ecológica. Podéis buscar información en internet.

2. La descripción de personas

Describir a una persona consiste en explicar cómo es su apariencia externa y cómo es su carácter. Se pueden distinguir estos tipos de descripciones:

2.1. Descripción física

Para describir la **apariencia externa** de alguien, se suele tener en cuenta el **aspecto general** (edad, sexo, complexión, estatura, etc.), el **rostro** (forma de la cara, color del pelo, etc.) y el **modo de vestir** (estilo y color de la ropa, calzado, etc).

> Por el sombrío pasillo avanzaba un hombre **alto** y **siniestro** arrastrando un cofre. El **cabello** le caía **sobre los hombros** en **largos bucles**, que en la penumbra parecían velas negras y daban un aire singularmente amenazador a su **cadavérico rostro**. Vestía una **elegante casaca roja** sobre una **camisa con cuellos y puños de encaje**.
>
> CARLO FRABETTI: *La casa infinita*.

2.2. Descripción psicológica

Se definen la **manera de ser** de alguien: su carácter, su forma de comportarse, sus costumbres... Lee el ejemplo:

> Nicolás es un muchacho que **le pone mucho interés a lo que le gusta**, pero, como una cosa se le atraviese o se le meta en la cabeza que no vale para nada, no hay persona que consiga que la haga, se ponga como se ponga. **Es bueno** como un pedazo de pan. [...] Pero también **es rebelde y travieso** como pocos.
>
> XABIER P. DOCAMPO: *El pazo vacío*.

- El **autorretrato**, como su nombre indica, es la descripción que una persona hace de sí misma.
- La **caricatura** resalta los rasgos que más destacan en una persona, pero de forma exagerada. Suele escribirse para ridiculizar a alguien y, por lo tanto, se centra en sus defectos.

2.3. El retrato

En el retrato de una persona se mezclan rasgos físicos y rasgos psicológicos. En este ejemplo, a partir de las características físicas del personaje, se deduce algún detalle de su personalidad:

> El profesor Oghios poseía un rostro elegante que aparentaba menos años de los que en verdad tenía, casi sesenta. Cuando invitó a Daniel a pasar para inscribirlo en la Sociedad Fantásmica, **sonrió con unos dientes perlados, perfectamente alineados, que sugerían que era un hombre pulcro y cuidadoso, tal vez un detallista obsesivo**.
>
> CARLOS BUSTOS: *Ladrones del crepúsculo*.

» ACTIVIDADES

22. Lee el siguiente texto y señala a cuál de los tres personajes dibujados se refiere. Subraya las palabras del texto que te han ayudado a hacer tu elección.

Lo recuerdo como si fuera ayer, cuando llegó a la puerta de la posada con paso lento y pesado, seguido por una carretilla de mano con su cofre de a bordo: un hombre alto, fuerte, grueso, de piel tostada, con una coleta que le caía sobre los hombros de su sucia casaca; las manos, cuarteadas y llenas de cicatrices, con las uñas negras y rotas; y la marca del sablazo, de un blanco sucio y amoratado, que le cruzaba una mejilla. Lo recuerdo contemplando la cala mientras silbaba, hasta que comenzó aquella antigua canción marinera, que más tarde cantaría con tanta frecuencia:

Quince hombres en el cofre del muerto... ¡Ja, ja, ja, y una botella de ron!

ROBERT LOUIS STEVENSON: *La isla del tesoro* (texto adaptado).

23. Lee la siguiente descripción y responde a las cuestiones que se plantean:

He de advertir que Jujú no era un niño sabio, ni mucho menos, ni con una exagerada tendencia al estudio o a la investigación histórica. Pero para su tía Etel era el niño más inteligente y culto del mundo.

Tampoco se puede decir que era una belleza. Tenía una graciosa carita morena, la nariz bastante chata, los ojos redondos y de color avellana, y los dientes un poco largos, como los conejillos. Era alto y ágil, aunque quizás estaba demasiado delgado, y sobre todo, cuando corría, daba una impresión bastante completa de desgarbo, porque cruzaba un poco las piernas, exactamente como los potrillos jóvenes. Y muchas veces tropezaba y caía al suelo.

ANA MARÍA MATUTE: *El polizón del Ulises*.

a) Se trata de:

- ☐ Una descripción física.
- ☐ Una descripción psicológica.
- ☐ Un retrato.

b) Anota una expresión del texto que describa:

- Un rasgo de la forma de ser del personaje.

- Un rasgo del físico del personaje.

c) Localiza una comparación, cópiala y explica su significado.

» GRAMÁTICA

1. El adverbio

El **adverbio** es una palabra invariable que expresa diversas circunstancias: lugar, tiempo, modo, cantidad, afirmación, negación o duda.

Decimos que es una palabra **invariable** porque no tiene género ni número ni concuerda con la palabra a la que acompaña.

TIPOS DE ADVERBIOS	
LUGAR	*aquí, ahí, allí, allá, encima, debajo, arriba, abajo, delante, detrás, enfrente, dentro, fuera, cerca, lejos, alrededor, donde, dónde*
TIEMPO	*entonces, ahora, ayer, hoy, mañana, antes, después, tarde, temprano, pronto, enseguida, nunca, jamás, siempre, mientras, luego, primero, cuando, cuándo*
MODO O MANERA	*así, bien, mal, regular, deprisa, despacio, como, mejor, peor, fácilmente, fuertemente, justamente...*
CANTIDAD	*poco, mucho, muy, bastante, tanto, tan, demasiado, más, menos, además, casi, apenas, solo, nada, algo, todo, suficiente, cuanto, cuánto*
AFIRMACIÓN	*sí, también, claro, ciertamente, verdaderamente*
NEGACIÓN	*no, tampoco, jamás, nunca*
DUDA O POSIBILIDAD	*quizá, quizás, acaso, posiblemente, probablemente*

Los adverbios pueden complementar a un verbo, a un adjetivo o a otro adverbio. Por ejemplo:

Nosotros vivimos allí.

Es un persona muy inteligente.

Llegaron bastante tarde.

» ACTIVIDADES

24. Fíjate en los adverbios destacados en color de los siguientes textos e indica si son de lugar, tiempo, modo, cantidad, afirmación, negación o duda:

A

Vuelvo enseguida.

B

QUIZÁ, SOLO QUIZÁ, CHOQUE

Detectado un asteroide que tiene una posibilidad entre seis millones de impactar contra la Tierra.

C

D

— ¿Quieres esta chaqueta?

— Sí.

E

NO SE ADMITE PUBLICIDAD.

F

G

DORMIR POCO ENGORDA

Las alteraciones del sueño podrían favorecer la aparición de sobrepeso.

25. Indica de qué clase son los siguientes adverbios:

a) alrededor ____________

b) así ____________

c) ciertamente ____________

d) dentro ____________

e) acaso ____________

f) demasiado ____________

g) enfrente ____________

h) después ____________

1.1. Las locuciones adverbiales

Las **locuciones adverbiales** son grupos de dos o más palabras que se construyen siempre igual y que equivalen a adverbios.

A menudo, Laura abre las ventanas **de par en par**.

A menudo → Locución adverbial de tiempo

de par en par → Locución adverbial de modo

ALGUNAS LOCUCIONES ADVERBIALES
de repente, a cántaros, a destiempo, a ciegas, a medias, al revés, de arriba abajo, de antemano, de golpe, de pronto, de buena gana, por lo pronto, al pie de la letra, a regañadientes, por las malas...

Otras consideraciones sobre el adverbio y las locuciones adverbiales

- Algunos adverbios admiten sufijos apreciativos (expresan valoración o aprecio) y de intensidad: *despa**cito***, *tard**ísimo***.
- Otros se forman añadiendo el sufijo ***-mente*** a los adjetivos:
  injusto (adjetivo) + *-mente* → ***injustamente*** (adverbio)
  amable (adjetivo) + *-mente* → ***amablemente*** (adverbio)
- Un mismo adverbio puede clasificarse de manera diferente según el contexto. Por ejemplo, *nunca* y *jamás* son adverbios de tiempo, pero también pueden serlo de negación: *¿Irás a verlo? ¡Nunca!*

¿SABÍAS QUE...?

Cuando en una oración se escriben varios adverbios acabados en *-mente*, solo el último de ellos lleva esta terminación. Ejemplo: *Habló firme, clara y llanamente.*

» ACTIVIDADES

26. Subraya los adverbios y locuciones adverbiales que aparecen en estas oraciones:

a) Roberto se levanta temprano cada día.
b) En ese momento llegó el tren.
c) Luis es demasiado ingenuo.
d) No recuerdo el título de la novela.
e) Acabó el trabajo en un santiamén para poder ir a la fiesta.
f) De repente escuchamos un grito aterrador.
g) Mi mejor amiga dibuja bien.

27. Escribe una oración con cada una de estos adverbios:

ahí ______________________________
____

alrededor ______________________________
____

menos ______________________________
____

quizás ______________________________
____

pronto ______________________________
____

28. Escoge y subraya una de las dos locuciones adverbiales para completar cada oración.

a) Los visitantes repartieron sonrisas...
(*a pares / a diestro y siniestro*)
b) El juicio se celebró...
(*a puerta cerrada / de común acuerdo*)
c) Celebraron una boda...
(*por todo lo alto / hasta más no poder*)
d) La sala de prensa estaba...
(*de punta a punta / de bote en bote*)

29. Completa las oraciones con la locución adverbial apropiada:

de par en par • a cántaros • de un tirón
a quemarropa • de lo lindo • de memoria

a) El periódico dice que le han disparado ______________________________.

b) La ventana estaba abierta ______________________________.

c) Le gustó tanto la novela que la leyó ______________________________.

d) Llovía ______________ y se mojó.

e) Nos hemos divertido ______________.

f) Se sabía ______________ el poema.

30. Selecciona el significado correcto de las locuciones adverbiales destacadas:

a) Vamos al cine **de vez en cuando**.
☐ *muy a menudo* ☐ *alguna que otra vez*
b) Ha cerrado la empresa y ha dejado a sus clientes **a la buena de Dios**.
☐ *muy bien atendidos* ☐ *sin servicio*
c) Seremos **como máximo** doce comensales.
☐ *doce o menos* ☐ *doce o más*
d) **De buena gana** me iría de viaje contigo.
☐ *con gusto* ☐ *nunca*
e) Puse **de nuevo** la cortina que se había caído.
☐ *otra vez* ☐ *una cortina nueva*

» LÉXICO

1. La estructura de las palabras

Las palabras pueden dividirse en partes más pequeñas, como *pat-os, sabor-es, bis-abuel-a*...

patos	→	*pat-*	*os*
		«ave palmípeda de pico ancho y cuello corto que anda con dificultad»	masculino, plural

Estas partes más pequeñas en que dividimos las palabras son los **morfemas**, y cada uno aporta un significado distinto. El **morfema** es la unidad mínima de la lengua con significado.

¿SABÍAS QUE...?

Llamamos **familia léxica** al conjunto formado por todas las palabras derivadas de la misma **raíz**. Ejemplo: *papel, papelera, papelería, papelucho, papelito, empapelar*.

1.1. Clases de morfemas

Existen tres tipos de morfemas: la raíz o base léxica, los morfemas flexivos y los morfemas derivativos.

1. La **raíz** o **base léxica** (lexema) es la parte invariable de la palabra que contiene su significado léxico. Fíjate en los siguientes ejemplos:

   cojin *-es* ***alumn*** *-os* ***period*** *-ismo*

   Se puede dar el caso de que una raíz constituya una palabra: *mapa, pan, papel*...

2. Los **morfemas flexivos** se añaden a la raíz e indican el género, el número, la persona etc. Distinguimos dos tipos de morfemas flexivos:
   - Los **morfemas flexivos nominales**, que expresan el **género** y el **número** de los sustantivos y adjetivos (*niñ-**o**, niñ-**a**, alt-**os**, alt-**as**, color-**es***).
   - Los **morfemas flexivos verbales** o **desinencias** son los que sirven para expresar el **número**, la **persona**, el **tiempo** y el **modo** en los verbos (*bail-**amos***).

3. Los **morfemas derivativos** o **afijos**. Se añaden a la raíz para formar **palabras derivadas** (*person**aje**, pin**ar**, **com**ponía, lec**tura**, roc**oso**, niñ**ez**, **sub**marino*).

» ACTIVIDADES

31. Subraya la raíz que tienen en común las palabras de cada serie:

a) cristalera, cristalería, cristalino, cristal

b) grandeza, grandísimo, grande, engrandecer

c) amoroso, amor, enamorar, amorío

d) zapato, zapatazo, zapatería, zapatilla

e) cucharilla, cuchara, cucharada, cucharón

32. Rodea la palabra que sobra en cada una de estas series:

a) humorístico, humor, humorista, malhumor, humoroso, humo

b) invento, inventor, inventado, invención, invencible, inventar

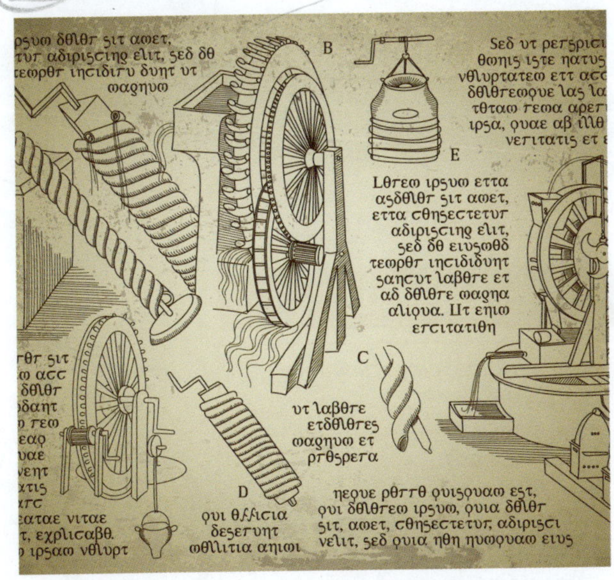

c) mundo, mundano, mundial, munición, mundillo, mundanal

d) tiempo, temporada, contratiempo, temporal, témpano, destiempo

33. Subraya la raíz de estas palabras:

a) aves	**d)** dormitorio	**g)** coro
b) amiga	**e)** horroroso	**h)** libreta
c) equipaje	**f)** escriben	**i)** salían

34. En las siguientes palabras, indica la clase de los morfemas que las componen: raíces, morfemas flexivos y morfemas derivativos:

a) libr-er-ía: ______

b) cuchar-illa-s: ______

c) des-colg-aban: ______

d) in-móv-il-es: ______

e) in-human-os: ______

35. Lee el texto y realiza las actividades que te proponemos:

> Los filibusteros, los piratas del Caribe, **llegaron** a controlar ciudades enteras, que se convertían en refugios de piratas y cuya **población** tenía en la **piratería** su **actividad** principal. El primer refugio pirata, y seguramente el más famoso, fue la Isla Tortuga, enfrente de las costas de La Española, que es la isla que **comparten** actualmente Haití y la República Dominicana.
>
> PAU JOAN HERNÁNDEZ: *La Tripulación del Pánico*.

a) Busca tres palabras que sean solo raíces.

b) Busca tres palabras que posean morfemas flexivos.

c) Divide en morfemas las palabras del texto destacadas en color.

» ORTOGRAFÍA

1. La *ll* y la *y*

SE ESCRIBE *LL*	EJEMPLOS
En palabras terminadas en ***-illa***, ***-illo***.	*past**illa**, rod**illo**, cas**illa**, br**illo***
Al principio o en medio de muchas palabras del vocabulario habitual, sin que sigan ninguna regla.	*a**ll**í, **ll**ave, ca**ll**e, servi**ll**eta, toa**ll**a, bote**ll**a, ga**ll**o*

rodi**ll**o

SE ESCRIBE *Y*	EJEMPLOS
Al principio o en medio de muchas palabras del vocabulario habitual.	***y**unque, **y**eso, **y**ogur, a**y**uda, ba**y**eta, jo**y**a*
Al final de palabra, si no va acentuada y forma parte de un diptongo.	*esto**y**, so**y**, le**y***
Cuando se trata de la conjunción copulativa *y*, que se usa para unir dos palabras o dos oraciones.	*playa **y** montaña* *Comió **y** se fue.*

yate

2. La *c* y la *z*

SE ESCRIBE *C*	EJEMPLOS
Delante de ***e***, ***i***. (Hay unas pocas excepciones, como *zepelín*, *nazismo* o *zigzag*.)	***ce**rilla, dul**ce**, **ci**ne, bi**ci**cleta*
Las palabras acabadas en ***z*** forman el plural cambiando *z* por *c*.	*jue**z** → jue**c**es* *avestru**z** → avestru**c**es*
Las palabras acabadas en ***-ción*** se escriben con doble *c* si otras de su misma familia contienen ***ct***.	*dire**cción** (dire**ct**ora)* *inye**cción** (inye**ct**ar)* *produ**cción** (produ**ct**o)*

bi**c**icleta

SE ESCRIBE *Z*	EJEMPLOS
Delante de ***a***, ***o***, ***u***.	***za**pato, calaba**za**, **zo**rro, po**zo**, **zu**mo, a**zú**car*
En la primera persona del singular del presente de indicativo y todo el presente de subjuntivo de verbos como ***conocer***, ***crecer*** o ***conducir***.	*cono**z**co, cre**z**co, condu**z**co* *cono**z**ca, cre**z**ca, condu**z**ca*

calaba**z**a

BARCANOVA EDITORIAL

» ACTIVIDADES

36. Distribuye las palabras en la tabla siguiente:

yodo • yerno • rey • yema • ley • raya • jersey
yegua • hoy • payaso • ayer • rayo • yudo
ayuntamiento • convoy

Empiezan por *y*	Contienen *y*	Acaban en *y*

37. Escribe dos palabras más en cada caso:

lla: *llama*, ______

lle: *valle*, ______

lli: *sillín*, ______

llo: *rollo*, ______

llu: *polluelo*, ______

38. Escribe el plural de estas palabras:

disfraz ______	nuez ______
perdiz ______	feliz ______
luz ______	precoz ______
barniz ______	capaz ______
feroz ______	cicatriz ______

LUDOLENGUA

39. Resuelve el sudoku de palabras:

yendo			callar
	toalla		
			yendo
inyectar	yendo		

40. Completa las siguientes palabras:

___uvia	ho___o	meji___ón
a___er	ga___ina	co___ote
co___ar	esca___ola	papaga___o
___amativo	hue___a	atrope___ar

41. Escribe la palabra a la que se refiere cada una de las siguientes definiciones:

a) F______: Cada una de las partes en que se divide un todo.

b) C______: Conjunto de cosas de una misma clase (de cromos, por ejemplo).

c) I______: Enfermedad producida por la presencia de gérmenes.

d) D______: Daño o destrozo.

e) P______: Aviso o anuncio de algo que va a suceder.

DICTADO

Premisa: Se divide la clase en grupos. Cada grupo deja fuera del aula un libro abierto por esta página, los restantes se guardan. Por turnos, sale un miembro de cada grupo, memoriza una parte del texto y la dicta a sus compañeros. Se repetirá la acción hasta completar el dictado sin faltas de ortografía.

Era verano, el mejor de los veranos. El sol se levantaba temprano cada mañana y no se iba a la cama hasta tarde, y el cielo estaba todo el día azul. Lota y su padre estaban pasando las vacaciones, dos semanas en total, en una casita junto al río. El río era precioso. A lo largo de las riberas, había delicados sauces y umbrosos alisos, y un bosque de cañas a la orilla del agua. A un lado de una pequeña presa de piedra, el río formaba un embalse poco profundo y perfecto para nadar.

CAROL HUGHES: *Lota bajo el agua.*

» PONTE A PRUEBA

Lee y comprueba si lo has comprendido

Bulos y cadenas virales en la red

Los bulos son informaciones falsas que pueden condicionar nuestra opinión o ser un riesgo para nuestra seguridad.

Muchos mensajes virales en redes sociales y mensajería instantánea son bulos. La mayoría de estos bulos se pueden identificar si uno conoce el funcionamiento de internet y aplica un poco de sentido común.

Sin embargo, hay muchas personas que lo comparten todo sin comprobar si lo que envían tiene algo de verdad.

En un futuro próximo, la mayoría de las personas que viven en países desarrollados leerá más noticias falsas que reales.

Los datos dicen que el 56% de los menores no sabe diferenciar una noticia real de una falsa y que el 31% ha compartido noticias inciertas o inexactas.

¿Cómo se puede detectar un bulo?

1. El **titular** de una noticia falsa tiene un enfoque **morboso** o alarmante con el fin de captar la atención y despertar la curiosidad.
2. La **imagen** que acompaña a una noticia falsa suele ser un montaje y lo habitual es utilizar fotografías o vídeos de poca calidad.
3. Se describen hechos **inverosímiles** o poco creíbles. Además, no se cita el origen o las fuentes de la información ni tampoco incluyen fechas concretas.
4. Casi siempre los bulos van acompañados de una **petición** para que se reenvíe y se propague el mensaje.

Un bulo supone desinformación y puede resultar muy dañino porque el contenido falso es capaz de influir en nuestras opiniones más personales —como en nuestra decisión de voto durante procesos electorales—,tener impactos ambientales, etc.

Si sospechas que un mensaje puede ser un bulo, deberías contrastar los datos que contiene; para ello, busca información en medios de comunicación más fiables. Además, tienes que «cortar la cadena», es decir, no conviene que lo difundas. Simplemente... ¡Elimínalo!

1. ¿Qué es un bulo? Explícalo.

____

____

____

2. Un mensaje viral...

- [ ] es un mensaje peligroso porque contiene virus.
- [ ] es un mensaje que se difunde con gran rapidez.

3. ¿Cuál de los siguientes enunciados es verdadero?

- [ ] El 56 % de los jóvenes ha compartido noticias inciertas o inexactas.
- [ ] Algo más de la mitad de los jóvenes no distingue una noticia real de una falsa.
- [ ] El 31% de los jóvenes no sabe diferenciar una noticia real de una falsa.

4. Señala cuál es el significado correcto de la frase: *El titular tiene un enfoque morboso*.

- [ ] El titular dirige la atención hacia aspectos insanos o desagradables.
- [ ] El titular de la información se centra en aspectos fantasiosos e increíbles.

5. Señala cuál es el significado correcto de la frase: *La imagen es un montaje*.

- [ ] La imagen está retocada por un fotógrafo profesional.
- [ ] La imagen ha sido manipulada o no se corresponde con la información.

6. La intención del texto es:

- [ ] Explicarnos cómo se detectan los bulos en internet y mostrarnos sus cifras.
- [ ] Enseñarnos a detectar los bulos y convencernos de que no debemos difundirlos.

7. ¿Cuál de estas palabras del texto es un adverbio?

- [ ] muchos
- [ ] siempre
- [ ] durante

8. Subraya con un color el sujeto y con otro el predicado de estas oraciones:

a) Los contenidos de este tipo no citan fuentes probadas.

b) La información es a menudo inverosímil y poco creíble.

9. Añade un sinónimo extraído del texto en cada una de las siguientes series:

a) comparar, confrontar, ______________

b) fraudulento, adulterado, ______________

10. Busca en el texto:

a) Una palabra aguda: ______________

b) Una palabra llana: ______________

c) Una palabra esdrújula: ______________

Mira y lee

Encontraréis dos artículos muy interesantes sobre este tema, en el espacio personal de la web *www.barcanova.cat*.

Comparte

Por grupos, preparad las respuestas a las siguientes cuestiones. Tomad nota de vuestras conclusiones. A continuación, escoged un portavoz y poned en común el resultado con el resto de la clase.

- ¿Es importante reflexionar antes de compartir algo en internet? ¿Por qué?
- ¿Por qué no debo difundir bulos? ¿Qué pasa si lo hago?
- ¿Qué puede suceder si me creo una mentira que he leído en internet?

UNIDAD 8

CLUB DE LECTURA » La lírica

TOMA LA PALABRA » Recito un poema

DILO POR ESCRITO » Compongo un poema

LENGUA Y SOCIEDAD » El esquema

LITERATURA » La poesía

GRAMÁTICA » La preposición, la conjunción y la interjección

LÉXICO » La derivación

ORTOGRAFÍA » La *r* y la *rr*. La *s* y la *x*

Preparamos la lectura

1. ¿Has escrito alguna vez algo «tuyo», íntimo o muy personal?

2. Comentad qué temas os parecen más apropiados para la poesía.

¡LEVAR ANCLAS!

Dividid la clase en parejas o tríos y buscad qué tres palabras se han colado en la siguiente lista de nombres de embarcaciones:

velero • bajel • carraca • balandro • goleta • bergantín
catascopio • bitácora • chalupa • garucu • catavientos • fragata • trainera
escotilla • corocore • jábega • batiscafo • góndola • falúa • esquife
trainera • kayak • jabeque • cárabo • filibote

Estableced un tiempo límite y comprobad, en grupo, los resultados. Si ningún equipo ha encontrado las tres palabras intrusas, volved a intentarlo las veces que sean necesarias. Podéis usar el diccionario.

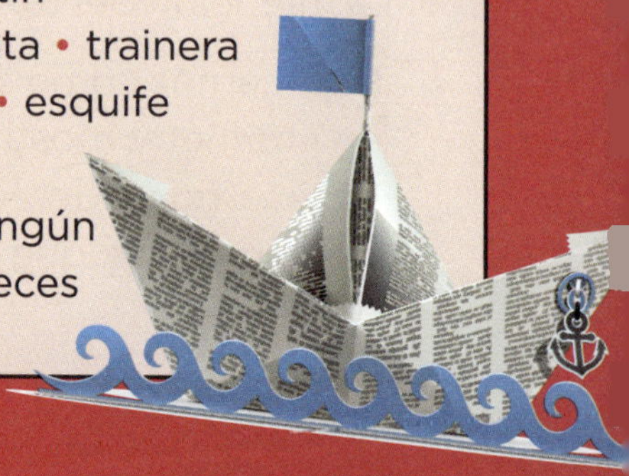

» CLUB DE LECTURA

La lírica

VOCABULARIO

marejada *f.* Movimiento del mar agitado que produce grandes olas.

El mar. La mar

El mar. La mar.
El mar. ¡Solo la mar!

¿Por qué me trajiste, padre,
a la ciudad?

¿Por qué me desenterraste
del mar?

En sueños, la **marejada**
me tira del corazón.
Se lo quisiera llevar.

Padre, ¿por qué me trajiste
acá?

RAFAEL ALBERTI:
Marinero en tierra.

Si mi voz muriera en tierra

Si mi voz muriera en tierra,
llevadla al nivel del mar
y dejadla en la **ribera**.

Llevadla al nivel del mar
y nombradla capitana
de un blanco **bajel** de guerra.

¡Oh mi voz **condecorada**
con la **insignia** marinera:
sobre el corazón un ancla
y sobre el ancla una estrella
y sobre la estrella el viento
y sobre el viento la vela!

RAFAEL ALBERTI:
Marinero en tierra.

VOCABULARIO

ribera *f.* Orilla del mar o de un río.

bajel *m.* Barco.

condecorado, da *adj.* Distinguido, que recibe grandes honores.

insignia *f.* Señal o distintivo que se entrega de manera honorífica.

Elegía

La niña rosa, sentada.
Sobre su falda,
como una flor,
abierto, un atlas.

¡Cómo la miraba yo
viajar, desde mi balcón!

Su dedo, blanco velero,
desde las Islas Canarias
iba a morir al mar Negro.

¡Cómo la miraba yo
morir, desde mi balcón!

La niña, rosa sentada.
Sobre su falda,
como una flor,
cerrado, un atlas.

Por el mar de la tarde
van las nubes llorando
rojas islas de sangre.

Rafael Alberti:
Marinero en tierra.

VOCABULARIO

elegía *m.* Composición lírica en la que se lamenta un acontecimiento desafortunado.

» ACTIVIDADES

Comprensión de *El mar. La mar*

1. Busca y subraya en el poema los versos donde aparecen las siguientes ideas:

a) El poeta sueña con el mar y dice que en él está su corazón.

b) Entre *el mar* (masculino) o *la mar* (femenino) el poeta escoge *la mar*, que es como las gentes de mar usan esta palabra.

c) El poeta pregunta a su padre por qué lo separó del mar, donde él tenía sus raíces.

d) El poeta pregunta a su padre por qué razón lo llevó a la ciudad.

2. Una vez señaladas las ideas del poema, redacta en dos líneas el tema, intentando reflejar el contenido en general:

Expresión personal de *El mar. La mar*

3. ¿Es una poesía lírica? Justifica tu respuesta.

4. Este poema tiene rasgos que lo acercan a la poesía de tipo popular:

a) ¿Cuántos versos tiene? ¿Son versos largos o cortos?

b) Copia la última palabra de los versos 2, 4, 6, 9 y 11. ¿Te parece que riman?

5. Visita el enlace correspondiente en el espacio personal de la web *www.barcanova.cat*. En él podrás escuchar recitados este y otros poemas de Rafael Alberti.

Comprensión de *Si mi voz muriera en tierra*

6. ¿Qué deseo expresa el poeta en los tres primeros versos del poema?

7. ¿Por qué dice *mi voz* en lugar de referirse directamente a sí mismo? Escoge la opción con la que estés más de acuerdo.

- ☐ Porque desea que su voz se oiga en el mar para siempre.
- ☐ Porque quiere que sus versos perduren en el tiempo.
- ☐ Porque los poetas se expresan a través de la palabra poética, que es su voz.

Expresión personal de *Si mi voz muriera en tierra*

8. En este poema, como en el anterior, también puedes observar algunos rasgos propios de las canciones tradicionales:

a) Las dos primeras estrofas están encadenadas. Escribe el verso que se repite.

b) Copia la última palabra de los versos 1 y 3 y también la de los versos 6, 8, 10 y 12.

¿Riman entre sí? ____

Comprensión de *Elegía*

9. Fíjate en los versos de este poema y contesta a las siguientes preguntas:

a) ¿Qué tiene sobre su falda la niña? ¿Qué está haciendo? ¿Desde dónde hasta dónde «viaja» con el dedo?

b) ¿Cómo se nombra a la niña en el verso 12? ¿Observas alguna diferencia con respecto al primer verso del poema?

c) Busca en el poema los versos que se refieren a la puesta de sol y cópialos:

10. Una vez analizado el poema, redacta en dos líneas el tema:

Expresión personal de *Elegía*

11. ¿Cuántos versos tiene este poema? ______

a) ¿Cuántas estrofas? ______

b) ¿Cuántas estrofas se repiten casi con las mismas palabras?

- ☐ La primera y la tercera.
- ☐ La primera y la quinta.
- ☐ La primera y la última.
- ☐ La segunda y la cuarta.

c) ¿En cuál de las siguientes series, las palabras no riman entre ellas?

- ☐ sentada, falda, atlas
- ☐ tarde, llorando, sangre
- ☐ yo, balcón, flor
- ☐ velero, Negro

12. En el verso 7, el poeta dice que el dedo de la niña es un «blanco velero». ¿Qué significa?

13. En el espacio personal de la web *www.barcanova.cat*, encontrarás el poema titulado «La muralla». Léelo y escribe a qué le cerrarías y le abrirías la muralla para construir una sociedad mejor.

BARCANOVA EDITORIAL

» TOMA LA PALABRA

Recito un poema

Vas a seleccionar un poema, recitarlo y grabarlo en audio o en vídeo. El conjunto constituirá la **antología poética** de la clase o, si lo preferís, el **videopoemario**, que colgaréis en el blog del aula y podréis reproducir posteriormente en clase.

Procedimiento

1. Selecciona un poema y cópialo en una hoja aparte.
2. En el recitado tendrás que incluir, por orden, los siguientes aspectos:
   - Preséntate y di el título y la autoría del poema que vas a recitar.
   - Recita el poema despacio y con voz clara. Respeta el ritmo, la rima y las pausas.
   - Explica por qué has escogido este poema y si hay algún verso que te guste más que otro. Si es necesario, busca información sobre el sentido del poema. Añade también algunos datos del autor o autora del texto.
3. Grabad cada intervención y colgad los vídeos en el blog del aula.

Te damos un modelo

Para que te resulte más sencillo, puedes confeccionar una ficha como la siguiente:

Título del poema	**Solo sé**
Poema	*Solo sé andar muy despacio,* *a pie o en bicicleta.* *¡Quisiera ser un atleta!* *Ave humana del espacio.* *Que mi cuerpo en las anillas* *fuese flexible y erecto.* *Tensos mis músculos. Recto.* *Sin encoger las rodillas.* MARÍA ELVIRA LACACI
Explicación	El poema trata de las aspiraciones de una persona que sueña con ser atleta. Yo lo he escogido porque me siento identificada con lo que dice, puesto que a mí me gustaría ser una gran deportista. Además, este poema tiene rima. Mi verso preferido es «ave humana del espacio», porque es una manera muy original de representar a alguien que practica con las anillas.
Autoría	**María Elvira Lacaci** (1928-1997) fue una poetisa española, la primera mujer galardonada con el Premio Adonáis, en 1956, por *Voz humana*. Recibió además el Premio de la Crítica en 1964. Otras obras de la autora son *Humana voz* (1957), *Sonido de Dios* (1962) y *Al este de la ciudad* (1963).

» DILO POR ESCRITO

Compongo un poema

¿Qué tienes que hacer?

✔ En esta actividad, te proponemos que escribas un poema a partir de algunas preposiciones. Cada verso empezará con una preposición y todas aparecerán por orden alfabético.

¿Cómo puedes hacerlo?

Para preparar la escritura del poema, puedes seguir estos pasos:

1. Piensa y escribe como mínimo cuatro preposiciones:

____

____

2. Vuelve a escribir la misma lista, pero esta vez por orden alfabético:

____

____

3. Escoge un tema y piensa qué quieres expresar. Puedes hablar de temas serios, como el amor, los amigos o las estaciones del año, o bien hablar de cuestiones más sencillas del día a día, como el fútbol, el tomate, el patinete...

____

Para inspirarte

Estudio

A las diez,
ante los libros,
bajo la luz,
con atención...

Oda nocturna

A la luna, luna
ante tu ventana
bajo una farola,
con una guitarra...

El tren

Bajo un paraguas
con dos maletas,
en la estación,
sin rumbo fijo.

Manos a la obra

A continuación, compón tu poema.

- Antes de empezar, escribe cómo se titulará:

- Copia las preposiciones elegidas y ordenadas una debajo de la otra. Cada preposición será la primera palabra del verso correspondiente. No olvides añadir el título y, si es posible, adjunta una imagen que lo ilustre.

Y para acabar...

Copia un poema que haya escrito un compañero o compañera y te haya gustado:

» LENGUA Y SOCIEDAD

1. El esquema

Un **esquema** es una técnica de trabajo que consiste en representar gráficamente las ideas más importantes de un texto. Por ejemplo:

ESQUEMA DE LLAVES

- Título o idea general
  - Idea principal 1
    - Idea secundaria
      - Detalle
      - Detalle
    - Idea secundaria
  - Idea principal 2
    - Idea secundaria
      - Detalle
      - Detalle
    - Idea secundaria

ESQUEMA NUMÉRICO

1. **Idea principal 1**
   1.1. Idea secundaria
      1.1.1. Detalle
      1.1.2. Detalle
   1.2. Idea secundaria
      1.2.1. Detalle
      1.2.2. Detalle

2. **Idea principal 2**
   2.1. Idea secundaria
      2.1.1. Detalle
         2.1.1.1. Subdetalle
         2.1.1.2. Subdetalle
      2.1.2. Detalle

Ejemplo de esquema

Montes submarinos

Los montes submarinos son montañas, generalmente de origen volcánico, que se elevan del fondo del océano, pero no llegan a sobresalir del nivel del mar (en tal caso se convertirían en islas). Comparables en tamaño con las montañas terrestres y probablemente más numerosas que estas, son unas de las formaciones de relieve más prominentes de la Tierra.

Se calcula que hay alrededor de 100.000 montañas submarinas de al menos un kilómetro de altura. Pero si se computasen las de menor altura, la cifra podría acercarse al millón.

Auténticos oasis de abundancia en mar abierto, las montañas submarinas traen, amparan y nutren a diversas comunidades de animales.

GREGORY S. STONE: «Viaje al fondo del océano»,en *National Geographic*.

- Montes submarinos
  - Origen — Generalmente volcánico.
  - Tamaño — Similar al de las montañas terrestres.
  - Número
    - Alrededor de 100.000 de más de 1 km de altura.
    - Cerca de 1 millón en total.
  - Fauna y flora — Hábitat de diversas comunidades de animales.

¿Cómo hacer un esquema?

1. Lee y **subraya** las ideas clave del texto.
2. **Selecciona** y **ordena** jerárquicamente las ideas subrayadas.
3. **Redacta** el esquema (de llaves o númerico). Puedes usar también alguna aplicación informática si lo haces en el ordenador.

» ACTIVIDADES

14. Elabora un esquema en el ordenador a partir de los términos que tienes a continuación y ponle un título:

autobús • autocar • avión • barca • barco • bicicleta • camión • coche • helicóptero • metro • moto
taxi • teleférico • transbordador • tranvía • tren • transporte aéreo • transporte por ferrocarril
transporte terrestre • transporte por carretera • transporte marítimo y fluvial

15. Elabora un esquema a partir del texto que tienes a continuación:

La planta del café se denomina *cafeto*. Pertenece al género *Coffea*, de la familia de las rubiáceas. Los cafetos son arbustos que pueden llegar a medir más de 12 metros de altura en estado salvaje. Sin embargo, y con el fin de facilitar la recolección, en las plantaciones se podan entre los dos y los cuatro metros de altura.

El fruto del cafeto tiene la apariencia de una cereza pequeña. En el interior de esta hay dos semillas separadas por un surco y rodeadas de una pulpa amarilla. Son los granos de café.

Las especies de *Coffea* más importantes, desde el punto de vista del sector industrial cafetero, son la *Coffea arabica*, la *Coffea canephora* o *robusta* y la *Coffea liberica*. La *Coffea arabica* proporciona un café suave y aromático. Originaria de Etiopía, es la especie más apreciada y antigua que se conoce. Actualmente representa el mayor porcentaje de la producción del café, por encima del 60 %, se cultiva en toda Latinoamérica, en África Central y Oriental, en la India y, en cierta medida, en Indonesia.

La *Coffea liberica* proporciona un café con un sabor peculiar, por lo que su consumo no está muy generalizado; sin embargo, es particularmente apreciado en los países escandinavos. Es nativa de Liberia y se cultiva también en Costa de Marfil.

La *Coffea canephora* o *robusta* proporciona un café fuerte, con mucho cuerpo y un contenido de cafeína mayor. Procede de la ribera del río Congo, se cultiva en África Occidental y Central, en todo el sudeste de Asia y, en cierta medida, en Brasil.

En *federacioncafe.com* (texto adaptado).

» LITERATURA

1. La poesía

Los **poemas** están formados por **versos**, renglones más o menos cortos que se sitúan uno debajo de otro. Los versos se agrupan en **estrofas**. El lenguaje del verso tiene un ritmo especial, fijado a partir de la **medida** de los versos, la **posición del acento**, la **rima** y las **estrofas**.

¿SABÍAS QUE...?

Los versos de ocho sílabas o menos se llaman versos de **arte menor**. Los versos de nueve sílabas o más son versos de **arte mayor**.

1.1. La medida de los versos

La **medida** de un verso es el **número de sílabas** que tienen las palabras de dicho verso.

Para contar las sílabas de un verso, hay que tener en cuenta la **posición del acento** (la sílaba tónica) en la última palabra. Existen varias posibilidades:

- Si el verso acaba con una palabra **esdrújula**, habrá que **restar** una sílaba.
- Si el verso acaba en palabra **llana**, la medida se queda **igual**.
- Si el verso acaba con una palabra **aguda** o **monosílaba**, se **suma** una sílaba más.

En los versos pueden pronunciarse juntas dos sílabas que pertenecen a palabras contiguas. A este fenómeno se le llama **sinalefa**, y se produce cuando una palabra acaba en vocal y la siguiente comienza también en vocal. Indicaremos la sinalefa en un verso mediante un pequeño arco situado debajo de las sílabas que se unen.

Fíjate en cómo se cuentan las sílabas en estos poemas:

Fue-ron- jó-ve-nes- los- vie-jos,	(8 sílabas)
pe-ro- la- vi-da- se ha- i-do	(8 sílabas)
des-gra-nan-do en- el- es-pe-jo.	(8 sílabas)
y- se-rán- vie-jos- los- jó-ve-nes,	(9 - 1 = 8)

Fueron jóvenes los viejos,
pero la vida se ha ido
desgranando en el espejo

y serán viejos los jóvenes,
pero no lo divulgaremos
que hasta las paredes oyen.

Mario Benedetti

U-na-, dos- y- tres,	(5 + 1 = 6 sílabas)
es-con-di-te in-glés,	(5 + 1 = 6 sílabas)

Una, dos y tres,
escondite inglés,
a esa niña de rojo
ya no la ves.

Carmen Martín Gaite

BARCANOVA EDITORIAL

» ACTIVIDADES

16. Lee el siguiente poema y comentad entre toda la clase las emociones o sentimientos que expresa. Luego realiza las actividades que se indican.

Viento

Cantan las hojas,
bailan las peras en el peral;
gira la rosa,
rosa del viento, no del rosal.

Nubes y nubes
flotan dormidas, algas del aire;
todo el espacio
gira con ellas, fuerza de nadie.

Todo es espacio;
vibra la vara de la amapola
y una desnuda
vuela en el viento lomo de ola.

Nada soy yo,
cuerpo que flota, luz, oleaje;
todo es del viento
y el viento es aire siempre de viaje.

OCTAVIO PAZ

a) ¿Es una poesía lírica? Justifica tu respuesta.

____

____

____

b) ¿Tiene un yo poético? Subraya los versos donde aparece.

c) ¿Cuántas estrofas tiene? ______________

d) Copia la última palabra de los versos que riman entre sí:

____

____

e) Relaciona cada verso con el recurso expresivo o literario que se utiliza. Puedes consultar el apartado de literatura de la unidad 1.

vibra la vara de la amapola •	• personificación
algas del aire •	• hipérbaton
nada soy yo •	• metáfora
flotan dormidas •	• aliteración

17. Lee las siguientes estrofas y mide el número de sílabas de sus versos. Indica las sinalefas.

La luna se esconde

Se esconde la luna ______________
detrás de las casas. ______________
¡Qué casas tan grises! ______________
¡Qué luna tan blanca! ______________

ANTONIO GARCÍA TEIJEIRO

El pez

En mi pecera ______________
yo tengo un pez. ______________
Es de colores, ______________
¡qué lindo es! ______________

ANA MARÍA ROMERO

1.2. La rima

La **rima** es la repetición de los mismos sonidos en cada verso a partir de la última vocal acentuada. Dos versos riman entre sí cuando la última palabra de un verso concuerda con la última palabra del otro verso. Hay dos tipos de rima:

TIPOS DE RIMA	
RIMA CONSONANTE	**RIMA ASONANTE**
Cuando coinciden los sonidos vocálicos y consonánticos de los versos. Ejemplo:	Cuando solo coinciden los sonidos vocálicos de los versos. Ejemplo:
*Del rosal sale la **rosa*** a *¡Oh, qué herm**osa**!* a *¡Qué color saca tan **fino**!* b *Aunque nace del esp**ino*** b *nace entera y olor**osa**.* a ANÓNIMO	*Voy a medirme el amor* – *con una cinta de ac**ero**:* a *Una punta en la montaña.* – *La otra… iclávala en el vi**ento**!* a DULCE MARÍA LOYNAZ

La rima de un poema se indica con una letra al lado de los versos que riman entre sí o con una raya en los versos que no tienen rima. La letra es minúscula en los versos de arte menor, y mayúscula, en los de arte mayor.

1.3. Las estrofas

La **estrofa** es una agrupación de dos o más versos que tienen cierta unidad poética.

Las estrofas tradicionales se definen por la medida y por el número de versos. Algunas estrofas de gran tradición en la historia de la literatura son el **pareado** (2 versos), el **terceto** (3 versos), el **cuarteto** (4 versos), etc. Dentro del poema se reconocen visualmente porque se separan unas de otras con doble espacio.

Lee el poema «Los adioses», de Rosario Castellanos, que tiene dos estrofas de cinco versos cada una:

Los adioses

Quisimos aprender la despedida
y rompimos la alianza
que juntaba al amigo con la amiga.
Y alzamos la distancia
entre las amistades divididas.

Para aprender a irnos, caminamos.
Fuimos dejando atrás las colinas, los valles,
los verdeantes prados.
Miramos su hermosura
pero no nos quedamos.

ROSARIO CASTELLANOS

18. En este poema, indica la rima que encuentres y di si es asonante o consonante:

No fue para mí... ____________
Ya lo suponía. ____________
Pero sé engañarme ____________
tan bien con mentiras ____________
y jugar al juego ____________
de la falsa dicha, ____________
que a veces me olvido ____________
–ya ves si soy niña– ____________
que estaba jugando ____________
a que me querías. ____________

ERNESTINA DE CHAMPOURCÍN

____

19. Lee el siguiente poema de Gloria Fuertes:

Se me apareció el agua
y me dijo: «Tengo sed».

Se me apareció el pastel
y me dijo: «Tengo hambre».

Se me apareció la nieve,
y me dijo: «Tengo frío».

Se me apareció el fantasma
y me dijo: «Tengo miedo».

Se me apareció el hada,
y me dijo: «Estoy helada».

Y yo me quedé pensativa
y no les pude hacer nada.

GLORIA FUERTES

- Ahora, completa el poema que tienes a continuación imitando al que has leído.

Se me apareció ____________
y me dijo: «____________».

Se me apareció ____________
y me dijo: «____________».

Se me apareció ____________,
y me dijo: «____________».
Se me apareció ____________
y me dijo: «____________».

Se me apareció ____________,
y me dijo: «____________».

Y yo me quedé pensativa
y no les pude hacer nada.

20. Ordena los versos de cuatro en cuatro y obtendrás dos poemas del poeta Gerardo Diego:

Amar no es pedir, es dar, • las tres de todos los cuentos, • noche tras día. • las tres en el mirador • tejiendo encajes y sueños. Yo no sabía. • Me estás enseñando a amar. Estabais las tres hermanas

____
____
____
____

____
____
____
____

» GRAMÁTICA

1. La preposición

La **preposición** es una palabra invariable que relaciona varias palabras o grupos de palabras y establece una relación de dependencia entre ellas. La preposición puede relacionar un verbo, un sustantivo o un adjetivo con sus complementos.

LAS PREPOSICIONES SON:
a, ante, bajo, con, contra, de, desde, durante, en, entre, hacia, hasta, mediante, para, por, según, sin, sobre, tras, versus, vía

Han subido ***a*** *la cima.* (V. – Prep.)

Viste un jersey ***de*** *lana.* (Sust. – Prep.)

Está contento ***con*** *su trabajo.* (Adj. – Prep.)

Las preposiciones pueden agruparse entre sí o con otras palabras para formar las llamadas **locuciones prepositivas**, que tienen el mismo valor gramatical que las preposiciones: *delante de, lejos de, a través de, encima de...*

TIPOS DE CONJUNCIONES	
COPULATIVAS	*y, e, ni*
DISYUNTIVAS	*o, u*
ADVERSATIVAS	*pero, sino*
COMPLETIVAS	*que*
CONDICIONALES	*si*
CAUSALES	*porque*
CONCESIVAS	*aunque, si bien*
TEMPORALES	*luego que*
CONSECUTIVAS	*tan...* ***que***
ILATIVAS	*conque*
COMPARATIVAS	*más...* ***que***
FINALES	*para que*

2. La conjunción

La **conjunción** es una palabra invariable que enlaza palabras de la misma categoría y también oraciones enteras.

¿Los quieres azules ***o*** *verdes?* → Enlaza dos adjetivos.

Quería ir, ***pero*** *no tuvo tiempo.* → Enlaza dos oraciones.

Las conjunciones pueden combinarse con algunos adverbios y preposiciones para formar las llamadas **locuciones conjuntivas**, que tienen el mismo valor gramatical que las conjunciones: *desde que, a menos que, pese a que, además de que...*

3. La interjección

Las **interjecciones** son palabras o expresiones que, pronunciadas en un tono exclamativo, expresan un estado de ánimo o una impresión. Hay dos tipos de interjecciones:

- **Interjecciones propias.** Son palabras como *¡ah!, ¡eh!, ¡uy!*, que son siempre interjecciones.
- **Interjecciones impropias.** Se trata de sustantivos, adjetivos, verbos o adverbios que funcionan como interjecciones solo en ciertas ocasiones: *¡anda!, ¡claro!, ¡ya!, ¡vamos!*

¿SABÍAS QUE...?

Las interjecciones sirven también como fórmula de saludo (*¡Hola!*) o de despedida (*¡Adiós!*).

» ACTIVIDADES

21. Completa el siguiente texto con las preposiciones adecuadas:

> ______ esperar respuesta, Gomis cogió su pajarita sujetándola ______ la parte inferior ______ el pulgar y el índice ______ la mano izquierda. La alzó ______ las caras del trío arbitral y, acto seguido, suavemente, tiró varias veces ______ la cola ______ atrás ______ la mano derecha.
>
> El papel de estraza, tan feo, tan basto, tan blando y pesado, pareció dotar ______ auténtica vida ______ la pajarita ______ Gomis, que agitó las alas ______ un movimiento cadencioso, elegante, tan aparentemente real que pareció mágico.
>
> FERNANDO LALANA, JOSÉ M.ª ALMÁRCEGUI: *Los hijos del trueno*.

22. Completa las oraciones con las conjunciones adecuadas de entre las siguientes: *y*, *porque*, *aunque*, *o*, *para que*, *pero*.

a) ______ no hacía frío, nos arrimamos todos a la hoguera.

b) ¿Tomarás ensalada ______ prefieres un poco de verdura hervida?

c) Caminaron hasta el árbol ______ se sentaron a sus pies.

d) Cogió el paraguas ______ llovía torrencialmente.

e) Iba a decirles algo ______ se quedó callado.

f) Te presto el libro ______ lo leas.

23. Localiza los adverbios, las preposiciones y las conjunciones de este texto y clasifícalos en la tabla:

> El doctor abrió los sellos con gran cuidado y apareció el mapa de una isla, con indicación de su latitud y longitud, profundidades, nombres de colinas, bahías y ensenadas y todo lo necesario para que un barco **fondeara** con seguridad en sus costas. Medía unas nueve millas de largo por cinco de ancho y tenía dos buenos puertos naturales y una colina en la parte central señalada con el nombre de «El Catalejo». Había varias anotaciones añadidas al mapa original, especialmente, tres cruces rojas, dos al norte de la isla y una en el sudoeste, y junto a esta última, estas palabras: «Aquí, la mayor parte del tesoro».
>
> ROBERT LOUIS STEVENSON: *La isla del tesoro*.

VOCABULARIO

fondear *v.* Dicho de una embarcación, asegurar su posición echando el ancla.

Adverbios	Preposiciones	Conjunciones

24. Escribe una oración que contenga una interjección propia y una impropia:

____

____

____

» LÉXICO

1. La derivación

La **derivación** es un recurso de la lengua utilizado para formar nuevas palabras.

Las palabras derivadas son las que proceden de otros vocablos de la misma lengua. Están formadas por un **lexema** y uno o más **morfemas derivativos** o **afijos**, que pueden ser **prefijos** o **sufijos**.

Cuando dos o más palabras derivadas comparten el mismo lexema, decimos que pertenecen a la misma **familia léxica**. Por ejemplo, *panecillo*, *panadero* y *empanada* son palabras derivadas que provienen del vocablo *pan*.

En algunas palabras, los sufijos diminutivos y aumentativos no indican disminución o aumento de tamaño, sino que tienen un significado distinto. Es el caso de la palabra *zapatilla*, que no significa «zapato pequeño», sino «zapato especial para estar por casa». Lo mismo ocurre con la palabra *flechazo*, que no es «flecha grande», sino «enamoramiento a primera vista». **¿Se te ocurren más ejemplos?**

1.1. Prefijos y sufijos

Los prefijos van **delante** del lexema, mientras que los sufijos van **detrás** de este.

Prefijos	Sufijos
típico → ***a**-típico*	*camión* → *camion-**ero***
pasado → ***ante**-pasado*	*piano* → *pian-**ista***
obedecer → ***des**-obedecer*	*bello* → *bell-**eza***
ordinario → ***extra**-ordinario*	*maleta* → *malet-**ón***
móvil → ***in**-móvil*	*avión* → *avion-**eta***
histórico → ***pre**-histórico*	*Portugal* → *portugu-**és***
suelo → ***sub**-suelo*	*pizza* → *pizz-**ería***
sonido → ***ultra**-sonido*	*comercio* → *comerci-**ante***

1.2. Tipos de sufijos

- **Diminutivos.** Indican pequeñez, pero también aprecio y valoración positiva: *cas**ita***, *pequeñ**ín***, *plaz**uela***...
- **Aumentativos.** Incorporan la idea de mayor tamaño, como en *caserón*, que significa «casa grande». También pueden sugerir poca estimación o burla, como en *boc**azas***.
- **Despectivos.** Implican desprecio. Por ejemplo, *cas**ucha*** significa «casa vieja y estropeada». Otros ejemplos son *bich**arraco***, *hierb**ajo***...
- **Sufijos de oficio y de lugar.** Por ejemplo, *comerci**ante***, *ta**xista***, *pint**or*** o *pint**ora***, *come**dor***, *sana**torio***, *pizz**ería***...

Los gentilicios

Los gentilicios son nombres y adjetivos que expresan un lugar de origen o de procedencia. En la formación de gentilicios se usan, entre otros, los sufijos (*-ana*, *-eño*, *-ense*...): *cub**ana***, *americ**ana***, *almer**iense***, *bilba**íno***, *cacer**eña***, *magreb**í***...

» ACTIVIDADES

25. Forma nuevas palabras combinando los prefijos de la columna izquierda con las palabras de la columna derecha. Después, escribe las palabras resultantes.

pre- •	• adherente
extra- •	• atar
des- •	• ver
anti- •	• centenario
bi- •	• suelo
sub- •	• fino

____

____

____

____

____

26. Fíjate bien en estos textos y subraya las palabras que contengan sufijos diminutivos y aumentativos:

a) Un golazo decisivo. Un gran tanto decide el pase a la final

b) **Cochecito de bebé**

Vendo cochecito de bebé de color marrón y negro. Está casi nuevo y es muy ligero. Regalo sillita plegable

c) **Nana de la tortuga**

Verde, lenta, la tortuga.
¡Ya se comió el perejil,
la hojita de la lechuga!

Rafael Alberti

27. Con la ayuda de los sufijos *-ista* y *-ero/a*, escribe un nombre de oficio o profesión a partir de las siguientes palabras:

a) jardín: ____________ **d)** flor: ____________

b) moda: ____________ **e)** oficina: ____________

c) diente: ____________ **f)** libro: ____________

28. Completa la siguiente tabla con el nombre del país o con el gentilicio correspondiente.

Alemania		Túnez	
	danés, danesa		húngaro, húngara
Irán		Suecia	
	marroquí		uruguayo, uruguaya
Camerún		Venezuela	

29. Indica a qué ciudades se refieren los siguientes gentilicios:

a) gienenses ____________

b) lucenses ____________

c) gaditanas ____________

d) vallisoletanos ____________

e) bilbaínas ____________

f) onubenses ____________

30. Forma un verbo derivado de cada una de las siguientes palabras:

a) hospital: ____________

b) radical: ____________

c) humo: ____________

d) jaleo: ____________

e) blanco: ____________

f) normal: ____________

» ORTOGRAFÍA

1. La *r* y la *rr*

SE ESCRIBE *RR*	EJEMPLOS
Entre vocales.	*carro*, *barrer*, *susurrar*, etc.
En las palabras derivadas y compuestas cuyo primer elemento acaba en vocal y el segundo empieza por *r*.	*para + rayo = pararrayos* *auto + retrato = autorretrato*
En las palabras que empiezan por *r* y se les añade el prefijo *in-*; en este caso, la *n* desaparece.	*in- + responsable = irresponsable* *in- + racional = irracional*

20 palabras para recordar

R		RR	
alrededor	contrario	autorretrato	extrarradio
subrayar	guarda	grecorromano	antirrobo
enredo	caro	irracional	contrarrestar
desrizar	pero	guardarropa	carro
irascible	para	perro	parra

2. La *s* y la *x*

SE ESCRIBE *X*	EJEMPLOS
Entre la **e** de principio de palabra y cualquier otra vocal o **h**.	***ex**igente*, ***ex**hausta*, ***ex**agerar*
Entre la **e** de principio de palabra y los grupos ***pl*** y ***pr***. Hay excepciones como *esplendor*, *espléndido*, etc.	***ex**plotar*, ***ex**primir*
En las palabras que empiezan con el prefijo **extra-**.	***extra**escolar*, ***extra**ordinario*, ***extra**oficial*

20 palabras para recordar

S		X	
espectadores	espléndido	extranjero	extender
estreno	estéreo	exhibición	extraño
estrés	estrepitoso	expedición	extravagante
esotérico	espliego	excepción	exposición
estrafalario	estrambótico	conexión	xenofobia

» ACTIVIDADES

31. Utilizando el prefijo *in-*, escribe palabras que signifiquen lo contrario que los términos de la siguiente lista. Ten en cuenta que, en estos casos, la *n* desaparece.

a) recuperable ______

b) revocable ______

c) reconocible ______

d) remediable ______

e) realizable ______

f) regulable ______

32. Forma nuevos términos con los elementos de ambas columnas:

anti- •	• raíl	______
mono- •	• retrato	______
peli- •	• reloj	______
pre- •	• robo	______
auto- •	• rojo	______
contra- •	• romano	______

33. Relaciona cada uno de los verbos de la siguiente lista con la definición correspondiente:

1. desenredar
2. sonrojar
3. enriquecer
4. enronquecer
5. enroscar

☐ Aumentar la riqueza.

☐ Deshacer un enredo.

☐ Introducir una pieza que tiene rosca.

☐ Ponerse alguien rojo de vergüenza.

☐ Ponerse alguien ronco.

34. Escribe los verbos *extinguir*, *exhalar*, *extirpar*, *exterminar* y *extraviar* a continuación de su definición.

a) Quitar definitivamente. ______

b) Despedir gases u olores. ______

c) Destruir completamente. ______

d) Hacer perder el camino. ______

e) Hacer que cese un fuego. ______

LUDOLENGUA

35. Busca las tres palabras que son distintas en ambos listados:

exageración	esclarecer	exigencia
expectación	expulsión	escabeche
escalofrío	excluir	estropicio
estructura	esencial	explotar
exprimir	examen	esplendor
extraordinario	escalera	excelente
exclusivo	estratégico	exótico

estratégico	esencial	exactitud
examen	exageración	exigencia
exclusivo	expectación	explotar
expulsión	escabeche	escalofrío
excluir	escena	estructura
extraordinario	estropicio	esplendor
escalera	excelente	exhibición

DICTADO

Premisa. Lee el texto y apunta qué letra aparece más veces y cuál aparece menos.

La ciudad había dado la mínima, y en las bufandas enroscadas hasta los ojos, y las solapas erguidas, y los tapabocas, y los bustos encogidos bajo los gabanes, se adivinaba ese puntito de orgullo y vanagloria de saberse los más extremosos en algo. Quince grados bajo cero eran muchos grados bajo cero.

Miguel Delibes: *La partida*.

» PONTE A PRUEBA

Lee y comprueba si lo has comprendido

¿Por qué tienen los huracanes nombre de persona?

Los nombres propios facilitan la comunicación

En 1825 se estableció el primer nombre propio para un huracán. A partir de entonces, algunos meteorólogos comenzaron a bautizarlos con el nombre del santo del día en el que el huracán asolaba una zona. Por esa razón, Santa Ana, que azotó Puerto Rico el 26 de julio, sería el primer huracán que recibió un nombre propio.

A finales del siglo XIX, el meteorólogo Clement L. Wragge comenzó a referirse a los huracanes utilizando nombres propios de mujeres. No obstante, la tendencia más habitual durante aquella época era nombrarlos a partir del año en que se presentaban más una letra del alfabeto. Por lo tanto, el primer huracán de 1948 recibió el nombre de 1948A.

Un sistema que causa menos errores

No obstante, dado que podía ser confuso compartir esta información con tantas fuentes, la Organización Meteorológica Mundial decidió establecer nombres propios: «La experiencia ha demostrado que el uso de nombres de hombres y mujeres en la comunicación escrita y hablada es más corto, más rápido y causa menos errores que cualquier otra identificación de huracanes usada hasta la fecha».

A partir de 1953, el Servicio Meteorológico de Estados Unidos decidió establecer nombres propios a todos sus huracanes. Sin embargo, todos ellos eran nombres de mujer. En 1979, se decidió alternar nombres propios masculinos y femeninos para denominar a las tormentas. Una tradición que se ha extendido hasta nuestros días. Desde entonces, cada zona del planeta que sufre fenómenos naturales de este tipo (huracanes, ciclones o tormentas tropicales) cuenta con su propia lista de nombres.

¿Cómo se establecen los nombres?

En la actualidad, un comité internacional de la Organización Meteorológica Mundial ha creado una lista en la que aparecen los nombres de los huracanes que tendrán lugar en un período de seis años. Una lista cíclica (se repiten los nombres a partir del séptimo año) en la que aparecen 21 nombres propios por año. En caso de que se acabaran las opciones de la lista, los siguientes fenómenos serían designados con las letras del alfabeto griego, algo que sucedió en 2005, cuando se llegó a utilizar hasta la letra gamma.

Además, los nombres de los huracanes más devastadores son eliminados de todas las propuestas con el objetivo de no confundir a la sociedad. El nombre de los huracanes que más destrozos han causado no podrán ser utilizados durante al menos diez años, razón por la que será muy difícil volver a escuchar «huracán Katrina».

David Justo, en *cadena ser.com*, septiembre de 2019 (texto adaptado).

1. Los huracanes tienen nombre de persona...

- ☐ para continuar una tradición que se inició en 1825.
- ☐ porque de este modo es más fácil identificarlos y se evitan errores.
- ☐ porque así lo estableció el meteorólogo Clement L. Wragge a finales del siglo XIX.

2. Se alternan nombres de hombre y de mujer desde:

☐ 1825 ☐ 1948 ☐ 1953 ☐ 1979

3. Completa el siguiente enunciado:

- Para cada año hay una lista con ____________ nombres propios, y si se usan todos los nombres, entonces los siguientes fenómenos se designan con ____________.

4. El nombre del huracán Katrina se ha eliminado de la lista...

- ☐ por la magnitud de los destrozos que causó y su gran número de víctimas.
- ☐ porque los nombres de los huracanes deben cambiarse cada seis años.

5. El texto que acabas de leer es...

- ☐ un texto narrativo.
- ☐ un texto dialogado.
- ☐ un texto expositivo.

6. Busca y subraya, en el primer párrafo del texto, una palabra que tenga el mismo significado que *destruía* o *arrasaba*.

7. Que los huracanes sean devastadores significa que son...

- ☐ poderosos, importantes.
- ☐ destructores, catastróficos.
- ☐ famosos, conocidos.
- ☐ extensos, profundos.

8. Colorea cinco preposiciones en el texto.

9. Subraya cuál es la forma correcta:

a) la **experiencia / esperiencia** ha demostrado...

b) una tradición que se ha **extendido / estendido**...

c) decidió **extablecer / establecer** nombres propios...

d) Organización **Metereológica / Meteorológica** Mundial

10. Escribe el término (*tiempo*, *meteorología*, *climatología*) que se corresponde con cada definición:

a) ____________ Ciencia que estudia los fenómenos atmosféricos.

b) ____________ Estudio del clima. Conjunto de características del clima de una zona concreta.

c) ____________ Estado atmosférico en un lugar y un momento dados.

Mira y lee

Encontrarás varios enlaces relacionados con los huracanes en el espacio personal de la web *www.barcanova.cat*. Elige el que más te interese para informarte.

Averigua

Responde a las siguientes cuestiones:

- ¿Qué es un huracán?

____

- ¿Qué otros nombres recibe este fenómeno atmosférico?

____

- ¿Cómo se mide su fuerza?

____

UNIDAD 9

CLUB DE LECTURA » *La ramita de hierbabuena*
TOMA LA PALABRA » Se me traba la lengua
DILO POR ESCRITO » Me voy de viaje
LENGUA Y SOCIEDAD » La entrevista
LITERATURA » El género teatral
GRAMÁTICA » Sintagmas y oraciones
LÉXICO » Palabras simples y palabras compuestas
ORTOGRAFÍA » La sílaba y la acentuación

Preparamos la lectura

1. Fíjate en la imagen, ¿de qué época crees que es? Escribe un año aproximado:

____

2. Poned las respuestas en común y comentad qué diferencias puede haber entre una representación teatral de hace cien años y una actual.

¿QUIÉN RESOLVERÁ EL ENIGMA?

Carlos, Clara, Virginia y Octavio irán a ver la misma obra de teatro. Adivinad la fila y el asiento que ocupará cada uno. La persona que tiene el nombre de una escritora inglesa se sienta en la tercera fila. Octavio está en la misma fila que Virginia y una detrás de Clara. Carlos se sienta delante de Clara. Todos ocupan butacas pares, excepto Octavio, que ocupa la número cinco. El número de asiento de Clara es el más próximo, pero mayor, al de Octavio; y el de Virginia, el siguiente.

» CLUB DE LECTURA

La ramita de hierbabuena

Interior de una vivienda. Agachado en el suelo, un niño juega con varios objetos acompañando sus acciones con efectos sonoros de propia cosecha. No tarda mucho en oírse la voz de su madre.

MADRE: ¡Asterio! (*ASTERIO sigue* **ensimismado** *en su juego.*) [...]

ASTERIO: ¡Estoy aquí, mamá!

MADRE: (*Asoma por la puerta de la cocina, triturando algo en un* **almirez**.) Ya sé que estás aquí. Pero cuando te llamo es para que...

ASTERIO: Es que estoy jugando.

MADRE: Ya veo que estás jugando. Pero ahora necesito una ramita de hierbabuena. Tendrás que ir a buscarla. [...]

ASTERIO: Jolín...

MADRE: Toma. A cambio de esta vara de avellano te darán la hierbabuena.

ASTERIO: (**Blandiendo** *la vara a modo de espada.*) ¡Estás perdido, D'Artagnan!

MADRE: Tú sí que estarás perdido como te pongas a jugar y no vuelvas pronto.

ASTERIO: ¿Qué tal dos horas?

MADRE: Una hora, o la hierbabuena no me servirá para el guiso.

ASTERIO: Mmmm... Ya se nota el olorcillo. [...]

ASTERIO sale y su voz se oye alejándose mientras grita: «¡Estás perdido, D'Artagnan!». La MADRE entra a la cocina triturando algo en el almirez. En el camino, ASTERIO va jugando con la vara de avellano. La sigue utilizando como espada, pero también como remo que impulsa una imaginaria canoa, o como fusta que pone al galope su veloz corcel, o como aspa de molino, o como... Finalmente, agarrándola como si fuera una lanza, la impulsa hacia lo alto. La vara sube y sube... ASTERIO la sigue con la mirada, esperando verla bajar. Pero algo extraño parece estar sucediendo...

Mientras ASTERIO mira a lo alto, entra una viejecita. De sus hombros y cintura cuelgan algunos **fardos** *y bolsitas de colores.*

VIEJA: ¿Buscas algo?

ASTERIO: ¡Ay, qué susto! ¿Quién eres tú?

VIEJA: ¿Acaso no me conoces?

ASTERIO: No. Digo, sí. Digo... Bueno, lo que tú mandes.

VIEJA: No seas tonto, no tienes por qué temerme. No soy ninguna bruja.

ASTERIO: No, si yo no.

VIEJA: Soy **Sibila** de las Especias.

ASTERIO: ¿De las Especias? [...]

VIEJA: Llevo de todo. O casi de todo. Llevo mucho. Es decir, bastante. En fin, lo suficiente. Vamos, que algo llevo. Pero me pesa demasiado.

ASTERIO: ¿Y por casualidad no llevarás...?

VIEJA: Llevo pimienta, clavo, anís, azafrán, jengibre, alcaparra, nuez moscada, comino, mostaza, vainilla...

ASTERIO: ¿No llevas hierbabuena? [...]

VOCABULARIO

ensimismado, da *adj.* Concentrado.

almirez *m.* Mortero. Utensilio de cocina que consiste en un recipiente de metal u otro material duro, en el que se machacan condimentos u otras cosas.

blandir *v.* Mover en el aire un arma u otro objeto.

fardo *m.* Envoltorio grande de ropa u otra cosa, muy apretado, para poderlo llevar de un lado a otro.

Sibila El nombre de este personaje coincide con el de algunas profetisas de la mitología griega y romana que tenían el don de adivinar el futuro.

VIEJA: Vainilla, orégano, canela, perejil y menta. Sí que llevo.
ASTERIO: Pues yo quería una ramita de hierbabuena.
VIEJA: Vamos a ver por dónde anda la hierbabuena... ¿Traes la vara de avellano?
ASTERIO: Sí, claro, aquí la... A... aquí la traía, pero se ve que no... [...]
VIEJA: Escucha, Asterio, o como te llames: sin vara no hay **trueque**.
ASTERIO: Bueno, aquí hay un palito que... (*Lo coge del camino.*)
VIEJA: No. [...]
ASTERIO: Pues como vuelva a casa sin la hierbabuena... Pobre mamá, con la ilusión que le hacía... Y pobre de mí, que siempre la decepciono...
VIEJA: Venga, venga. Claro que volverás a casa con la hierbabuena.
ASTERIO: Gracias, Sibila. Nunca me falla el truco de dar penita.
VIEJA: Esta vez sí, amigo... como te llames. Tendrás que ganarte la dichosa ramita.
ASTERIO: Vaya. ¿Qué tengo que hacer?
VIEJA: Tienes pinta de inteligente.
ASTERIO: Hala, pues dame la ramita.
VIEJA: Tendrás que demostrar que lo eres.
ASTERIO: Huuuyyy... Voy a ver si encuentro la vara de avellano.
VIEJA: Te daré la hierbabuena si contestas correctamente al enigma que te voy a proponer.
ASTERIO: ¿Enigma?
VIEJA: Una especie de acertijo. Escucha: «¿Cuál es el animal...?».
ASTERIO: ¡El lobo! No. ¡El caballo! No. ¡El perro! No. Me rindo. [...]
VIEJA: ¿Cuál es el animal que tiene cuatro patas por la mañana, dos al mediodía y tres al anochecer?
ASTERIO: Parece fácil. Es el...
VIEJA: ¡Cuidado! Solo puedes dar una respuesta. Si la fallas...
ASTERIO: Ya me has puesto nervioso. Ahora no me parece tan fácil.
VIEJA: Solo un hombre, allá en los tiempos antiguos, **atinó** con la respuesta.
ASTERIO: Pediré ayuda a...
VIEJA: Nadie debe ayudarte. Nadie puede ayudarte. Nadie te ayudará.
ASTERIO: Vale, vale. Yo solito. Cuatro patas por la mañana...
VIEJA: ... Dos patas al mediodía...
ASTERIO: ... Y tengo que volver a casa en menos de una hora.
VIEJA: Sin embargo, tienes toda la vida para encontrar la solución.
ASTERIO: Cuatro patas por la mañana...
VIEJA: Recuerda, como te llames: nadie debe ayudarte, nadie puede ayudarte, nadie te ayudará. Pero...
ASTERIO: ... Dos patas al mediodía...
VIEJA: ... en el camino de regreso a casa hallarás la respuesta.
ASTERIO: ... Y tres patas al anochecer. Sí, en el camino. Volveré pronto a por la ramita de hierbabuena.
VIEJA: Aquí estaré.
ASTERIO: Cuatro patas por la mañana...

EDUARDO ZAMANILLO: *La ramita de hierbabuena.*

VOCABULARIO

trueque *m.* Intercambio.
atinar *v.* Acertar.

» ACTIVIDADES

1. ¿Qué personajes intervienen en la historia?

____

____

2. La madre de Asterio lo envía a hacer un recado, ¿de qué se trata?

- ☐ Debe ir a comprar la cena de ese mismo día.
- ☐ Tiene que recoger sus juguetes.
- ☐ Debe ir a por una ramita de hierbabuena.
- ☐ Necesita que le traiga una vara de avellano para acabar su guiso.

3. Busca en el texto el enigma que debe resolver Asterio y subráyalo.

4. En el encuentro de Asterio con Sibila, ¿hay aspectos que te parezcan extraños o misteriosos? Escríbelos.

____

____

____

____

____

5. ¿A qué género literario pertenece este texto? ¿Cómo lo has sabido?

____

____

____

____

Expresión personal

6. En grupos de tres, comentad oralmente qué elementos de vestuario y escenografía necesitaríais para representar esta escena. Compartidlo con el resto de la clase.

7. En la lectura se mencionan diversas hierbas aromáticas y especias. De la siguiente relación, marca las que sean especias.

☐ azafrán	☐ vainilla	☐ pimentón
☐ cayena	☐ canela	☐ endivia
☐ pimienta	☐ nuez moscada	☐ clavo
☐ apio	☐ orégano	☐ zanahoria
☐ cebolla	☐ tomate	☐ comino

8. *Especia* y *especie* son palabras parónimas, es decir, se parecen, pero tienen distinto significado. Relaciona las siguientes palabras parónimas con su definición.

a) actitud / aptitud

1. **a__titud** Comportamiento, disposición de ánimo.
2. **a__titud** Habilidad o capacidad para adquirir algún conocimiento.

b) valla / vaya

1. **va__a** Del verbo *ir*.
2. **va__a** Barrera.

c) perjuicio / prejuicio

1. **p__juicio** Idea que se tiene sobre una cosa antes de conocerla y que puede inducir a error.
2. **p__juicio** Daño, ofensa.

9. El término *ramita* es una palabra derivada de *rama* que se ha formado mediante el sufijo diminutivo *-ita*. Busca en la lectura tres ejemplos de palabras que contengan sufijos diminutivos y escríbelos.

____

____

10. Lee el siguiente texto y subraya la solución al acertijo y el nombre del personaje que lo resolvió:

Las adivinanzas de la Esfinge

La Esfinge, aquel monstruo con cabeza de mujer, cuerpo de león, cola de serpiente y alas de águila, se dedicaba a devorar a los transeúntes que no sabían responder a sus enigmas. Edipo se topó con la Esfinge y el monstruo le planteó el enigma que nadie había sido capaz de resolver.

—¿Qué ser, con una sola voz, tiene unas veces cuatro pies, otras dos y otras tres, y es más débil cuantos más pies tiene?

Edipo no lo dudó un momento:

—El hombre, porque anda a gatas cuando es niño, se mantiene firmemente sobre sus dos pies cuando es joven, y se apoya en un bastón al llegar a la vejez.

MONTSE VILADECAVALL, TONI LLACAY: *Héroes y heroínas. Los favoritos de los dioses* (texto adaptado).

11. Por parejas, buscad o inventad un enigma, escribidlo y planteadlo al resto de la clase. ¿Lograrán adivinarlo?

12. Haced una lectura expresiva en voz alta de *La ramita de hierbabuena*, repartiendo los papeles de los tres personajes.

13. Por parejas, ¿podríais resolver las siguientes adivinanzas?

A
Cuando es rojo, está vivo
y cuando negro, está muerto.

B
Como a los perros me tratan
y me dicen: ¡sal de aquí!
Ni reyes, ni poderosos
pueden vivir sin mí.

C
Si me miras del derecho,
me verás como animal;
pero si al revés me miras,
verás que soy vegetal.

D
Tengo hojas sin ser árbol,
te hablo sin tener voz,
si me abres, no me quejo.
Adivíname quién soy.

E
Dos hermanas, mentira no es,
la una es mi tía, la otra no lo es.

F
¿Qué es lo que se dice,
una vez en un minuto
y dos en un momento?

BARCANOVA EDITORIAL

» TOMA LA PALABRA

Se me traba la lengua

Un trabalenguas es una palabra o una locución difícil de pronunciar. Vas a practicar con este tipo de textos para mejorar la pronunciación y ejercitar la memoria.

Procedimiento

1. Escoge un trabalenguas: uno de estos o cualquier otro de tu elección. Léelo con atención.

> Perejil comí,
> perejil cené.
> ¿Cuándo me
> desperejilaré?

> Me han dicho que has dicho un dicho,
> un dicho que he dicho yo;
> ese dicho
> que te han dicho
> que yo he dicho no lo he dicho.
> Y, si yo lo hubiera dicho, estaría muy bien dicho
> por haberlo dicho yo.

> Cuando cuentes cuentos,
> cuenta cuántos cuentos cuentas
> porque si no cuentas cuántos cuentos cuentas,
> no sabrás cuántos cuentos cuentas tú.

2. Cuando hayas conseguido decirlo correctamente, repítelo más rápido. Continúa ejercitándote hasta que puedas decirlo de corrido y sin errores. Por turnos, diréis vuestro trabalenguas delante de toda la clase.

Crea el tuyo

Para escribir tu propio trabalenguas, te sugerimos algunas ideas:

- Puedes utilizar palabras de una misma familia léxica:
  Un extraterrestre aterrizó en territorio terrícola
  y fue encerrado en un subterráneo:
  horroroso, tenebroso y izarrapastroso!
- Puedes conjugar un verbo y rimar:
  ¿Quién agujereó el agujero?
  Fue una bruja con una aguja.
- Escoge palabras largas o difíciles de pronunciar:
  Si con un trapo atrapo
  un esparadrapo,
  con tres trapos atraparé
  tres esparadrapos.

» DILO POR ESCRITO

Me voy de viaje

Una amiga te ha escrito para invitarte a pasar dos semanas en el pueblo en el que pasa las vacaciones. Tendrás que escribirle un correo de respuesta, planteándole todas tus dudas o motivaciones y aceptando la invitación.

¿Qué tienes que hacer?

Primero, lee el correo que te ha enviado tu amiga:

Nuevo mensaje

Para: sara_aquiestoy@gmeil.com — Cc Cco

Asunto: ¡Te espero!

Hola, Sara:

¿Qué tal? Estoy segura de que el curso te ha ido muy bien y supongo que tienes tantas ganas de vacaciones como yo. Estaré en el pueblo casi todo el verano (solo nos iremos unos días a la playa la última semana de agosto), o sea, que puedes venir en las fechas que más te convengan. Estaremos con mi abuela porque mis padres solo vienen los fines de semana (y no todos). Seguro que veremos a los mismos amigos de cada año y, aunque allí no hay mucho que hacer, tendremos libertad para estar todo el día por ahí. Y, si vienes en fiestas, por la noche también. Mi madre me dice que te podemos ir a buscar a la estación del pueblo de al lado. Cárgate de paciencia porque el tren hace mil paradas. ¿Vendrás? Dime algo pronto.

Besos,
Alba

P. D. Tengo bici para las dos.

Enviar

Antes de escribir la respuesta ten en cuenta estos pasos:

- Incluye un saludo.
- Da las gracias por la invitación y acéptala.
- Especifica las fechas de tu visita y a qué hora llegarás a la estación para que sepan cuándo pueden ir a recogerte.
- Pregunta por los detalles de ropa y calzado que necesitarás u otros aspectos que quieras saber.
- Haz las propuestas que consideres oportunas.
- No olvides despedirte.

Manos a la obra

Ya puedes redactar tu respuesta, no olvides revisarla y corregirla antes de darla por definitiva.

Nuevo mensaje

Para: Cc Cco

Asunto:

Enviar

» LENGUA Y SOCIEDAD

1. La entrevista

La **entrevista** es un texto periodístico que reproduce una conversación entre dos personas en la que una de ellas propone una serie de preguntas a la otra. Se suele entrevistar a alguien que destaca por su profesión, por su participación en un suceso, por representar a una institución, etc.

Un ejemplo de entrevista en un periódico

«DOCE MINUTOS DE MEDITACIÓN DIARIA SIRVEN PARA MANTENER LA SALUD DE NUESTROS TELÓMEROS»

La curiosidad ha alimentado a Elizabeth Blackburn (Hobart, Australia, 1948) desde muy pequeña, cuando solía cantar a las medusas en su Tasmania natal. Aunque puede sonar excéntrico, fue esa misma curiosidad la que la llevó a ganar el premio Nobel de Medicina en 2009 por sus investigaciones sobre telómeros, secuencias de ADN no codificante que resguardan al resto del ADN. «Son como el remate del cordón de un zapato, que lo protege de deshilacharse», explica Blackburn. «Cuando se desgastan del todo, es hora de morirse», sentencia.

P. Usted descubrió la telomerasa, una enzima que puede frenar el desgaste y hasta hacer crecer los telómeros...

R. Generalmente se acortan con la edad, pero hay muchas variables. La genética influye, sin duda, pero estadísticamente suele tener menos efecto que nuestra forma de vida.

P. ¿Cuánto hay que dormir para mantener los telómeros?

Según un estudio, menos de cinco horas de sueño inciden en un acortamiento de estas estructuras. Por encima de siete está bien. [...]

P. Aparte del estilo de vida, ¿hay algo que ayude a crecer a los telómeros?

R. Sabemos que los omega 3 ayudan. [...] Hay un trabajo realmente interesante que sostiene que doce minutos de meditación diaria (o de micromeditación) en gente con estrés crónico ayudan a mantener los telómeros. [...]

P. ¿Qué le diría a una niña que quiere ser científica?

R. Persiste. Es lo mejor que una puede hacer. Lo adoras. No te desalientes. Si te gusta, y sé que te gusta, persiste.

Redacción QUO, 16 de marzo de 2019.

» ACTIVIDADES

14. Lee la entrevista a la bioquímica Elizabeth Blackburn y contesta las preguntas:

a) Explica con tus palabras qué son los telómeros. Si es necesario, busca información.

____

____

____

____

b) ¿Crees que es interesante lo que explica la entrevistada? ¿Por qué?

____

____

____

____

c) ¿Qué le preguntarías tú?

____

____

d) Busca el significado de *micromeditación* y redacta, con tus palabras, una definición que podrías añadir a la entrevista para aclarar este concepto a los lectores:

¿Qué es la micromeditación?

____

____

____

____

____

____

____

____

15. Por parejas, buscad información sobre la presencia de las mujeres en el ámbito científico en nuestro país. Apuntad los datos más relevantes e intercambiad la información con el resto de la clase.

16. Escribe el nombre de dos personajes del mundo del cine, de la ciencia, del deporte, de la música, etc., por los que sientas curiosidad o admiración. Redacta una pregunta para cada uno de ellos que pudiera formar parte de una entrevista de carácter más personal.

Personaje 1

Nombre: ______________________________

Pregunta: ______________________________

____

____

Personaje 2

Nombre: ______________________________

Pregunta: ______________________________

____

____

17. Con el objetivo de dar a conocer su carácter, su forma de pensar o sus aficiones, vas a realizar una entrevista a un compañero o compañera de la clase. Para ello, tienes que seguir las pautas que has trabajado. Una vez realizada la entrevista, redáctala en tu ordenador e incluye, además de las preguntas y las respuestas, la presentación de la persona entrevistada, su fotografía y el titular.

» LITERATURA

1. El género teatral

La **dramática** o **teatro** es el género literario concebido para ser representado ante un público por unos actores que interpretan a los personajes de la historia. El siguiente texto pertenece a una obra dramática:

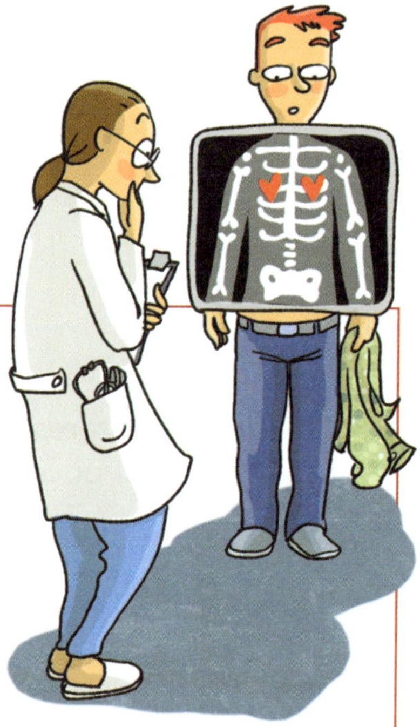

(Una clínica. Sala de rayos X. Una mujer con bata de médico, y un hombre, desnudo de cintura para arriba y con la ropa en la mano.)
PACIENTE: ¿Es algo grave, doctora?
DOCTORA: Usted tiene dos corazones.
PACIENTE: ¿Yo?
DOCTORA: Dos corazones, uno a cada lado. ¿No ha notado nunca nada raro?
PACIENTE: No... Si acaso, cuando me dejó mi mujer, que me puse azul.
DOCTORA: ¿Y no ha tenido nunca molestias?
PACIENTE: Anginas alguna vez...
DOCTORA: Digo molestias graves, de corazón. ¿No nota ahogos?
PACIENTE: Yo, la verdad, lo que me pasa, doctora, es que siempre he sufrido mucho por amor. A lo mejor es por eso.

JOSÉ LUIS ALONSO DE SANTOS: «Azul y rojo», en *Cuadros de amor y humor, al fresco* (texto adaptado).

CARACTERÍSTICAS DE LA OBRA DRAMÁTICA

- Los textos se escriben para ser representados, son **diálogos**. Cada intervención va precedida por el nombre del personaje que habla.
- En las **acotaciones**, las personas que intervienen en la representación pueden leer qué entonación y gestos tienen que hacer, cómo moverse, y otros detalles.
- Además del diálogo, también podemos encontrar el **monólogo** dramático (un personaje habla consigo mismo, reflexiona en voz alta ante el público...). En el **aparte**, en cambio, el personaje habla delante de otros personajes dando a entender que no lo oyen.

Las obras dramáticas suelen dividirse en **actos** y **escenas**:

- El **acto** es cada una de las partes en que se divide la obra. El número de actos de las obras teatrales es variable, lo más usual es que tengan tres actos, que se corresponden con las tres partes de la acción: **planteamiento**, **nudo** y **desenlace**.
- La **escena** es cada una de las partes mínimas en que se divide un acto. Se relaciona con la entrada y salida de los personajes; es decir, en una misma escena intervienen los mismos personajes.

Los subgéneros que destacan en la dramática son la **tragedia**, la **comedia** y el **drama**. También son géneros dramáticos el **paso** o **entremés**, el **sainete** y la **farsa** (piezas populares de carácter cómico).

BARCANOVA EDITORIAL

» ACTIVIDADES

18. Lee el siguiente fragmento y realiza las actividades que figuran a continuación:

Rosita: (*Entra rápida. Viene vestida de rosa con un traje del novecientos,* **mangas de jamón** *y adornos de cintas.*) ¿Y mi sombrero? ¿Dónde está mi sombrero? ¡Ya han dado las treinta campanadas en San Luis!
Ama: Yo lo dejé en la mesa.
Rosita: Pues no está. (*Buscan.*) (*El Ama sale.*)
Tía: ¿Has mirado en el armario? (*Sale la Tía.*)
Ama: (*Entra.*) No lo encuentro.
Rosita: ¿Será posible que no sepa dónde está mi sombrero?
Ama: Ponte el azul con margaritas.
Rosita: Estás loca.
Ama: Más loca estás tú.
Tía: (*Vuelve a entrar.*) ¡Vamos, aquí está! (*Rosita lo coge y sale corriendo.*)

Federico García Lorca: *Doña Rosita la soltera o el lenguaje de las flores.*

VOCABULARIO

manga de jamón Manga amplia con puño largo y ceñido.

a) Explica por qué es dramático o teatral este texto:

b) ¿Cuántos personajes aparecen en el texto? ¿Quiénes son?

c) Busca y subraya las acotaciones del texto.

19. Lee el siguiente fragmento y subraya el aparte. Luego, explica por qué crees que se trata de un aparte y no de un monólogo.

Luisa: Señora... Don Ezequiel se ha ido.
Clotilde: ¿Que se ha ido?
Luisa: Me lo he cruzado en el pasillo. Iba llamándole Rosalía a una maleta.
Clotilde: ¿Qué dices? ¿Estáis locos todos?
Fermín: (*Aparte.*) ¡Ahora se entera esta! (*A Leoncio.*) Usted comprenderá que yo no me quedo aquí ni diez minutos más...

Enrique Jardiel Poncela: *Eloísa está debajo de un almendro.*

1.1. La representación teatral

El teatro es un espectáculo que se desarrolla delante del público. Para representar un texto teatral es imprescindible la participación de muchas personas con diferentes funciones:

- El **director o directora:** es responsable de la puesta en escena y quien dirige la representación. Elige la escenografía, a los actores, el vestuario, etc., de acuerdo con su visión personal de la obra. Por ese motivo, una misma obra puede ser representada de maneras muy diferentes.
- **Los actores y las actrices:** encarnan a los personajes creados por el autor, prestándoles su aspecto físico, su voz, sus gestos y sus emociones.
- **Maquillaje y vestuario:** contribuyen a la caracterización de los personajes.
- **Escenografía:** comprende los decorados y toda la parte visual y plástica, los efectos de sonido, la iluminación, etc.

El lugar de la representación

Fíjate en las partes principales de un teatro tradicional:

telón Lienzo grande que se pone en el escenario de un teatro de modo que pueda bajarse y subirse.

diabla Batería de luces que cuelga del techo entre bambalinas.

telón de fondo o **telón de foro** Telón que cierra la escena formando el frente de la decoración.

bambalinas Tiras colgadas del telar a lo ancho del escenario, que ocultan la parte superior de este y establecen la altura de la escena.

proscenio Parte del escenario más inmediata al público.

candilejas Línea de luces en el proscenio del escenario.

orquesta Lugar comprendido entre la escena y el patio de butacas donde, tradicionalmente, se colocaban los músicos.

patio de butacas Planta baja donde están colocados los asientos.

20. Distribuye las siguientes palabras en la tabla y tacha los conceptos que no estén relacionados directamente con el teatro:

escenario • aparte • periódico • platea • escena • acotaciones • rima • narrador • tragedia • mito • capítulo telón • descripción • bastidores • títeres • acto • decorados • actriz • cómic • caracterización

Partes de un teatro	Conceptos relacionados con una obra dramática

21. Por parejas, preparad la lectura expresiva en voz alta del siguiente texto que trata de los amores no correspondidos entre la princesa Peladilla y el dragón.

PRINCESA: Soy la bella Peladilla, princesita del lugar,
protagonista del cuento que va ahora a comenzar.

(Se reflejan los sauces en lagos de cristal. Suenan trinos y arrullos de pájaros y flores que en el jardín están.)

Me estaba una mañana solazando
por mi hermoso, por mi bello jardín,
de nenúfares lleno, de rosas y de flores
cuando asoma el morrete ¡Regaliz!
¡Dragón malo, y ufano, y no cristiano!,
¡oh qué susto, desnudo y sin pijama,
todo lleno de escamas, la piel tecnicolor!

*(Por entre las montañas de cartón,
gigantesco y estirado, asoma la figura del DRAGÓN.)*

DRAGÓN: Princesa Peladilla, por ti padezco y muero,
por ti no crezco, por ti miro al cielo,
y cuento las estrellas en las noches de luna,
y sueño con un niño de escamas en la cuna.
Sé que este amor es loco, no tiene solución,
pero todo mi cuerpo es solo corazón.

*(Se ha acercado el DRAGÓN, tierno y enamorado.
Se aleja la PRINCESA, corriendo, de su lado.)*

PRINCESA: ¡Dragón peludo, y feo, y malo más que malo!,
que a asustarme has venido con tu cola de palo,
se lo diré a mi padre, que es el Rey del lugar,
y ¡ay de ti!, por osado *a do* irás a parar.
A la estrecha mazmorra muy llena de cadenas,
llena de la humedad y llena de la pena,
porque yo soy princesa y solo me han de hablar
los que sean «princeses», los demás ¡a callar!

DRAGÓN: ¡Mira que estos, mis ojos, ríos son de cristal,
mira este lago grande que pronto será mar,
de lágrimas amargas que derramo por ti,
princesa de mis sueños, amor de Regaliz!

*(Lágrimas de cocodrilo él suelta del desamor,
y ella protesta asustada, pues no tiene flotador.)*

PRINCESA: ¡Ay, Jesús, que me mojas, basta ya de llorar!
Peligra Peladilla, que no sabe nadar,
y me ahogo en el charco y qué triste final.
¡A mí la guardia, todos, soldados y demás!

JOSÉ LUIS ALONSO DE SANTOS:
La verdadera historia de la princesa y el dragón.

» GRAMÁTICA

1. Sintagmas y oraciones

Las palabras se agrupan entre sí para formar grupos sintácticos o sintagmas. Un **sintagma** (o **grupo sintáctico**) es un conjunto de palabras, ordenadas en torno a un **núcleo**, que tienen una relación gramatical entre sí. Por ejemplo:

*Los **trenes** de alta velocidad* + ***circulaban*** + *con retraso.*

Los sintagmas se ordenan para crear una oración:

*Los **trenes** de alta velocidad **circulaban** con retraso.*

En una misma oración, algunos sintagmas pueden variar su orden sin que cambie el significado. Observa:
***Circulaban** con retraso los **trenes** de alta velocidad.*
Sin embargo, no se puede decir: **Los trenes circulaban ~~con retraso de alta velocidad~~*, ya que *de alta velocidad* debe ir unido al sintagma *los trenes*, al cual complementa.

CLASES DE SINTAGMAS	FUNCIÓN	EJEMPLO
Sintagma nominal (SN): su núcleo es un **nombre** o **sustantivo**. La palabra que va delante del núcleo es el determinante.	Una de las funciones del sintagma nominal es la de **sujeto** de la oración.	*Las* (Determinante) *copas* (Núcleo) *de cristal* (Complemento) *Las copas de cristal* (Sujeto) *son frágiles.*
Sintagma verbal (SV): su núcleo es un **verbo**, y suele ir acompañado de complementos.	La función propia del SV es la de **predicado**.	*Inauguraron* (Verbo) *la plaza* (Complemento) *con una fiesta.* (Complemento) *Los vecinos inauguraron la plaza con una fiesta.* (SV (Predicado): *inauguraron la plaza con una fiesta*)
Sintagma adjetival (**SAdj**): su núcleo es un **adjetivo**. Delante del adjetivo puede haber un adverbio.	Una de las funciones del sintagma adjetival es la de **complemento del nombre**.	*muy* (Modificador) *responsable* (Núcleo) *en el trabajo* (Complemento) *Es una persona* (Núcleo) *muy responsable en el trabajo.* (SAdj (complemento del nombre))
Sintagma adverbial (SAdv): su núcleo es un adverbio.	La función propia del sintagma adverbial es la de **complemento del verbo**.	*muy* (Modificador) *temprano* (Núcleo) *Ella se ha levantado muy temprano.* (SAdv(complemento del nombre))
Sintagma preposicional (SPrep): es un SN introducido por una preposición; su núcleo es el sustantivo principal del SN.	El sintagma preposicional puede desempeñar la función de **complemento del nombre** (*Llevaba una bolsa de tela*) o **complemento del verbo** entre otras funciones (*Vive en un pueblo pequeño*).	*Carlos llevaba una bolsa de tela.* (*llevaba*: V; *bolsa*: N ← *de tela*: SPrep.; *llevaba una bolsa de tela*: SV (Predicado)) *Laura vive en un pueblo pequeño.* (*vive*: V; *en un pueblo pequeño*: SPrep (CV))

» ACTIVIDADES

22. Completa el siguiente mapa conceptual:

Tipos de sintagmas

Sintagma nominal		Sintagma adverbial		Sintagma verbal
	Su núcleo es un adjetivo.		Preposición más sintagma nominal.	

23. Ordena las siguientes series de palabras de modo que formen una oración correcta:

este butacas muy las son de cine cómodas

____

plumaje las son de aves blanco gaviotas

____

favoreció el local árbitro equipo al

____

ayuntamiento el mucho ha el dinero en urbano mobiliario invertido

____

coches de un empresario estadounidense fabricación inventó la serie

____

24. Indica de qué clase son los siguientes sintagmas. Para ello, relaciona mediante flechas.

más simpáticos •	• sintagma nominal
una buena película •	• sintagma verbal
de color azul •	• sintagma adjetival
habían comido •	• sintagma preposicional
muy pronto •	• sintagma adverbial

1.1. La oración

Una oración está formada por un sintagma nominal, que funciona como **sujeto**, y un sintagma verbal, que funciona como **predicado**. Por ejemplo:

La ballena se alimenta de plancton marino.
SN (sujeto) SV (predicado)

El sujeto

El sujeto es la persona, ser o cosa sobre la que el verbo dice algo. Fíjate en el siguiente ejemplo:

El atleta portugués superó las pruebas eliminatorias.
SN (sujeto)

El atleta portugués es el sujeto porque nombra a la persona de la que decimos algo (que superó las pruebas eliminatorias).

- También podría funcionar como sujeto un **pronombre**:
  Él *superó las pruebas eliminatorias.*
- En ocasiones, el sujeto no aparece en la oración pero se deduce por la persona del verbo. Se trata del **sujeto tácito o elidido**:
  Superó las pruebas eliminatorias. [sujeto tácito: *Él*]
- Algunas oraciones carecen de sujeto, es decir, son **impersonales**. Así ocurre con los verbos relativos a fenómenos meteorológicos: *Había nevado toda la noche*.

?

La oración es una construcción formada por un sujeto (explícito o tácito) y por un predicado. ¿Sabes **con qué símbolo se representa el sujeto tácito o elidido** a la hora de analizar sintácticamente una oración?

El predicado

El predicado nos ofrece la información principal sobre el sujeto. Fíjate en el siguiente ejemplo:

Los tiburones tienen multitud de dientes pequeños.
SV (predicado)

El núcleo del SV (predicado) es un verbo (*tienen*) que puede ir acompañado de complementos (*multitud de dientes pequeños*).

La concordancia entre el sujeto y el predicado

En una oración, el sujeto y el verbo concuerdan entre sí, es decir, coinciden en número (singular o plural) y persona (primera, segunda o tercera). Esta regla nos ayuda a averiguar cuál es el sujeto de una oración.

La violinista (3.ª persona del singular) *saludó* (3.ª persona del singular) *al público tras la actuación.*

Las violinistas (3.ª persona del plural) *saludaron* (3.ª persona del plural) *al público tras la actuación.*

» ACTIVIDADES

25. Relaciona cada uno de los siguientes sujetos con el predicado correspondiente:

a) El enfermero
b) Los alumnos de primero
c) El caracol
d) La contaminación
e) La recepcionista

☐ nos perjudica a todos.
☐ nos atendió con amabilidad.
☐ siempre lleva su casa a cuestas.
☐ tomaba la presión a un anciano.
☐ representarán una obra de teatro.

26. Señala con colores distintos el sujeto y el predicado de las siguientes oraciones:

a) La Antártida es la principal fábrica de agua del planeta.
b) Marco Polo regresó de su viaje por Asia con numerosos descubrimientos.
c) Nosotros hemos dormido muchas veces en una tienda de campaña.
d) Mi padre y mi madre trabajan juntos en un pequeño negocio.
e) Un compañero tuyo me lo ha prestado.

★ LUDOLENGUA

27. La intrusa. Tacha la palabra que sobra en cada serie y di por qué la excluyes. Los motivos pueden ser muy diferentes:

- cacahuete, hojalata, jamón, hiedra, ahora
- canto, bailo, juego, sueña, bebo
- abeja, arena, carrera, sandía, paella
- Francia, Alemania, Italia, Moscú, Japón
- atlético, químico, fantástico, fértil, música
- fútbol, balonmano, natación, baloncesto, tenis

28. En el siguiente texto hay varios errores de concordancia entre el sujeto y el predicado. Identifícalos y vuelve a escribir el texto correctamente.

En aquel momento sonaron el timbre de la puerta. Acudimos todos como una tromba, ya que la tensión era mucha, aunque el sentido común nos dijera que el chico volverían tarde o temprano. En efecto, Luis estaban en la puerta, pero en una situación más bien incómoda: el señor Parellada, un vecino importante, lo llevaban cogido por la oreja y no lo soltaba.

JOAQUIM CARBÓ: *Operación Moscardón* (texto adaptado).

» LÉXICO

1. La composición

La **composición** es un recurso de la lengua utilizado para la formación de palabras. Por este procedimiento, se obtienen nuevos términos mediante la unión de dos o más raíces o palabras que, a su vez, pueden llevar morfemas flexivos.

sacar + punta = sacapuntas

1.1. Palabras simples y palabras compuestas

Las **palabras simples** son palabras que no se han formado mediante la unión de otras palabras. Por ejemplo:

mal   humor   cumple   años   gira   sol

Las **palabras compuestas** son las que se han formado uniendo dos o más palabras simples. Por ejemplo:

malhumor   cumpleaños   girasol

parar + agua = paraguas

Como puede observarse en los ejemplos anteriores, las palabras obtenidas por composición tienen un significado unitario, distinto del de las palabras que las forman.

girar + sol = girasol

Cómo se forman palabras compuestas

Se pueden formar con casi todas las clases de palabras:

sustantivo + sustantivo	hoja + lata → *hojalata*
adjetivo + adjetivo	agrio + dulce → *agridulce*
sustantivo + adjetivo	boca + abierta → *boquiabierto, boquiabierta*
verbo + sustantivo	quitar + manchas → *quitamanchas*
oraciones enteras	*hazmerreír, sabelotodo, correveidile*

Cuando se forman compuestos, puede ocurrir que el primer elemento de la palabra compuesta haya sufrido algún pequeño cambio:

- *tela* + *araña* = *telaraña* (se ha perdido una vocal);
- *pelo* + *rojo* = *pelirrojo* (la letra *o* de *pelo* se ha convertido en *i*);
- *balón* + *cesto* = *baloncesto* (la letra *o* no se acentúa).

» ACTIVIDADES

29. Forma palabras compuestas a partir de las siguientes. Ten en cuenta que pueden variar su ortografía.

agrio • blanco • corta • boca • cien
norte • para • uñas • oeste • aguas • abierto
azul • pies • dulce

30. Indica qué clase de palabras simples se han unido para formar las siguientes palabras compuestas:

hierbabuena •	
cantamañanas •	
altibajo •	• dos sustantivos
rascacielos •	• dos adjetivos
rompecabezas •	• sustantivo y adjetivo
cortocircuito •	• verbo y sustantivo
rojinegro •	• oraciones
salvapantallas •	
mediodía •	

31. Escribe de qué palabra compuesta se trata en cada caso. Una pista, todas se forman con el adverbio *mal* y un verbo.

a) Expresar el deseo de que le ocurra algo malo a otra persona. ______

b) Desperdiciar el tiempo. ______

c) Comerciar a bajo precio, con ninguna ganancia. ______

d) Comer escasamente por la mala calidad de la comida. ______

e) Herir gravemente. ______

f) Sonar desagradablemente. ______

32. Haz lo mismo que en la actividad anterior. En este caso, las palabras compuestas se forman con la forma verbal *porta* y un sustantivo.

a) Persona autorizada para expresar la opinión de un grupo. ______

b) Parte de un vehículo destinada al transporte de equipajes. ______

c) Monedero, bolso pequeño donde se guarda el dinero. ______

d) Marco que se usa para colocar retratos en él. ______

★ LUDOLENGUA

33. ¿Para qué sirve...? Muchas palabras compuestas se forman al unir un verbo y un sustantivo y, a veces, la palabra resultante describe la función del objeto al que se refiere. Por ejemplo, *abrelatas* significa «utensilio para abrir las latas». Otros ejemplos serían: *montacargas*, *lavacoches*, *portaequipajes*... Pero, ¿qué ocurriría si las unimos de otra manera. En este caso, podríamos obtener un *quitalatas*, un *limpiacielos*...

a) Inventa un objeto o mecanismo que realice cierta función, real o no.

b) Escoge su nombre, que debe ser una palabra compuesta formada por un verbo más un sustantivo.

c) En una hoja aparte, escribe sus características y sus funciones, y dibújalo señalando sus elementos.

» ORTOGRAFÍA

1. La sílaba

Llamamos **sílaba** al grupo de sonidos que se pronuncian en un solo golpe de voz.

Se llama **sílaba tónica** a la que se pronuncia con mayor fuerza; el resto de las sílabas de la palabra se denominan **átonas**. Fíjate en este ejemplo:

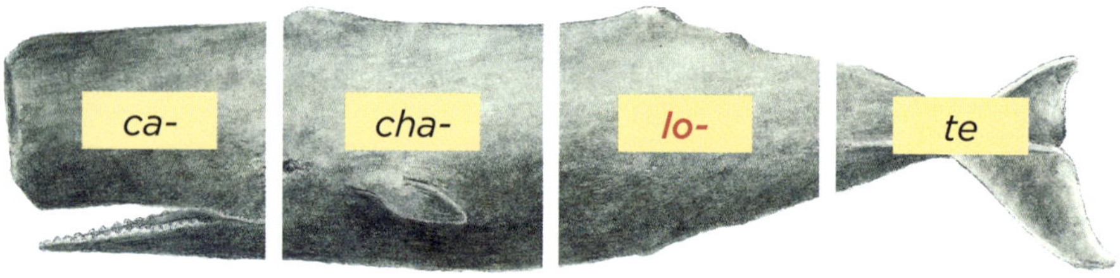

Todas las sílabas tienen, por lo menos, una vocal; cuando se unen dos vocales pueden formar un **diptongo**. Los diptongos en castellano son:

- vocal abierta (*a*, *e*, *o*) más vocal cerrada (*i*, *u*) átona: ***ai*** (***ai***-*re*), ***au*** (***cau***-*ce*), ***ei*** (***rei***-*na*), ***eu*** (***feu***-*do*), ***oi*** (***oi***-*ga*), ***ou*** (*es-ta-**dou**-ni-den-se*).
- vocal cerrada átona más vocal abierta: ***ia*** (*fa-mi-**lia***), ***ie*** (***fie***-*ra*), ***io*** (*so-**dio***), ***ua*** (***cua***-*tro*), ***ue*** (***fue***-*go*), ***uo*** (*va-**cuo***).
- dos vocales cerradas distintas: ***iu*** (***ciu***-*dad*), ***ui*** (***cui***-*dado*).

1.1. La acentuación

	¿CUÁNDO LLEVAN TILDE?	EJEMPLOS
Palabras agudas (la sílaba tónica es la última).	Si acaban en **vocal** o en las consonantes *n* o *s*.	*sofá, lección, jamás...*
Palabras llanas (la sílaba tónica es la penúltima).	Si acaban en consonante que no sea *n* ni *s*.	*césped, cárcel, automóvil, árbol...*
Palabras esdrújulas (la sílaba tónica es la antepenúltima)	Siempre.	*última, atmósfera, préstamo, música...*

El acento diacrítico

Se utiliza para distinguir palabras que se escriben igual, pero tienen un significado distinto. Muchos afectan a palabras monosílabas. Fíjate en los ejemplos:

de (preposición)	dé (del verbo *dar*)	*Dile que te lo **dé de** su parte.*
el (artículo)	él (pronombre)	***El** profesor se dirigió a **él**.*
mas (conjunción)	más (adverbio, adjetivo o pronombre)	*Insiste, **mas** no creo que tenga que ponerle **más**.*
mi (adjetivo)	mí (pronombre)	*Es **mi** abrigo, dámelo a **mí**.*
se (pronombre)	sé (del verbo *ser* o *saber*)	***Se** temen que yo ya **sé** algo.*
si (conjunción)	sí (afirmación)	***Si** te preguntan, diles que **sí**.*
te (pronombre)	té (sustantivo)	*¿**Te** gustaría tomar un **té**?*
tu (adjetivo)	tú (pronombre)	*¿**Tú** no sabes cuál es **tu** sitio?*

» ACTIVIDADES

34. Ordena correctamente las sílabas de las siguientes palabras:

a) co-lo-mo-ra-to → ______

b) bur-gue-ham-sa → ______

c) da-gan-pa-pro → ______

d) a-ba-co-ni → ______

e) le-na-ra-tu-za → ______

f) dor-fri-ge-ra-re → ______

LUDOLENGUA

35. Forma todas las palabras que puedas enlazando las diferentes sílabas de esta cadena de manera consecutiva. Las palabras pueden tener una, dos o más sílabas; escríbelas sin olvidarte de acentuarlas.

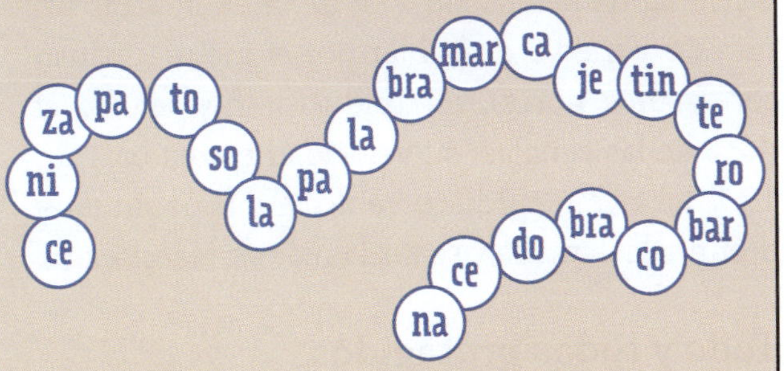

______

______

______

______

36. Separa las siguientes palabras en sílabas:

a) acceder

b) amarillo

c) obstinado

d) inspector

e) barrera

f) campanilla

g) guitarra

h) eléctrica

37. Subraya las palabras que sean llanas y rodea las agudas:

pájaro	pantalón	virus
mártir	ventana	lágrima
reja	patín	sombra
satélite	animal	calor
pincel	césped	dátil
anís	vapor	corazón

38. Añade los nueve acentos diacríticos que faltan en las siguientes oraciones:

a) Pensaba en el todo el tiempo.
b) Dímelo a mi primero, mi intención es ir.
c) Si quieres que te inviten a tomar el te, debes decir que si cuanto antes.
d) No se si se lo han contado, supongo que se les olvidó.
e) Se puntual, a el no le gusta esperar, te lo he dicho mas de una vez.
f) ¿Tu crees que tu comportamiento ha sido el adecuado?

39. Subraya las dos palabras llanas que están mal escritas:

claxon • apuros • orden • fértil • ángel • móvil
exámen • discos • lápiz • bolsas • crimen
azúcar • futbol • trébol • margen • mosca
táctil • sopa • fémur • mitin

DICTADO

Premisa: Copia el siguiente texto y coloca los acentos que faltan en las palabras que hemos destacado en negrita:

Sus ojos abiertos **parecian** mirar el paisaje sin ver nada. El traqueteo del **vagon sacudia** levemente su figura, como **dandole** una vida **mecanica**, de averiado **automata**, que al estropearse y perder los movimientos, se hubiese quedado **tambien** sin **expresion** en el rostro. La locomotora **aullo asperamente**. **Paris** estaba lejos. El pasado ya casi no **existia**.

JOAN MANUEL GISBERT: *La mansión de los abismos.*

» PONTE A PRUEBA

Lee y comprueba si lo has comprendido

Consejos para un trayecto más seguro

La distracción es la primera causa de los accidentes mortales en un 33 %, por delante de la velocidad (29 %) y del alcohol (26 %).

La seguridad de todos los ocupantes depende de la persona que está al volante. Si es usted, respete las normas, conduzca de forma tranquila y relajada, sin agresividad ni brusquedades, dejando una adecuada distancia de seguridad y ajustando la velocidad a las circunstancias del tráfico. Pero, sobre todo, tenga en cuenta su estado físico y mental.

La fatiga, estar tomando medicamentos incompatibles con la conducción o el consumo de alcohol y otras sustancias pueden multiplicar las posibilidades de sufrir un accidente. En verano, el mayor riesgo se produce en los desplazamientos cortos y cuando se circula por carreteras secundarias.

Al volante, ¡cero mensajes!

El uso de teléfono móvil y particularmente de las aplicaciones de mensajería instantánea, como WhatsApp, es muy peligroso. El teléfono móvil aporta seguridad, en especial en momentos de urgencia. Pero su uso al volante genera un elevado riesgo de distracción. Según el Observatorio Nacional de Seguridad Vial de la DGT, «tras un minuto y medio de hablar por el móvil (incluso con manos libres), el conductor no percibe el 40 % de las señales, su velocidad media baja un 12 %, el ritmo cardíaco se acelera bruscamente durante la llamada y se tarda más en reaccionar».

Todo y todos protegidos

- Compruebe que todos los ocupantes tienen abrochado el cinturón de seguridad antes de arrancar el vehículo.
- Lleve siempre a los menores en sus sistemas de retención infantil, por corto que sea el trayecto.
- No lleve mascotas, equipaje ni objetos sueltos en el interior del vehículo. En un choque a 60 km/h, un móvil golpearía a los pasajeros con la fuerza de un objeto que pesara 10 kg.
- Cargue las bicicletas siempre en un portabicicletas; llevarlas en el interior del coche, en el maletero y sin sujeción, es peligroso: en caso de frenazo brusco, pueden llegar a golpear a los ocupantes con una fuerza de 500 kilos.

1. Según el texto, ¿de quién depende la seguridad de los ocupantes de un vehículo?

- [ ] Del conductor.
- [ ] De las circunstancias del tráfico.

2. ¿Dónde hay mayor riesgo en verano?

- [ ] En los desplazamientos cortos y en las carreteras secundarias.
- [ ] En los desplazamientos largos y en las carreteras secundarias.

3. ¿Cuál es la primera causa de los accidentes mortales en la carretera?

- [ ] El consumo de alcohol.
- [ ] El exceso de velocidad.
- [ ] La distracción.

4. La intención del texto es…

- [ ] aconsejar a los conductores sobre las formas de incrementar la seguridad y prevenir los accidentes de tráfico.
- [ ] exponer los casos en los que la conducción de un vehículo puede ser peligrosa para el conductor y sus ocupantes.

5. Numera las siguientes recomendaciones en el orden en que aparecen en el texto:

- [ ] Compruebe que todos los ocupantes tengan abrochado el cinturón.
- [ ] Deje una distancia de seguridad adecuada y reduzca la velocidad.
- [ ] Evite la fatiga y tomar medicamentos incompatibles con la conducción.
- [ ] No lleve mascotas, ni equipaje u objetos sueltos en el interior del vehículo.

6. Mientras conducimos…

- [ ] podemos hablar por teléfono si disponemos de manos libres.
- [ ] es mejor no hablar por teléfono, aunque dispongamos de manos libres.

7. No se deben llevar objetos sueltos en el interior del vehículo…

- [ ] porque sobrecargamos el coche y el peso dificulta la conducción.
- [ ] porque en caso de frenazo brusco pueden llegar a golpear a los ocupantes.

8. Busca en el texto un ejemplo y subraya:

- de color azul, dos sintagmas nominales;
- de color rojo, un sintagma adverbial;
- de color negro, dos sintagmas verbales;
- de color verde, un sintagma adjetival.

9. ¿Por qué se acentúan las palabras *móvil* y *distracción*?

____

____

10. Redacta un breve consejo que se pueda añadir al texto anterior.

____

____

____

____

Comparte

Por grupos, comentad el viaje más largo que hayáis realizado en coche. ¿Recordáis alguna anécdota divertida o curiosa? ¿Con quién viajabais? ¿Cuál era el destino?

Crea

En una hoja aparte, dibuja dos iconos o señales que ejemplifiquen algunos de los puntos que conviene tener en cuenta antes de emprender un viaje. Básate en el texto que acabas de leer. Luego podéis hacer un mural con todos los que habéis hecho.

» TÍTERES, MARIONETAS, TEATRO DE SOMBRAS... CREA TU OBRA

En el teatro de títeres, los personajes están representados por muñecos y son manejados por actores que les prestan su voz. En este proyecto os proponemos que confeccionéis vuestros propios títeres para, luego, representar una obra con ellos. También podéis construir el teatrillo donde escenificarla (aunque la representación se puede realizar detrás de unas mesas a modo de parapeto o con unas telas).

¿Qué tenéis que hacer en este proyecto?

1. **Escribir** una breve obra dramática. Pensad en una historia sencilla con pocos personajes (puede tratarse de un diálogo). Recordad que en el inicio se presenta a los personajes y, en seguida, suele haber un conflicto o un malentendido que acaba por resolverse con un final feliz. Suelen producirse situaciones cómicas, personajes que se persiguen continuamente e interacción con el público. Podéis usar uno de los títeres como narrador.

Si lo preferís, podéis adaptar y representar un cuento tradicional: *Los tres cerditos*, *Caperucita Roja*, *El patito feo*... En el espacio personal de la web *www.barcanova.cat* podéis encontrar algunos guiones.

2. Construir un títere. Los títeres pueden ser de muchas clases: de dedo, de varilla, de guante, de cono, de hilo... Escoged el tipo que os interese para vuestra obra y construidlo. Os adjuntamos algunas fotos con ideas. Dejad volar vuestra imaginación, cualquier objeto (cucharas, calcetines, plumeros, escobas, etc.) es susceptible de transformarse en un títere.

3. Representar la obra. Memorizad el texto y ensayadlo hasta que lo recordéis por completo. Podéis improvisar un poco mientras actuáis, pero no debéis quedaros en silencio en medio de la función.

Hay que ensayar los movimientos: los títeres entran por los lados del teatrillo, aparecen y desaparecen sin más, se dejan caer sobre el escenario, etc.

Si queréis, incorporad música o efectos de sonido a vuestra obra; le daréis un mayor realismo.

¿Cómo lo tenéis que hacer?

Organización

Se trata de hacer un trabajo cooperativo en grupos de 4 o 5 alumnos. Es muy importante que todos los miembros del equipo participéis en el planteamiento y supervisión de todas las actividades y que, individualmente, asumáis una responsabilidad diferente según vuestros gustos e intereses. En este caso, tenéis que combinar tareas muy diferentes: la construcción de los títeres, el redactado del texto de la obra, la dirección del espectáculo, la preparación del escenario y los decorados, etc.

1. Ya habéis visto en proyectos anteriores que, antes de empezar cualquier trabajo, es muy importante buscar información y documentarse. En este caso os recomendamos que veáis algunos espectáculos de títeres.

2. Planificad el texto, haced una primera versión que luego revisaréis y corregiréis hasta tener la versión definitiva. Recordad que, en las obras dramáticas, las acciones de los personajes se indican mediante las acotaciones.

3. Durante la representación, os recomendamos una dicción clara, buena pronunciación y voz suficientemente alta para que se os oiga con claridad. Podéis disfrazar las voces para adecuarlas al personaje, pero procurad que se os escuche bien. Ensayad las veces que sea necesario.

Material complementario y modelos

Una de las posibilidades para hacer vuestras marionetas es utilizar la técnica del papel maché o cartón piedra. En el espacio personal de la web www.barcanova.cat, encontrarás un paso a paso para aprender a hacer figuras con este material.

Os damos dos ejemplos de texto...

Y si no se os ocurre un tema para vuestra obra, os proponemos que le «deis la vuelta» a algún cuento tradicional. El escritor Jon Scieszka lo ha hecho con *Los tres cerditos*. Aquí tenéis un fragmento que podéis continuar y adaptar:

Seguro que todos conocen el cuento de «Los tres cerditos». O al menos creen que lo conocen. Pero les voy a contar un secreto. Nadie conoce la verdadera historia, porque nadie ha escuchado mi versión del cuento.

Yo soy el lobo, Silvestre B. Lobo.

Pueden llamarme Sil.

No sé cómo empezó todo este asunto del lobo feroz, pero es todo un invento.

[...] como les decía, todo este asunto del lobo feroz es un invento. La verdadera historia es la de un estornudo y una taza de azúcar.

[...] yo estaba preparando una torta de cumpleaños para mi querida abuelita.

Tenía un resfriado terrible.

Me quedé sin azúcar...

JON SCIESZKA: *¡La verdadera historia de los tres cerditos! Por S. Lobo*

Y ahora le toca el turno a un personaje muy conocido, Cenicienta, de la mano de James Garner. Podéis basaros en él para preparar vuestra representación con títeres:

Súbitamente, surgió un destello de luz y Cenicienta pudo ver frente a ella a un hombre ataviado con holgadas prendas de algodón y un sombrero de ala ancha. [...]

—Hola, Cenicienta, soy el responsable de tu padrinazgo en el reino de las hadas o, si lo prefieres, tu representante sobrenatural privado. ¿Así que deseas asistir al baile, no es cierto? ¿Y ceñirte, con ello, al concepto masculino de belleza? ¿Apretujarte en un estrecho vestido que no hará sino cortarte la circulación? ¿Embutir los pies en unos zapatos de tacón alto que echarán a perder tu estructura ósea? ¿Pintarte el rostro con cosméticos y productos químicos de efectos previamente ensayados en animales no humanos?

—Oh, sí, ya lo creo —repuso ella al instante.

Su representante sobrenatural dejó escapar un profundo suspiro y decidió aplazar la educación política de la joven para otro día. Recurriendo a su magia, la envolvió de una hermosa y brillante luz y la transportó hasta el palacio. Frente a sus puertas, podía verse aquella noche una interminable hilera de carruajes: aparentemente, a nadie se le había ocurrido compartir su vehículo con otras personas.

JAMES FINN GARNER: *Cuentos infantiles políticamente correctos.*

APÉNDICE

- » VERBOS REGULARES: *CANTAR*, *TEMER*, *PARTIR*
- » VERBO AUXILIAR: *HABER*
- » REFERENCIAS BIBLIOGRÁFICAS

CANTAR

INDICATIVO

Presente	Pretérito perfecto compuesto
canto	he cantado
cantas	has cantado
canta	ha cantado
cantamos	hemos cantado
cantáis	habéis cantado
cantan	han cantado

Pretérito imperfecto	Pretérito pluscuamperfecto
cantaba	había cantado
cantabas	habías cantado
cantaba	había cantado
cantábamos	habíamos cantado
cantabais	habíais cantado
cantaban	habían cantado

Pretérito perfecto simple	Pretérito anterior
canté	hube cantado
cantaste	hubiste cantado
cantó	hubo cantado
cantamos	hubimos cantado
cantasteis	hubisteis cantado
cantaron	hubieron cantado

Futuro simple	Futuro compuesto
cantaré	habré cantado
cantarás	habrás cantado
cantará	habrá cantado
cantaremos	habremos cantado
cantaréis	habréis cantado
cantarán	habrán cantado

Condicional simple	Condicional compuesto
cantaría	habría cantado
cantarías	habrías cantado
cantaría	habría cantado
cantaríamos	habríamos cantado
cantaríais	habríais cantado
cantarían	habrían cantado

SUBJUNTIVO

Presente	Pretérito perfecto compuesto
cante	haya cantado
cantes	hayas cantado
cante	haya cantado
cantemos	hayamos cantado
cantéis	hayáis cantado
canten	hayan cantado

Pretérito imperfecto	Pretérito pluscuamperfecto
cantara o cantase	hubiera o hubiese cantado
cantaras o cantases	hubieras o hubieses cantado
cantara o cantase	hubiera o hubiese cantado
cantáramos o cantásemos	hubiéramos o hubiésemos cantado
cantarais o cantaseis	hubierais o hubieseis cantado
cantaran o cantasen	hubieran o hubiesen cantado

Futuro simple	Futuro compuesto
cantare	hubiere cantado
cantares	hubieres cantado
cantare	hubiere cantado
cantáremos	hubiéremos cantado
cantareis	hubiereis cantado
cantaren	hubieren cantado

IMPERATIVO

canta
cante

cantad
canten

FORMAS NO PERSONALES

	Infinitivo	Gerundio	Participio
Simple:	cantar	cantando	cantado
Compuesto:	haber cantado	habiendo cantado	

TEMER

INDICATIVO

Presente	Pretérito perfecto compuesto
temo	he temido
temes	has temido
teme	ha temido
tememos	hemos temido
teméis	habéis temido
temen	han temido

Pretérito imperfecto	Pretérito pluscuamperfecto
temía	había temido
temías	habías temido
temía	había temido
temíamos	habíamos temido
temíais	habíais temido
temían	habían temido

Pretérito perfecto simple	Pretérito anterior
temí	hube temido
temiste	hubiste temido
temió	hubo temido
temimos	hubimos temido
temisteis	hubisteis temido
temieron	hubieron temido

Futuro simple	Futuro compuesto
temeré	habré temido
temerás	habrás temido
temerá	habrá temido
temeremos	habremos temido
temeréis	habréis temido
temerán	habrán temido

Condicional simple	Condicional compuesto
temería	habría temido
temerías	habrías temido
temería	habría temido
temeríamos	habríamos temido
temeríais	habríais temido
temerían	habrían temido

SUBJUNTIVO

Presente	Pretérito perfecto compuesto
tema	haya temido
temas	hayas temido
tema	haya temido
temamos	hayamos temido
temáis	hayáis temido
teman	hayan temido

Pretérito imperfecto	Pretérito pluscuamperfecto
temiera o temiese	hubiera o hubiese temido
temieras o temieses	hubieras o hubieses temido
temiera o temiese	hubiera o hubiese temido
temiéramos o temiésemos	hubiéramos o hubiésemos temido
temierais o temieseis	hubierais o hubieseis temido
temieran o temiesen	hubieran o hubiesen temido

Futuro simple	Futuro compuesto
temiere	hubiere temido
temieres	hubieres temido
temiere	hubiere temido
temiéremos	hubiéremos temido
temiereis	hubiereis temido
temieren	hubieren temido

IMPERATIVO

teme
tema

temed
teman

FORMAS NO PERSONALES

	Infinitivo	Gerundio	Participio
Simple:	temer	temiendo	temido
Compuesto:	haber temido	habiendo temido	

PARTIR

INDICATIVO

Presente	Pretérito perfecto compuesto
parto	he partido
partes	has partido
parte	ha partido
partimos	hemos partido
partís	habéis partido
parten	han partido

Pretérito imperfecto	Pretérito pluscuamperfecto
partía	había partido
partías	habías partido
partía	había partido
partíamos	habíamos partido
partíais	habíais partido
partían	habían partido

Pretérito perfecto simple	Pretérito anterior
partí	hube partido
partiste	hubiste partido
partió	hubo partido
partimos	hubimos partido
partisteis	hubisteis partido
partieron	hubieron partido

Futuro simple	Futuro compuesto
partiré	habré partido
partirás	habrás partido
partirá	habrá partido
partiremos	habremos partido
partiréis	habréis partido
partirán	habrán partido

Condicional simple	Condicional compuesto
partiría	habría partido
partirías	habrías partido
partiría	habría partido
partiríamos	habríamos partido
partiríais	habríais partido
partirían	habrían partido

SUBJUNTIVO

Presente	Pretérito perfecto compuesto
parta	haya partido
partas	hayas partido
parta	haya partido
partamos	hayamos partido
partáis	hayáis partido
partan	hayan partido

Pretérito imperfecto	Pretérito pluscuamperfecto
partiera o partiese	hubiera o hubiese partido
partieras o partieses	hubieras o hubieses partido
partiera o partiese	hubiera o hubiese partido
partiéramos o partiésemos	hubiéramos o hubiésemos partido
partierais o partieseis	hubierais o hubieseis partido
partieran o partiesen	hubieran o hubiesen partido

Futuro simple	Futuro compuesto
partiere	hubiere partido
partieres	hubieres partido
partiere	hubiere partido
partiéremos	hubiéremos partido
partiereis	hubiereis partido
partieren	hubieren partido

IMPERATIVO

parte
parta

partid
partan

FORMAS NO PERSONALES

	Infinitivo	Gerundio	Participio
Simple:	partir	partiendo	partido
Compuesto:	haber partido	habiendo partido	

HABER

INDICATIVO

Presente	Pretérito perfecto compuesto
he	he habido
has	has habido
ha	ha habido
hemos	hemos habido
habéis	habéis habido
han	han habido

Pretérito imperfecto	Pretérito pluscuamperfecto
había	había habido
habías	habías habido
había	había habido
habíamos	habíamos habido
habíais	habíais habido
habían	habían habido

Pretérito perfecto simple	Pretérito anterior
hube	hube habido
hubiste	hubiste habido
hubo	hubo habido
hubimos	hubimos habido
hubisteis	hubisteis habido
hubieron	hubieron habido

Futuro simple	Futuro compuesto
habré	habré habido
habrás	habrás habido
habrá	habrá habido
habremos	habremos habido
habréis	habréis habido
habrán	habrán habido

Condicional simple	Condicional compuesto
habría	habría habido
habrías	habrías habido
habría	habría habido
habríamos	habríamos habido
habríais	habríais habido
habrían	habrían habido

SUBJUNTIVO

Presente	Pretérito perfecto compuesto
haya	haya habido
hayas	hayas habido
haya	haya habido
hayamos	hayamos habido
hayáis	hayáis habido
hayan	hayan habido

Pretérito imperfecto	Pretérito pluscuamperfecto
hubiera o hubiese	hubiera o hubiese habido
hubieras o hubieses	hubieras o hubieses habido
hubiera o hubiese	hubiera o hubiese habido
hubiéramos o hubiésemos	hubiéramos o hubiésemos habido
hubierais o hubieseis	hubierais o hubieseis habido
hubieran o hubiesen	hubieran o hubiesen habido

Futuro simple	Futuro compuesto
hubiere	hubiere habido
hubieres	hubieres habido
hubiere	hubiere habido
hubiéremos	hubiéremos habido
hubiereis	hubiereis habido
hubieren	hubieren habido

IMPERATIVO

he
haya

habed
hayan

FORMAS NO PERSONALES

	Infinitivo	Gerundio	Participio
Simple:	haber	habiendo	habido
Compuesto:	haber habido	habiendo habido	

El verbo *haber* se usa para formar los tiempos compuestos de todos los verbos.

» REFERENCIAS BIBLIOGRÁFICAS

- ALBERTI, RAFAEL: *Marinero en tierra*, en Colección Alberti. Madrid, Alianza Editorial, 1998.
- ALCOLEA, ANA: *El medallón perdido*. Madrid, Anaya, 2001.
- ALLENDE, ISABEL: *El reino del dragón de oro*. Debolsillo, Barcelona, 2004.
- ALONSO, FERNANDO: *Las raíces del mar*. Madrid, Anaya, 1998.
- ALONSO DE SANTOS, JOSÉ LUIS: *Cuadros de amor y humor, al fresco*. Madrid, Cátedra, 2006.
  — *La verdadera y singular historia de la princesa y el dragón*. Madrid, Castalia, 2011.
- BAROJA, PÍO: *Las inquietudes de Shanti Andía*. Madrid, Alizanza Editorial, 2017.
- BAUM, L. FRANK: *El mago de Oz*. Madrid, El País, 2004.
- BEN JELLOUN, TAHAR: *Papá, ¿qué es el racismo?* Alfaguara, Madrid, 2000.
- BERNÁRDEZ, ENRIQUE: *¿Qué son las lenguas?* Madrid, Alizanza Editorial, 2004.
- BLANCO LASERN, DAVID: *Juliette y los cien mil fantasmas*. Madrid, Anaya, 2011.
- BORNEMANN, ELSA: *¡Socorro! (12 cuentos para caerse de miedo)*. Madrid, Santillana, 2016.
- BURGAS, ÁNGEL: *El anticlub*. Barcelona, La Galera, 2002.
- BUSTOS, CARLOS: *Ladrones del crepúsculo*. Madrid, Anaya, 2011.
- CALDERÓN, EMILIO: *La momia que me amó*. Madrid, Anaya, 1998.
- CARBÓ, JOAQUIM: *Operación Moscardón*. Madrid, Anaya, 1992.
- CARROLL, LEWIS: *Alicia en el País de las Maravillas*. Madrid, Anaya, 2016.
- CASONA, ALEJANDRO: *Flor de leyendas*. Madrid, Anaya, 2002.
- COLLINS, SUZANNE: *Los Juegos del Hambre*. Barcelona, Molino, 2020.
- DAHL, ROALD: *Charlie y la fábrica de chocolate*. Madrid, Santillana, 2018.
  — *Boy, relatos de la infancia*. Madrid, Alfaguara, 2004.
- DELIBES, MIGUEL: *La partida*. Madrid, Alizanza Editorial, 1981.
- DOCAMPO, XAVIER P.: *El pazo vacío*. Madrid, Anaya, 2012.
- DURRELL, GERALD: *Mi familia y otros animales*. Madrid, Alianza Editorial, 2010.
- ECKE, WOLFGANG: *Historias policíacas divertidas*. Barcelona, Espasa libros, 2000.
- ENDE, MICHAEL: *Momo*. Madrid, Alfaguara, 2020.
- FAJARDO, JOSÉ MANUEL: *Mi nombre es Jamaica*. Barcelona, Seix Barral, 2010.
- FARIAS, JUAN: *Los caminos de la Luna*. Madrid, Anaya, 2000.
- FERNÁNDEZ FLOREZ, WENCESLAO: «Yo y el ladrón», en *Los mejores relatos españoles del siglo XX*. Madrid, Alfaguara, 2012.
- FINN GARNER, JAMES: *Cuentos infantiles políticamente correctos*. Barcelona, Circe, 1995.
- FRABETTI, CARLO: *La casa infinita*. Barcelona, Bruño, 2002.
- FUERTES, GLORIA: *El domador mordió al león*. Madrid, Escuela Española, 1984.
- GARCÍA DOMÍNGUEZ, RAMÓN: *Viva la Pepa*. Madrid, Anaya, 2010.
- GARCÍA LORCA, FEDERICO: *Doña Rosita la soltera o el lenguaje de las flores*. Madrid, Alianza, 2005.
- GARCÍA MÁRQUEZ, GABRIEL: *Relato de un náufrago*. Madrid, DeBolsillo, 2014.
- GISBERT, JOAN MANUEL: *La mansión de los abismos*. Barcelona, Planeta, 2010.
- GÓMEZ CERDÁ, ALFREDO: *Ninfa Rota*. Madrid, Anaya, 2009.
- GUERRA, MAR: *Genaro y el misterio de la mochila verde*. Madrid, Anaya, 2012.

- Hern, Liarn: *Leyendas de los Otori. El suelo del ruiseñor*. Madrid, Alfaguara, 2005.
- Hernández, Pau Joan: *La Tripulación del Pánico*. Barcelona, Edebé, 2012.
- Hugues, Carol: *Lota bajo el agua*. Madrid, Siruela, 2003.
- Jardiel Poncela, Enrique: *Eloísa está debajo de un almendro*. Madrid, Cátedra, 2016.
- Lage, Juan José: *Antología de cuentos y algunos poemas*. Barcelona, Octaedro, 2011.
- Lalana, Fernando y Almárcegui, José M.ª: *Los hijos del trueno*. Madrid, Alfaguara, 2004.
- Landa, Mariasun: *Cuando los gatos se sienten solos*. Madrid, Anaya, 2010.
- Lindo, Elvira: *Manolito tiene un secreto*. Barcelona, Seix Barral, 2013.
  — *Yo y el Imbécil*. Barcelona, Seix Barral, 2014.
- Martín, Andreu: *Cero a la izquierda*. Madrid, Anaya, 2007.
- Martín, Andreu y Ribera, Jaume: *Yo tampoco me llamo Flanagan*. Madrid, Anaya, 2006.
  — *Todos los detectives se llaman Flanagan*. Madrid, Anaya, 2006.
  — *No te laves las manos, Flanagan*. Madrid, Anaya, 2006.
- Martín Gaite, Carmen: *Caperucita en Manhattan*. Madrid, Siruela, 2005.
- Matute, Ana María: *El polizón del Ulises*. Madrid, Anaya, 2014.
- Moravia, Alberto: *Historias de la prehistoria*. Madrid, Anaya, 1993.
- Muñoz Puelles, Vicente: *El arca y yo*. Madrid, Anaya, 2004.
- Olaizola, José Luis: *La burbuja de la felicidad*. Madrid, Anaya, 1997.
- Palomas, Alejandro: *Un hijo*. Barcelona, Editorial La Galera, 2016.
- Pérez de Tudela, César: *Cuentos del barón de Cotopaxi*. Madrid, Anaya, 2001.
- Piquemal, Michel: *Las filofábulas para aprender a convivir*. Barcelona, Oniro, 2009.
- Rowling, J. K.: *Harry Potter y la piedra filosofal*. Barcelona, Salamandra, 2002.
- Ruiz Zafón, Carlos: *El Príncipe de la Niebla*. Barcelona, Planeta, 2007.
- Sánchez Ferlosio, Rafael: *Industrias y andanzas de Alfanhuí*. Destino, Barcelona, 2010.
- Savater, Fernando: *Mira por dónde. Autobiografía razonada*. Barcelona, Taurus, 2003.
- Schram, Peninnah: *El rey de los mendigos y otros cuentos hebreos*. Barcelona, Vicens Vives, 2013.
- Scieszka, Jon: *¡La auténtica historia de los tres cerditos! Por S. Lobo*. Barcelona, Thule Ediciones, 2013.
- Sommer-Bodengurg, Angela: *El pequeño vampiro baila que te mueres*. Madrid, Alfaguara, 2002.
- Stevenson, Robert Louis: *La isla del tesoro*. Madrid, Anaya, 2014.
- Stoker, Bram: *Drácula*. Madrid, Anaya, 2002.
- Tolkien, J. R. R.: *El hobbit*. Barcelona, Minotauro, 2006.
- Twain, Mark: *Aventuras de Huckleberry Finn*. Madrid, Anaya, 2010.
- Verne, Julio: *Veinte mil leguas de viaje submarino*. Madrid, Anaya, 2005.
  —*Viaje al centro de la Tierra*. Madrid, Anaya, 2014.
- Viladecavall, Montse y Llacay, Toni: *Héroes y heroínas, los favoritos de los dioses*. Madrid, Oxford, 2010.
- Zamanillo, Eduardo: *La ramita de hierbabuena*. Madrid, Assitej, 2001.

Este proyecto editorial del ámbito lingüístico ha sido elaborado de acuerdo con las dimensiones competenciales y los contenidos descritos en el decreto de ordenación curricular publicado por el Departament d'Ensenyament de la Generalitat de Catalunya en el año 2015; este decreto se basa en la Llei d'educació de Catalunya y en las directrices de la Unión Europea, y responde al marco normativo y a la legalidad vigente.

Equipo editorial:

Responsable del proyecto editorial: Montse Ballaró
Coordinación editorial: María Jesús Trasobares
Edición: Alícia Almonacid, Alícia Folgarona, Noelia Nogales
Redacción: Gloria Cintas, Francisca Ezquerra
Corrección: Ester Vallbona
Documentalista: Cristina Boj

Coordinación artística y diseño: Laura R. Dengra
Coordinación técnica: Mercedes F. Bravo, Gemma Vadillo
Maquetación: Mariona Ribó

Coordinación técnica digital: Montse Cascales
Edición digital: Glòria Jodar Pubill

Ilustraciones: Cristina Picazo
Fotografías: 123RF, Cordon Press, Depositphotos, EFE, Imágenes de Shutterstock.com, Metro Goldwyn Mayer / Album, Archivo Barcanova.

Agradecemos a Helena Solà y Natalia Torres su colaboración con los dibujos de la página 11.

Rosa Sensat, 9-11, 4.ª planta. 08005 Barcelona
Teléfono 932 172 054
barcanova@barcanova.cat
www.barcanova.cat

Primera edición: marzo de 2020
Segunda impresión: marzo de 2021
ISBN: 978-84-489-5049-1
DL B. 7522-2020
Printed in Spain

PAPER DE FIBRA CERTIFICAT